营销
日常工作笔记
NOTES ON DAILY MARKETING WORK

刘祖友 著

中华工商联合出版社

图书在版编目（CIP）数据

营销日常工作笔记 / 刘祖友著. -- 北京：中华工商联合出版社，2023.9
ISBN 978-7-5158-3729-1

Ⅰ. ①营… Ⅱ. ①刘… Ⅲ. ①市场营销学 Ⅳ. ①F713.50

中国版本图书馆CIP数据核字（2020）第141706号

营销日常工作笔记

作　　者：	刘祖友
出 品 人：	刘　刚
责任编辑：	于建廷　臧赞杰
装帧设计：	周　源
责任审读：	傅德华
责任印制：	陈德松
出版发行：	中华工商联合出版社有限责任公司
印　　刷：	三河市宏盛印务有限公司
版　　次：	2023年11月第1版
印　　次：	2023年11月第1次印刷
开　　本：	710mm×1000mm　1/16
字　　数：	240千字
印　　张：	18.75
书　　号：	ISBN 978-7-5158-3729-1
定　　价：	68.00元

服务热线：010-58301130-0（前台）
销售热线：010-58301132（发行部）
　　　　　010-58302977（网络部）
　　　　　010-58302837（馆配部）
　　　　　010-58302813（团购部）
地址邮编：北京市西城区西环广场A座
　　　　　19-20层，100044
http://www.chgslcbs.cn
投稿热线：010-58302907（总编室）
投稿邮箱：1621239583@qq.com

工商联版图书
版权所有　盗版必究

凡本社图书出现印装质量问题，请与印务部联系。

联系电话：010-58302915

推荐序一

2014年12月在欢送老刘（我们都这样称呼刘祖友先生）退休的聚会上，当时老刘说，想总结25年营销工作的方方面面，然后出一本书。2017年和2021年《销售漏斗与销售管理》先后两次出版，我以为这就是他所说的营销工作总结。然而到去年（2022年）11月我们见面时，他告诉我有关营销工作的总结，以营销日常工作笔记的形式即将交出版社。此时，我才意识到过去的八年时间里，老刘一直没有放弃当年的想法。在我的印象中，一方面，具体的营销日常工作一定是内容纷杂，很难归纳的；另一方面，理论方面的论述不计其数，但实践起来又有可操作性的问题。所以，我心里一直有一种疑惑，也是一种期待，老刘是如何总结他所经历的营销日常工作的。

《营销日常工作笔记》在营销日复一日的"日常工作管理""客户管理""渠道管理"和"员工管理"等工作内容的框架下，总结了二十三个日常工作场景，有些场景是一个阶段的工作内容，有些则是坚持了十几二十年的工作总结。有些工作内容甚至是我们共同经历过的。

他在《营销日常工作笔记》前言中提到要坚持的三条原则：第一，内容一定是自己做过、参与过、经历过的；第二，实践案例要用最新的管理理念提炼，使之具有逻辑性和理论支撑；第三，虽然是自己经历过的，但由于时代、技术、方法的进步，已经过时了，即使是自己职业生涯中可圈可点的工作经历，也不再录入本书。

正是由于有从一线销售人员，到基层销售主管，再到高级营销管理者的完整经历，又有从直销到分销，再到店面销售的经验，老刘从不同的视角总结了营销工作的方方面面；用非常平实的语言、生动的案例，和读者讨论实践中遇到的各种有趣的问题。例如，"销售人员薪酬激励的有效性"一节总结的系列案例，是多年实践收集整理出来的，同时又从销售人员到营销管理者的不同视角深入讨论，让人信服。无论你是销售人员，还是营销管理者，无论你们的销售模式是直销还是分销，抑或是经销商，在从事销售职业或组织实施营销业务工作方面，都可以从这本书中得到启发。

虽然老刘的实践经历很丰富，但这本书并没有仅仅停留在实践案例上，而是做了充足的理论探讨。在浏览书稿的过程中，我可以感受到，老刘尝试结合理论总结自己的实践，和读者一起探讨营销日常工作的一些规律，使讨论更具有普遍性、逻辑性，也就更具有说服力。这方面在"营销职能组织结构与工作团队组织形式""关于设立两个成本核算中心的讨论"等章节中都有体现。这种不断总结、学习的态度，是营销团队日常工作中应该提倡的。

《营销日常工作笔记》也提出了一些新的议题，比如：在生产与销售不同业务部门各自建立成本中心的重要性、根据销售业务需要培养开拓型和维护型销售人员群体的尝试、"多维度"客户分类方法，等等，都是在近年来实践的基础上的总结。由此我理解了过去八年，老刘并没有停下脚步，他把在外企中获得的经验和知识，用到其他类型的企业之中，特别是一些民营中小企业中，因此丰富了他的实践内容。这也是提升中小企业营销管理水平的有益尝试！

像老刘其他的书籍一样，《营销日常工作笔记》是从客户的角度出发，同时手把手教会读者如何去做每一步。这本书是从事营销工作人员的一本必备参考书。不管你是一个刚进入职场的营销新手，还是一个久经沙场的老营销经理，抑或是一个闻名业内的首席营销官，你都会从这本书里学到新的知识，掌握到新的技能。希望你也能享受和老刘一起走过的这个旅程。

张轶昊

GE 医疗中国总裁兼首席执行官

2023 年 7 月 31 日于上海

推荐序二

2018年初，我有幸应邀为刘祖友先生的大作《销售漏斗与销售管理》作序，在我看来那是一本非常实用的销售漏斗管理指南，书中大量引用的实际案例为其所确定的销售漏斗定位理论体系奠定了扎实的基础，引人入胜。

今年初，再次受到刘祖友先生的邀请，为其新作《营销日常工作笔记》作序，深感荣幸，也略有好奇。在我看来，营销管理涉及庞大的理论知识体系，以笔者前作对销售漏斗定位理论探讨的深度来看，对于营销这个更大范畴的命题会如何通过"笔记"来展现值得期待。

随着对本书的阅读，全书四篇二十三个章节在我面前逐次展开，我再次感受到刘祖友先生数十年从事营销管理工作所形成的专业知识体系的沉淀，以及在本书成文过程中的深度思考。《营销日常工作笔记》的内容同样面向销售体系中的不同岗位与职责，但与《销售漏斗与销售管理》不同的是，全篇整体来看更侧重于从营销管理者的角度对营销管理体系的体会与解读，但兼顾了个人销售管理，销售人员同样可以从中有所借鉴，这是刘祖友先生著述的一个普遍特点。

营销管理是企业的一个重要职能，众多参与者都自诩专家，文章要想有所建树还是有难度的。笔记是个好方式，可以扬长避短，但易平淡松散。笔者从多年从业实践中选择了既具理论基础，又有实践应用，还不落后于时代的若干命题加以阐述，既避免了过于厚重，挂一漏万，又通过对每一个小命题的理论与实证并举，深入剖析，形成了文章的深度。

刘祖友先生在写作本书时对自己提出了三条原则：来源于实践、有理论支撑、应用不过时。我也同样对各位读者提出三点建议：

一是要结合个人实践进行阅读，并加以印证。

本书虽然以笔记方式写作，但阅读后就会发现，其每一个章节的选题都切中营销管理实务中的痛点，显然是审慎思考后的选择，如果以读者自身在营销管理过程中遇到的难点或问题相印证，往往会眼前一亮，而后豁然开朗。

二是要从中提炼原则和方法，并加以应用。

书中每一个章节的篇幅都不是很长，但内容非常凝练，文字简洁明了，直指核心，让人一目了然。更为可贵的是，书中提供了大量的管理工具（表格）模板，并通过实例从不同维度详细地说明了日常工作中应该如何使用这些工具进行营销管理。读者完全可以通过对所有这些管理工具的深入理解来形成一套较为完整的、包含核心要点的、可供实际应用的营销管理原则。我认为这一点是本书最大价值所在。

三是要同时从管理者和被管理者的角度进行思考，以取得更好的阅读效果。

优秀的营销管理者往往是从一名出色的销售人员成长起来的，但并不是每一位出色的销售人员都能够顺利成长为优秀的营销管理者，促成这一成功转变的关键在于能否在日常销售工作中，不时从管理者的视角对营销工作加以审视。这无论是对于一个一线销售人员，还是小团队的营销负责人，都是适用的。笔者在其多年的职业生涯中，有着在不同规模、不同形式的销售组织中从事营销工作的丰富经验，作为管理者的和被管理者的兼而有之，因此其在书中往往会同时从这两个相对的视角对同一案例进行分析说明，让读者能够体会其中的异同，进而引发更深入的思考，并从中获益。

营销管理涉及方方面面，以本书的篇幅难以全面覆盖，加之笔者以本人工作亲历为限，必不能面面俱到，还有很多内容未能涉及，如笔者序言中提到的最初有所着墨，但最终放弃的市场篇，只能期望刘祖友先生未来或能再加以完善。虽然刘祖友先生已经多次表达本书为其收山之作，但在我看来，却也未是必然，且拭目以待。

王戈
中国科学院东方科仪控股集团有限公司董事长
2023 年 7 月 31 日于北京

推荐序三

继刘祖友老师所著《销售漏斗与销售管理》后，2023年6月有幸在出版前拜读和学习新作《营销日常工作笔记》。八年前与刘老师偶然结缘，并有幸在组织和个人层面均得到刘老师的悉心辅导和倾力帮助。在刘老师的两部书里面，都能看到豪鹏成长的痕迹，更能切身感受到刘老师对营销工作深刻的理解、热爱及对营销人员的殷切期盼！

《销售日常工作笔记》不同于《销售漏斗与销售管理》，后者的工具性、专业性更强，前者读起来更像是一位前辈在将他这三十多年从事一线销售、营销管理、营销咨询方面的工作体会娓娓道来，并加以构思总结，不仅对营销从业人员非常实用，非营销从业人员读起来也会感觉生动有趣、有所收获。

刘老师把自己丰富的知识、经验结合营销实践，浓缩为"日常工作篇""客户篇""渠道篇"和"人员篇"，每一篇在突出核心思想的同时力争简洁明了，阅读的过程也是享受思考的过程。作为一名营销从业人员，借刘老师书中的观点，结合自身体会，浅谈共鸣的感受。

有序、高效的日常工作管理是对营销工作的基本要求，往往也是最容易因结果导向而忽略或用力过猛的部分。有人说营销不是管出来的，这句话放在创业初期可能是对的，但当组织发展到一定规模时，曾经的游击战已经不能再满足高速增长的要求，阵地战、大兵团、多兵种作战才能提高获胜概率。设定目标、围绕目标制定作战方法、关注业绩平滑性，并要在组织层面规划相匹配的营销职能组织结构与工作团队组织形式，同时要避免为了管理而失去营销活力的极端情形，好的结果来源于日常的科学有效管理。

以客户为中心是营销工作的核心。很多企业都把"以客户为中心"贴在墙上、挂在嘴上，如何才能切实做到呢？对营销来说，最关键的首先是识别客户，之后才能聚焦资源提供优质服务。如刘老师在书中所述，对客户的定义应该是多维的、立体的，"客户大"与"大客户"不是同一个概念，书中探讨了大客户合作与管理模式，基于不同销售路径识别和关注客户中的"守门员"等关键工作，同时提出销售人员应做到客户的风险意识降低和价值判断提升。

有效的渠道选择与维护是营销工作的重点之一。渠道篇阐述了如何基于产品属性和明确需求选择合适的销售渠道与合作伙伴，与渠道伙伴相互尊重、增进情感流，同时销售渠道激励也是保证销售渠道有效性重点讨论的内容。

销售人员是营销工作的主体，越来越多的企业通过配备营销HRBP（人力资源业务合作伙伴）完成营销人员的职责分工、绩效管理、薪酬管理、能力资格认定、晋升与淘汰、培训与指导等工作。人员篇基于开拓型和维护型销售人员的不同分工模式，阐述销售人员时间有效性管理、绩效考核与能力/素质考评、员工自我学习能力与营销主管的伙伴教练作用、培训与教练指导的重要性。

以上四篇每一篇都包含了丰富的案例，大量的示意图、表格、模板、工具等，不仅通俗易懂、更容易联系并应用到实际工作业务中，给销售个人及组织能力提升以思考和启发，助力大家实现实践与认知的连续性和螺旋式提升。

最后，希望每一位读者都能在这个充满不确定性的后疫情时代通过本书找到一些确定可行的方法和规律。

郭玉杰
深圳市豪鹏科技股份有限公司
副总裁、首席产品与用户官
2023年6月30日，深圳

前　言

　　昨天是农历癸卯兔年的立春，终于按计划在2023年元宵节前完成了《营销日常工作笔记》的初稿。从2021年6月完成《销售漏斗与销售管理》（第二版）以后，开始构思总结三十多年一线销售工作的实践，到昨天初步完稿，已有一年半时间；看到第一节正式动笔的时间是2022年1月27日。从构思到动笔，再到初步完稿，基本上是在疫情防控期间，最后两个月是在疫情防控政策调整以后，还是在被感染、阳转阴、身体恢复的过程中度过的。

　　就像疫情期间过日子有诸多不便，有各种烦恼一样，写这样一本书的过程也经历了许多挣扎、烦恼，甚至不眠之夜。看似疫情期间外出减少了，写作的时间集中了，但每一个小题目都是独立的命题，不像写《销售漏斗与销售管理》时是一个大命题，各章节是相互关联、环环相扣的，思路有连续性；虽然书中只收集、编辑了23篇文稿，但时间跨度长达三十年，内容涉及日常工作管理、客户管理、渠道管理和人员管理等营销工作的方方面面，光构思过程就用了半年。今天对照当时的写作提纲，初稿与之有很大变化，有些篇章是推倒重来，有些甚至放弃了，比如有关市场方面的内容，工作中虽有涉猎，但是现在看来很肤浅，最终放弃了。幸好我保存着三十多年来工作过程中的各种文档、笔记、邮件、照片和日记，这为写作的客观性和准确性提供了必要的资料。

　　这本笔记的内容分为四篇：日常工作篇、客户篇、渠道篇和人员篇。

　　日常工作篇涉及业绩平滑性与日常工作管理、目标设定、职能组织架构与工作组织形式的关系、成本核算中心设立的必要性、薪酬激励的有效性和营销例会的组织等内容。

客户篇则从关键客户与大客户的定义出发，讨论了"客户大"与"大客户"的关系，判断客户重要性的多维度法，全球战略客户在不同区域的差异，与大客户的合作及管理模式，关注客户中的"守门员"，客户对价值与风险关系的判断等议题。

渠道篇中的讨论涉及销售渠道从设计、建立、相互关系、日常管理到有效激励各个环节中的工作：销售渠道与产品属性的关系；找到心仪的合作伙伴；厂家与商家之间要提升"法人间合作的意识"，要相互尊重、守约；增进"情感流"的有效方法；销售渠道"激励"问题的讨论。

人员篇的讨论与人事管理不同，关注的是实际工作中销售人员的能力与工作要求的适配性、时间管理、业绩考核与能力/素质考评、销售人员自我学习能力与营销主管的教练角色、通过正式日常工作项目管理实践培养潜在的领导……

从上述介绍中读者就可以感受到，由于本书是"笔记"的性质，时间跨度大，内容涉猎广，又不成体系，内容都是根据当时的工作记录、讲稿和感悟写成的短文，现在的篇章是这次归纳出来的，希望能有一些内在联系，但是即使这样，内容仍然显得既散，且杂。因此，建议读者大可不必逐篇阅读，选择自己感兴趣的题目看看就是了，因为每一个题目都是一篇独立的短文。

在写作过程中，我给自己定了三条原则：第一，既然是工作笔记，所有内容一定是自己做过、参与过、经历过的；第二，实践案例要用最新的管理理念提炼，使之具有逻辑性和理论支撑；第三，虽然是自己经历过的，但由于时代、技术、方法的进步，已经过时了，即使是自己职业生涯中可圈可点的工作经历，也不再录入本书，占用读者的时间，就让它留在自己的记忆和记录中吧。比如，二十世纪九十年代中期（1997年），我和我的同事们用三四年的时间，开车走遍除西藏以外的各省、自治区、直辖市，访问了相关的企业、研究所、科研基地……做了几轮福禄克（Fluke）技术/产品路演（Road show），这在当时是很有影响的市场推广活动和方法，国内仪器仪表类媒体都有报道。但在通信和互联网技术发达的当下，这已是过时的方式、方法，由此可以感受到中国这些年的巨大变化。

遵循上述原则，虽然时间跨度长达三十年，但读者可能会发现，笔记总结、提炼的许多实践案例是在最近八年进行的，是我退休后到众多的企业做顾问过程中的收获。其实早期的实践是后期的基础，经历了从数量的积累到质量的转变，是实践、认识、再实践、再认识的过程，体现了实践与认识的连续性和螺旋式的提升。这些企业有国企、民企、外企，涉及制造业、生命科学、医药、环保、商贸……众多领域。首先要感谢前二十几年在福禄克、丹纳赫的工作机遇和同事、领导、朋友们的帮助，更要感谢最近八年给我继续实践机会的众多企业，让我开阔了视野，将25年职业生涯的经验运用到新的领域，从而有了不一样的认识和收获，才有现在呈现在读者面前的拙作。

关于第二条原则，刚好在过去三年，我有相对集中的时间读书学习，特别是2020年，在修改《销售漏斗与销售管理》一书的同时，将过去历年写的培训讲稿进行了整理，形成了营销方面的系列讲稿。这些工作都为最终完成这本笔记做了前期准备。当然在写作过程中还是有针对性地读了许多书。今天，收拾书籍时，看到那一摞书和在其中加的标签和摘要，自己都不敢相信这期间读了这么多书。

我的理论水平不高，实践也有局限性，这本笔记的内容也很散，这样的写作方法能不能被接受，的确心里很忐忑。最近各行各业都在复苏，一些企业联系到我，咨询一些问题，内容包括营销组织架构调整、年初设定员工绩效考核内容、大客户认定与管理、销售人员的时间管理，等等，我将笔记的有关章节发给他们参考，也算是做个测试。目前得到的回复是"有启发"，有可能这些读者说的是客气话，但我还是鼓起勇气继续做下去，因为这是我实实在在的实践与现有的认识，写出来是对自己的一个交代，如果能够出版是我的幸运，读者能从中得到一点儿启发则是对我的褒奖。

今天又逢农历癸卯兔年的元宵节，立春和元宵节两个好日子连在一起！春天来了，各行各业都将复苏，变得生机勃勃，随着春天的到来，这本笔记也收笔了，希望能对营销人员和营销管理者们的工作有点滴帮助！

仅此！

刘祖友

癸卯年元宵夜

目 录
Contents

第一章 日常工作篇

从业绩的平滑性看营销日常工作 / 003
营销日常工作从设定目标开始 / 010
营销职能组织结构与工作团队组织形式 / 026
关于设立两个成本核算中心的讨论 / 046
销售人员薪酬激励的有效性 / 057
高效的营销例会 / 076

第二章 客户篇

"关键客户"的概念与"大客户"的定义 / 091
"客户大"与"大客户"——"双维度"定义客户等级 / 096
"多维度"客户分类法——"双维度"定义客户等级的延展 / 101
"战略客户"的地域差异 / 113
与大客户合作及管理模式探讨 / 117
关注客户中的"守门员" / 125
客户的价值判断与风险意识 / 130

第三章 渠道篇

产品属性与销售渠道 / 143
先给心仪的伙伴画像，再去找合作伙伴 / 150
提升"法人间合作的意识"，做到相互尊重 / 157
销售渠道管理中增进"情感流"的有效方法 / 160
关于销售渠道激励问题的讨论 / 167

第四章 人员篇

开拓型与维护型销售人员分工 / 175
销售人员的时间有效性管理 / 183
绩效考核与能力/素质考评 / 200
员工的自我学习能力与营销主管的伙伴教练作用 / 215
开展正式日常工作项目，进行教练指导 / 229

后记 / 245
附录 A / 249
附录 B / 255
附录 C / 266
附录 D / 276

第一章

日常工作篇

讨论营销日常工作似乎是一个没有边际的话题，什么都可以讨论一番，可讨论完了又总觉得好像什么都没有说清楚。过日子是日复一日，年复一年，总是那么平平常常、反反复复；营销工作是月复一月，年复一年，围着业绩目标转；不同点在于月度营销工作做得不好，还可以在后续的月度里微调（当然不包括十二月），可年度一结束一切就归零了，有朋友形象地说：又该"Reset"（复位、归零）了。

从事了三十多年的营销工作，虽然从形式上看是在无数次地重复，从月度到年度，直到今天在做顾问的过程中，仍然在重复着曾经的工作，但是细想起来却有许多不同。从形式上看是在做重复工作，但从内容上看有巨大的变化，面对的是一次次新的挑战，在这个过程中提升了判断力和解决问题的能力，看到了营销工作内容的变化和发展，也对营销工作的内在规律有了进一步的理解。

从业绩的平滑性看营销日常工作

什么是企业业绩的平滑性？

企业业绩的平滑性就是企业业绩按照目标计划得以实现；它体现为每个月的业绩达标，从而保证企业的业绩每季度、每年度达标。

企业业绩的平滑性为什么重要？

因为企业业绩的平滑性，是企业对股东的一种承诺，也体现了一家企业的管理水平和业务发展趋势。

在追求企业业绩的平滑性过程中，保证营销业务进程的平滑性是首当其冲的。为什么营销业务进程的平滑如此重要？

因为营销业绩的平滑性直接影响企业的采购、生产、品质、交付、资金、库存……一系列的企业经营问题，最终会影响企业整体业绩的平滑性。

那么保持营销业务平滑性为什么如此困难呢？

由于商业活动是一个涉及多部门的过程，每个部门都有其运行规律，营销业务是源头，会影响其他部门的运作，反过来其他部门的运行情况又会影响营销业务，比如，产品质量出问题，客户投诉就多，会影响客户的信心，销售人员工作量就会增大；同时营销工作又是与客户打交道的过程，具有很大不确定性。

平滑性是一个相对稳定的动态过程，任何一个环节出现问题都会影响整个系统的线性平滑。

通过改善行动可以对当前的问题加以解决，但新问题的出现就会打破原有的流程，需要再建流程，因此，保持营销业务平滑性是持续的过程，只要企业存在就要不断分析业务的健康状况，进行持续改善。

……

在管理营销业务的过程中，就有这种经历：上市公司是以季度为周期发布公司财报，因此公司对实现季度的总体业绩目标要求很高，也很严。大家知道这种考核规律，于是销售签单就呈现出锯齿波的形状，也就是每个季度的前两个月份，每个月实现10%~20%左右的季度目标，而第三个月实现60%~70%左右的季度目标。这种情况下，从按季度完成任务角度看，销售签单任务是完成了，但是在生产、交付、安装验收各个环节造成了不均衡，给人力调配、产能调度、配套订货……带来了一系列问题。

如果企业的业绩是以最终安装验收完成，客户确认为准，那么当企业业绩不达标时，我们发现问题的节点，直接反映在客户确认验收通过的最终环节。根据业务流程图来观察，要实现业绩平滑性，一般要经过多少环节？这些环节与我们企业的日常工作管理，与我们营销日常工作的关系是什么？

示意图1-1中，上部从左向右的箭头（浅色）指示的是常规的业务流程。因为只有客户签字确认验收通过，才算营业收入业绩，这样问题集中暴发点往往是在安装验收环节。但是，如果我们从问题爆发点反向追踪，下部从右向左箭头（深色），却可以看到每个环节都有可能出现问题；而问题集中暴发点出现的问题，是前面各个环节存在的问题累积的结果。最终业绩出现的很多问题，实际是日常工作的问题，与日常工作管理有关；在整个业务流程中，虽然每个环节都很重要，但从因果关系分析，营销工作的重要性是不言而喻的。这些问题中：

有些是营销团队自身的问题，比如：销售机会不足以支撑业绩持续增长；

有些则是营销团队与其他团队协调的问题，比如：生产、质量出问题；

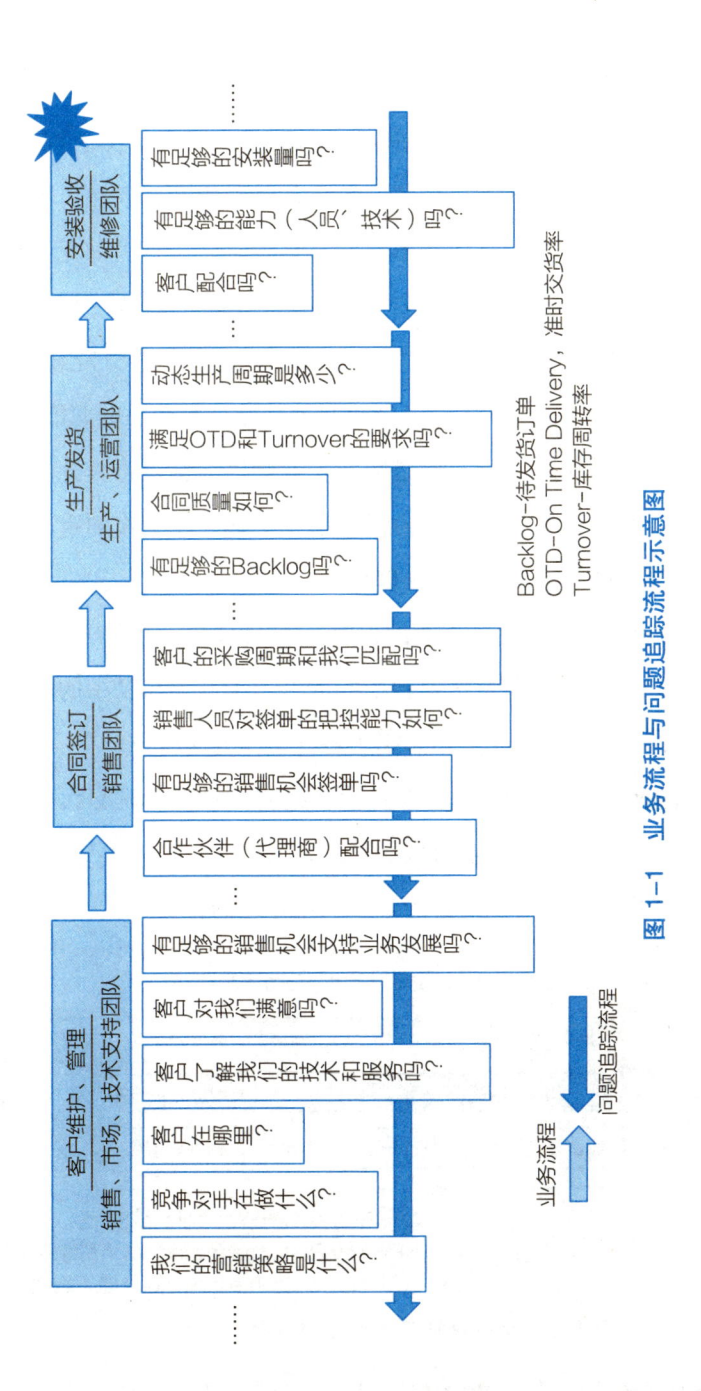

图 1-1 业务流程与问题追踪流程示意图

还有就是营销团队长期存在的问题，比如：市场和竞争策略不对、销售线索不够、供签单项目储备不足。

通过对数据分析，确定每个节点上出现的问题造成无法达标的百分比，比如：有多少问题是出在合同不够？有多少问题是合同质量有问题（签了合同，但迟迟发不了货）？有多少是备货不足？有多少是发了货，却无法安装验收？……由此可以找到需要解决的问题，分别由不同部门去解决；同时可以分清每个问题在影响业绩平滑性方面的比重，抓住重点问题集中力量解决。

产品和服务要走向市场，走入客户，营销是连接企业与客户的职能部门，营销工作在企业日常运营中是起点，也是影响企业整体运营首当其冲的最重要环节，大多数企业投入巨大人力、物力做好营销工作，把工作的重点放在提升营销日常工作管理水平上，也就不难理解了。

图1-1还告诉我们实现业绩平滑性的目标，涉及日常工作的方方面面，工作千头万绪，这是大多数管理者感到棘手的地方。为此参与其中的管理者们参加了各种培训，学习了各种工具，总结了各种工作方法……

杰克·韦尔奇先生曾经说过：世上没有什么绝对真理和管理秘籍，最直接、最简单的管理办法，往往才是最有效的管理方法。

我们尝试用一张图来梳理看似纷繁的日常工作管理的过程。

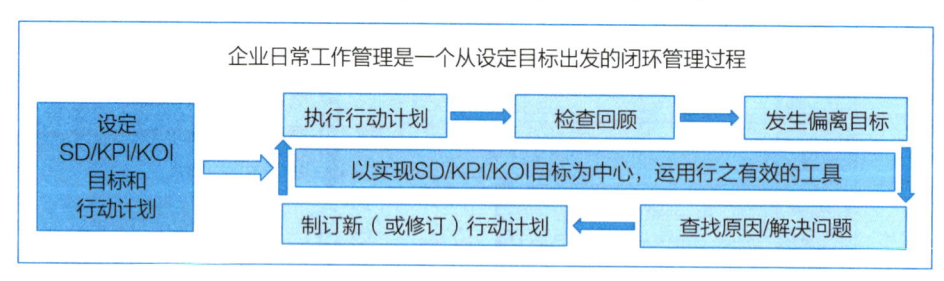

SD-Strategy Deployment 战略部署
KPI-Key Performance Indicator 关键绩效指标
KOI-Key Outcome Indicator 关键成果指标

图1-2 企业日常工作管理的过程

日常工作管理从设定（SD/KPI/KOI）目标和制订行动计划开始，围绕着实现 SD/KPI/KOI 目标，执行行动计划➡检查回顾➡发生偏离目标➡（运用行之有效的工具）查找原因/解决问题➡制订新的（或修订）行动计划➡执行行动计划……这是一个闭环过程。

这里目标设定采用了"SD-战略部署目标""KPI-关键绩效指标""KOI-关键成果指标"三种目标。"SD"目标与其他两个指标还好区分；而 KPI 与 KOI 两种指标中，读者可能比较熟悉 KPI 指标，因此需要对 KPI 与 KOI 两种指标的区别简单加以说明。

KPI 是指一些短期的非财务评价指标，比如当日、当周的质量、按时交付、安全、准点等指标，是要立即解决的（简单因素）问题；

KOI 表示的是企业相对长期的指标，可以是财务评价指标，也可以是非财务评价指标，它是各种因素累积的结果，比如月度、季度、年度的销售业绩指标、回款额、利润率等，是一定的运行周期后，分析解决的多因素问题。

上述两种指标，面对的问题、解决问题的工具和方法，是有所不同的。目前大多数企业都是以 KPI（关键绩效指标）为工具，涵盖了上述两方面的指标。这里分别列出，并加以说明，以适应不同读者。有兴趣的读者，可以阅读《关键绩效指标》[①]一书。

目标再明晰、行动计划再完美，执行才是关键。上述三种目标（指标）可以分成两类：战略目标和日常工作的关键考核指标。实现两类目标的过程，就是日常工作的过程，虽然目标可以区分为两类，但在相应的理念、方法、运用的管理工具等方面，基本是一致的；区别在于涉及的部门、投入的力度、检查回顾的层级以及考核目标和关注点上有所不同。

对日常工作的管理，既是一门科学，又是一门艺术。执行行动计划实现目标是一个行动过程，要使之成为整个组织的实际行动；要利用企业的人力、

---

① （美）戴维·帕门特.关键绩效指标[M].张丹，商国印，张风都，等译.北京：机械工业出版社，2017.

物力、财力、知识等资源，建立起一套系统、体系、架构和制度，通过日常工作管理，对企业的经营进行规划、组织、调控，解决实现目标过程中出现的各种问题；日常工作管理，也是提升领导力、培养员工、激励员工的过程。

这个闭环过程是永远不会结束的，因为企业追求的目标是不断提高的，相应的，企业运营的各个环节的日常工作管理水平也要不断提升。

同时，企业永远面对环境、客户、内部因素、人员能力……诸多不确定的因素，正是这种不确定性，或者说不断的变化，决定了企业日常工作管理的持续性和重要性。

只要企业存在，日常工作管理就不会停止！

这里，行之有效的工具有哪些呢？

其实，行之有效的工具，并不是特指哪个具体工具，它包含了我们平时工作中使用的各类工具，关键是要根据不同的问题，选择相应的工具。比如：

工作环境和文件归档管理等，可以用到 5S 工具；

客户满意度或市场分析，可以用到听取客户的声音（VOC）工具；

日常工作，可以用到可视化日常工作管理、标准化工作流程、日常工作管理 DM（Daily Management）、销售漏斗的建立与应用，等等工具；

工作（业务）流程管理，可以用到价值流分析、事务性工作流程改进（TPI–Transactional Process Improvement）等工具；

团队时间管理，可以用到时间有效性分析的工具；

制定目标时，可以用到战略规划制定与部署的过程、目标分解的保龄图、行动计划制订等；

在业绩管理方面可以用到多因素问题的解决过程与方法（Multi–factor problem solving process–MPSP）；

……

当然还有很多软件——CRM、OA、ERP、SAP——可以辅助我们进行有效管理。

营销日常工作管理是一个实践的过程，人们在实践过程中已经总结出了许多工具和方法，并且还会不断总结出新的工具和方法。每个参与其中的人都是实践者，我们不但要学习前人的经验，也要通过自己的实践，不断丰富这些工具和方法。

通过梳理企业业绩的平滑性管理的过程，我们探讨了看似纷繁的日常工作管理的问题，最终形成了一个从设定目标出发的闭环管理过程。在这个围绕实现目标进行的闭环管理过程中，虽然遇到的问题各种各样，但都有对应其场景适用的、解决问题的工具和方法；和日常工作管理不会停止一样，新的解决问题的工具和方法，也会被实践者们不断创造出来。我们在实践中要学会如何融会贯通、灵活地应用好这些工具和方法，并不断总结丰富运用这些工具和方法的经验、教训。不要寄希望于有一个万能的工具或方法，解决日常工作中遇到的所有问题！

营销日常工作从设定目标开始

读者可能对这个题目会产生疑惑：目标都是管理层布置下来的，那个营销团队没有目标？这里所讲的设定目标有几层含义，一是理解管理层布置的营销目标，制订有针对性的行动计划；二是分解营销目标到不同的团队和产品系列，建立可视化管理的保龄图；三是绩效考核目标要具有逻辑性，不断提升管理水平……

制订行动计划

首先，每年度的营销目标都是公司管理层根据企业发展规划制定的，前一节中我们已经说明，一般来讲有"SD-战略部署目标""KPI-关键绩效指标"和"KOI-关键成果指标"三类目标。其中 KPI 和 KOI 的区别，我们在前一节中介绍了，这里我们着重介绍一下战略目标与关键绩效/关键成果指标的不同。首先我们来看一个身边的案例：

表 1-1 从标准时速 120 公里的火车提速到每小时 150 公里，再到建立时速 300 公里以上的高速铁路网的发展过程，介绍了从关键绩效/关键成果指标（KPI/KOI）到战略目标（SD）的转化过程。在这个转化过程中，不仅仅是指标的变化，更重要的是面对的工作内容、面临问题的特征和解决问题的方法的变化。

表1-1 从火车准点到提速看日常工作到战略突破的转换

日常工作 ←—— 从火车准点到提速看日常工作到战略突破的转换 ——→ 战略突破

目标	标准时速120公里火车准点运行	标准时速120公里火车提速30%运行	火车时速要达到300公里以上
与KPI/KOI和SD的关联	"日常工作"的KPI/KOI目标	有改进的KPI/KOI目标	全新思考的SD目标
面对的工作内容	应对式的，保障性的行动计划	前瞻性的，有预见的行动计划	带有冲击力的行动计划
	面对已存在的状况	既面对已存在的状况，又面向未来	完全面向未来
面临问题的特征	确保运营必须条件	确定技术突破重点	确定整体战略突破方案
	满足客户期望	超越客户的期望	探索未知，满足各方面的高期望
	应对外部紧急情况	应对外部紧急情况/效益/风险	机会/高效益/高风险
解决问题的方法	关注当前流程，解决达标面临的问题	找出目前无法满足新标准的那些流程	思考现有的方案为什么做不到
	改善流程，实现/保持绩效水平	设计新流程或改进现有流程	设计全新方案实现新目标

一般来讲，营销团队收到的指标都是相对长期的（一年）总体财务指标，比如：销售额、销售利润额（或利润率）、产品销售量等。这些财务指标可能来自两方面，一是基本业务面，二是企业战略突破或特定的重点业务——比如，某种关键新产品的上市、进入某个新领域，等等——产生的财务业绩（有些企业将这两部分分成存量业务业绩和增量业务业绩）。实现这两类不同的业绩目标所面对的工作内容、问题的特征和解决问题的方法是不同的。因此，对总体财务指标进行分解，搞清指标确立的基本出发点，对制订行动计划十分重要。虽然在实现两种目标的日常工作中，相应的理念、方法、工具运用等方面基本是一致的，但是两种目标制定时考虑的关键要素有所不同，涉

的部门、投入的力度、检查回顾的层级，以及考核目标和关注点上会有所不同。在开始制订全年计划阶段，有必要区分出哪些是属于战略部署业绩目标，哪些是关键绩效/关键成果指标。

战略部署业绩目标，是涉及企业或某项业务发展的至关重要的项目。这些项目一般有专项执行团队和专项投入，是检查回顾关注的重点，其频率基本上是每个月考核，但也会有特殊安排，甚至企业高层要定期参加检查回顾或听取汇报……

关键绩效/关键成果指标，是企业日常运营的指标，一般考虑企业所处行业（或地域）的经济增长情况、产品生命周期、历年业绩增长趋势、营销模式的变化等众多因素。涉及的部门是全体营销部门，投入就是常规的投入，检查回顾频率基本上是每个月检查，在营销团队内部进行，有关数据在企业高层会议上汇报……

这样，在研究年度计划的执行方案时，就有两个不同的行动计划，分别是实现战略部署目标的行动计划和实现关键绩效/关键成果指标的行动计划。这两个行动计划在形式上是一样的，但正如前所述，两类业绩目标在工作内容、问题的特征和解决问题的方法方面存在不同，其行动计划的内容、执行团队、检查回顾参与的人员和频率等是有很大区别的。表1-2介绍了一种通用的行动计划表，供读者参考。图1-3是对表1-2的注释，读者可以对照图1-3阅读，以加深对行动计划表的理解。

从表1-2和图1-3可以看到，行动计划表将应用场景、面对的问题、执行团队、评估人员、行动项目、预定结果、实施周期、运行状况，等等要素，以标准化的方式，设计出一份统一、通用的工作计划表，可以应对不同工作场景使用，最终这份行动计划可以打印在一张A3纸上。这将改变不同部门有不同的文件格式，不同的工作场景有不同的表达方式的管理模式，使管理工作标准化；不同部门、不同工作场景，解决问题时有共同的思维逻辑和表达方式，可以提升工作效率，并适合可视化（看板）管理的要求。

表 1-2 （通用）行动计划表

战略目标－关键绩效/关键成果目标－改善目标（通用）行动计划表

AAA（部门）XXX（项目名称）的优先项目：	部门/地区：		修改日期：
参与评估的成员：		下次评估时间：	
背景描述：			
核心目标：			

采取行动的步骤/进行改善的事件	参加人员	结果是什么	计划完成时间	标注说明	时间表												行动项目影响与进展状态		该行动项结束后产生的影响（%或文表述）	进展状态
				= 该项行动起止时间周期内的单元格涂成浅灰色，最小时间单位为时间表所呈现，如，周，月，季度等。	Jan 一月	Feb 二月	Mar 三月	Apr 四月	May 五月	Jun 六月	Jul 七月	Aug 八月	Sep 九月	Oct 十月	Nov 十一月	Dec 十二月			
					X												= 确认对进展进行了回顾		
					Year 20xx														
1.																			
1.1																			
...																			
N.																			
...																			

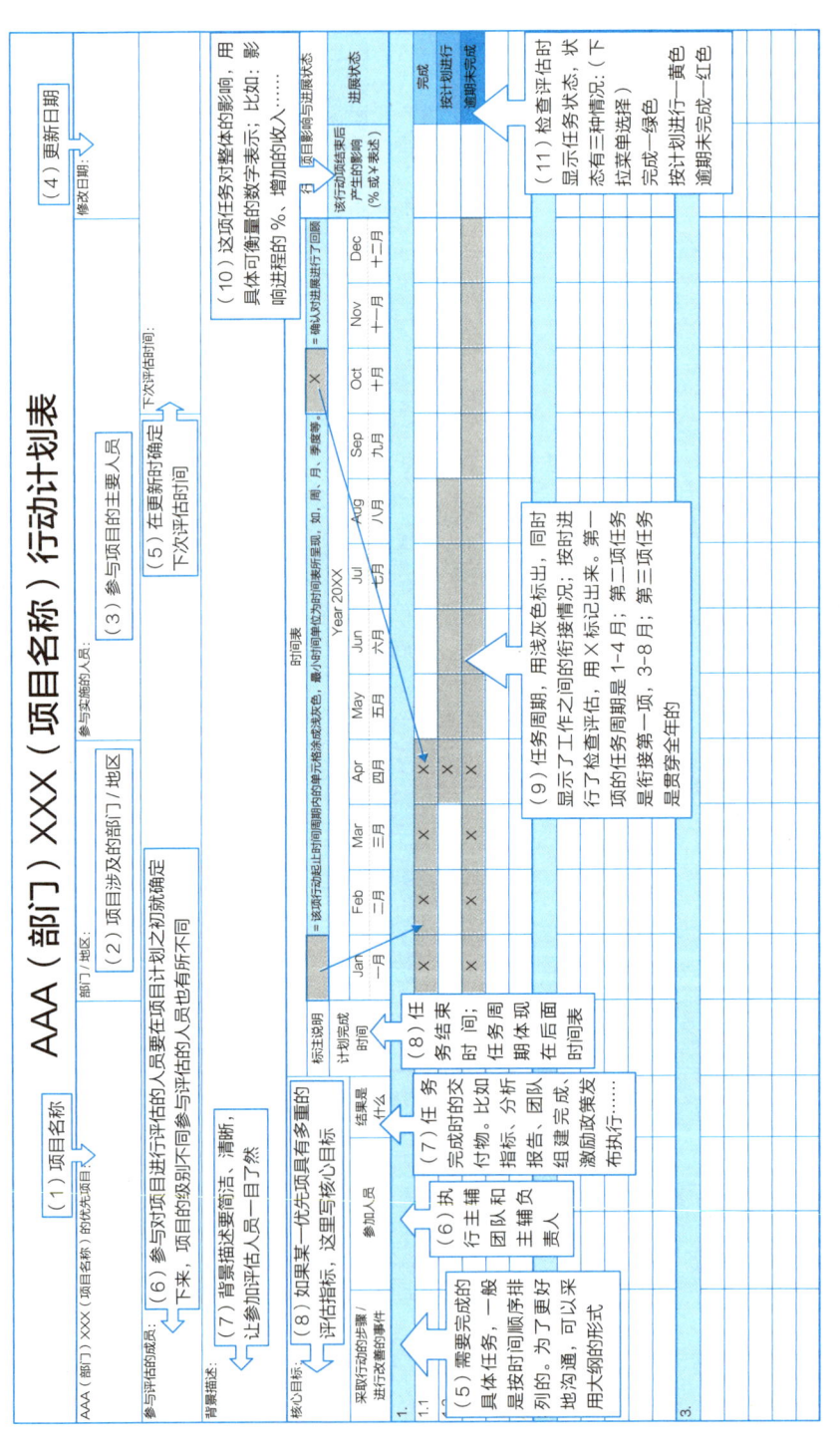

图 1-3 (通用) 行动计划表说明

注：本图中 (11) 处浅蓝色代表实际中的绿色，中蓝色代表实际中的黄色，深蓝色代表实际中的红色。

运用保龄图分解营销目标

分配指标是营销团队必须要完成的一个工作环节，它既是工作的起点，也是终点考核时的标准。因此除了要有明晰的任务分配以外，在任务分配后，还应有一种清晰的、能够进行可视化管理的呈现模式。保龄图（由于这个表格类似保龄球积分表，因此简称保龄图）就是这样一份简单、有效的工具。表1-3就是保龄图的样板，图1-4是对保龄图的说明。

表1-3中提供了营销日常工作管理希望了解的基本数据信息，可以直接反映业绩状况。在营销日常工作管理所需的各种信息中，有四类信息是帮助我们进行管理的基本信息：

一是计划目标，这是衡量工作状况的标准；

二是计划目标的执行情况，这是行动结果；

三是执行情况与目标间的差距，包括：超额的正向差距和不达标的负向差距；

四是差距的发展趋势，无论正向还是负向趋势我们都要知道原因，并有相应的对策。

这四类基本信息看似简单，其实是一环扣一环的，最终帮我们对业务状况有总体的了解和把控。

营销业绩保龄图中就包括了这四类基本信息，除计划目标外，执行情况既有每个考核周期（表中是以月度为周期）的数字，又有从计划执行开始到目前为止的累计结果；特别是通过对执行情况数字单元格的颜色标注（达到或超过计划目标的数字所在单元格，实际标注为绿色，这里标注为浅蓝；反之不达标的数字所在单元格，实际标注为红色，这里标注为深蓝），使用者可以不看具体数字就能直观地了解执行的情况和差距（正向或负向）；而连续的执行情况数字单元格的颜色变化，能够直观地反映业绩的趋势。营销业绩保龄图集营销管理的四类数据于一体，通过数据和颜色标注，让每位使用者可以一目了然地对业务状况获得直观的了解和判断，也为实现可视化管理提供了有效的工具。保龄图的使用者，把它形象地称为"红绿灯"图。

表1-3 营销总目标与地域销售目标保龄图样板

×××公司营销总目标进度表（202×）

业绩达到或超过目标，单元格背景填绿色；业绩低于目标，单元格背景填红色，同时字体改成白色，并加粗。
Y单位：万元　　更新时间：202×年×月×日　　★保密资料★

起点（前一年业绩）		YTD（目前状况）	1月	2月	3月	4月	5月	6月	7月	8月	9月	10月	11月	12月	202×年TOTAL
公司总任务（负责人）	目标/业绩/达成率														
	202×年目标														
	202×年业绩														
	季度业绩达成率%														

团队A营销目标进度表（202×）

业绩达到或超过目标，单元格背景填浅绿色；业绩低于目标，单元格背景填深红色，同时字体改成白色，并加粗。
Y单位：万元　　更新时间：202×年×月×日　　★保密资料★

起点（前一年业绩）		YTD（目前状况）	1月	2月	3月	4月	5月	6月	7月	8月	9月	10月	11月	12月	202×年TOTAL
团队	目标/业绩/达成率														

续表

团队A 总任务（负责人）	202x年目标								
	202x年业绩								
	季度业绩达成率 %								

团队A -销售a	202x年目标								
	202x年业绩								
	季度业绩达成率 %								

……

团队A -销售n	202x年目标								
	202x年业绩								
	季度业绩达成率 %								

XXXX公司营销总目标进度表（2020）

业绩达到或超过目标，单元格背景填绿色；业绩低于目标，单元格背景填红色，同时字体改成白色，并加粗。

¥单位：万元　　更新时间：2020年4月3日　　★保密资料

	起点（前一年业绩）	目标/业绩达成率	YTD（目前状况）	1月	2月	3月	4月	5月	6月	7月	8月	9月	10月	11月	12月	202X年 TOTAL
公司总任务（陈XX）	53,650	2020年目标	9,672	3,636	1,627	4,409	4,027	4,364	5,326	5,788	6,250	6,511	5,366	7,135	8,090	62,529
	53,150	2020年业绩	9,768	3,545	1,850	4,373										9,768
	99%	季度业绩达成率%	101%		101%			0%			0%			0%		16%

（1）考核指标描述。

（2）起点，一般是前一年完成的指标，也有的是某些工作已达到的水平，作为后续破目标的起点。

（3）今年到目前为止目标和完成情况累计结果。

（4）分解到12个月的计划。

（5）执行结果，用不同底色直观反映执行情况：绿色-达到或超过计划；红色-未达标。

（6）全年目标，目前为止累计完成量；目前累计完成量占全年目标的百分比。

YTD—Year To Date

图1-4　保龄图说明

注：本图中数据部分浅蓝色代表实际中的绿色，深蓝色代表实际中的红色。

营销业绩保龄图可以分别按照业务涉及的营销团队、地域、行业、产品等不同领域进行设定，也可以按照企业的不同工作部门进行设定，还可以将其自上而下地拆分成到各级工作单元，直至个人，如表1-3中就分解到销售人员。使用统一的保龄图展示企业的工作业绩数据，不仅仅是采用了一个工具，更重要的是企业在观察问题、思考问题和讨论问题时，建立了一套自上而下统一的思维逻辑、思考方法和标准语言。这其实也是标准化（Standard Work）工作流程与方法的一部分。

有关总销售任务分解到地区、总销售任务分解到产品、总销售任务分解到不同行业市场、某企业回款与订单（分解到销售人员）考核、某企业不同管理部门的年度业绩考核等各种保龄图应用的实例，作为附录A表A-1至表A-5附于书后供读者参考。

建立具有逻辑性的绩效考核目标

保龄图为营销管理标准化提供了很好的工具，并不等于设定的考核指标自然就是具有逻辑性的、合理的。关于营销业绩指标的设定一般是比较清晰的，但涉及绩效指标就需要研究了。举几个案例来说明这个问题。

案例一：一般在设定运营指标时，合同"按时交付率"（OTD-On Time Delivery）是一项重要的指标。设定这样一个指标，可以对供应链、生产、质量控制、物流等运营的各个环节的管理水平都有促进作用，但是在实际工作中，为了保证合同按时交付，也有可能出现加大现货库存的现象，因此，"库存周转率"（TOR-Turnover）指标就应运而生了。这样看似相互独立的两个考核指标，在提升运营管理的质量和水平上相互关联起来了，就是要在实现合理"库存周转率"的基础上，保证合同"按时交付率"；反之亦然，在保证合同"按时交付率"的基础上，建立合理的库存。因此，合同"按时交付率"与"库存周转率"是我们设定绩效考核指标时一对相互保证、相互制约的指标，这样才能保证企业健康运营。

案例二：某企业设定了每月提交"客户询价数量"的指标，以考核销售人员工作量或效率。此项考核指标推出后，效果立刻显现，后台部门收到的客户询价数量迅速上升，但运行一段时间后发现，询价转换成有效订单的比例大约只有40%。后续改善活动中分析原因，发现有很多询价的产品并不在公司标准目录中，这些产品要么量小，没有价格优势，要么有同类竞争产品或有竞争供货商，客户询价的目的是比较价格或服务，为审批提供资料。这是一种典型的"隔墙传递"的情形，就是我只管自己的工作完成，至于后续的工作结果如何，与我无关！其实在这个问题上与案例一相似，应设定两个相互关联又相互制约的指标来考核团队的工作（不只是考核销售人员）。一是"客户询价数量"指标，另一个是"询价订单转换率"指标。这两个指标可以设定初步的起步标准（特别是转换率指标），经过一段时间的实践，逐步推动提升。在推动提升过程中，会涉及销售人员发现目标客户的能力、判断客户需求与回应客户的能力，也会涉及后台有选择地扩大供应产品储备、与供应商谈判的能力……最终使"客户询价数量"指标和"询价订单转换率"指标达到和保持在一个合理水平；一旦"询价订单转换率"低于合理水平，就要分析数据、查找原因、解决问题……

案例三：某公司设定"维修上门及时率"为售后部门的考核指标，这个指标设定得好吗？在讨论这个问题时，不少人说："很多公司都是这样考核的啊！"如果我们换位思考：客户要什么？大家发现客户要的是"多长时间能修好设备""设备修好后可以维持多久"。以客户的需求为出发点，我们应设定"修复及时率"和"修复后连续正常使用时间"为考核指标。要达到这两项指标并不容易，团队需要从以下几个方面不断改进才行：

接收客户报修信息人员的能力（涉及对故障问题的判断，影响派工、时间安排、后续支持）；

维修人员布局（涉及上门到达时间）；

维修人员能力（涉及维修时间和修好后设备后续连续工作时间）；

物流供应能力（涉及备品、备件的及时到位）；

……

这些案例告诉我们，设定考核指标不仅仅是为了实现它，既然满足客户的需求是我们的目标，就要体现在我们的考核指标当中，实践中实现这些指标的过程，就是及时发现管理和能力方面的问题，并加以改进，从而提升团队竞争力的过程。

考核指标的逻辑性、合理性方面还有一个重要的内容，就是保龄图的呈现方式，表1-4和表1-5是同一组数据，以不同模式表达的保龄图与趋势图。

表1-4　累计模式数据保龄图与趋势图

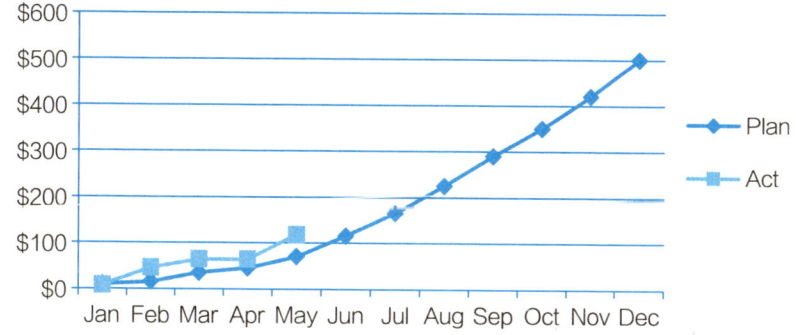

2018 Target	2018 YTD	Item	Jan	Feb	Mar	Apr	May	Jun	Jul	Aug	Sep	Oct	Nov	Dec
$500	$118	Plan	$10	$15	$35	$45	$70	$115	$165	$225	$290	$350	$420	$500
		Act	$7.9	$46	$64	$64	$117.8							

注：本表中数据部分浅蓝色代表实际中的绿色，深蓝色代表实际中的红色。

表1-5　逐月模式数据保龄图与趋势图

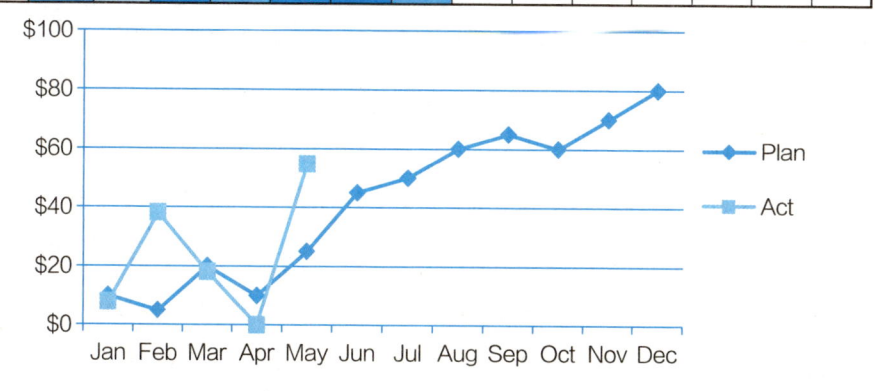

2018 Target	2018 YTD	Item	Jan	Feb	Mar	Apr	May	Jun	Jul	Aug	Sep	Oct	Nov	Dec
$500	$118	Plan	$10	$5	$20	$10	$25	$45	$50	$60	$65	$60	$70	$80
		Act	$7.9	$38	$18	$0	$54.7							

注：本表中数据部分浅蓝色代表实际中的绿色，深蓝色代表实际中的红色。

表1-4与表1-5保龄图中的数据是同一组数据，但呈现的方式不同，表1-4是累计模式，而表1-5是逐月模式。这两种模式的差别在趋势图上的呈现就非常明显了。

累计模式对连续性的业绩管理是很适合的，因为业绩管理不是短期的、单一事件，而是相对长期的（一般一年）、各部门工作综合因素的结果。业绩管理中更多关注的是趋势变化，因此适合用累计模式呈现；

逐月模式则适合对事件、对相对短期的绩效进行呈现，并立即采取措施解决问题。那些以达标率考核的指标，比如：质量合格率、按时交付率、库存周转率、询价转换成订单率……适合用逐月模式呈现。

保龄图中数据选择用哪种模式呈现，与考核指标的属性有关。一般问题比较多出现在用逐月模式来呈现业绩指标上，就如表1-5那样跳跃的曲线，无法让人一眼就看清楚业绩趋势。

一次在某办公室考察过程中，我看到几份保龄图就存在逻辑性与合理性方面容易发生的典型问题。（分别为表1-6，表1-7和表1-8）

在某经理的销售业绩看板上，我看到了表1-6。

表1-6中的计划到底是什么意思呢？按照业绩描述，应该是业绩增长率，但细想又感觉不对，因为不知道每个月要考核的百分比是什么指标。后与设定该保龄图的经理讨论，据他介绍："计划"一栏是前一年（2017年）每个月较它的前一年（2016年）对应月份的实际增长率，今年（2018年）以这个实际增长率作为当年（2018年）的目标，考核当年的业绩，实际是考核同比（注意这里是逐月的同比，而不是累积的同比）增长率。这样一圈下来，才搞清所设置目标的关系，把一个非常简单的业绩目标——销售额指标，搞得如此复杂。我问他：为什么要这样设定目标？他告诉我，年初汇报最初一两个月业绩时，总经理问他，今年每个月与去年同期比较，每个月的增长率如何，他就认为，这是公司最关心的目标，因此就这样设置了……

表 1-6 逻辑不清的目标设置

业绩描述	2017	2018	目前累计		Jan	Feb	Mar	Apr	May	Jun	Jul	Aug	Sep	Oct	Nov	Dec	Total
核心增长>26%	17%		17%	计划	49.0%	-8.3%	27.9%	55.4%	20.2%	13.1%	51.3%	15.6%	23.1%	8.6%	29.7%	54.8%	26.0%
			28%	执行	55.0%	-3.0%	18.0%	61.0%	21.0%								

表 1-7 当年的目标设置得比前一年已达到的水平还低

业绩描述	2017	2018	目前	2018		Jan	Feb	Mar	Apr	May	Jun	Jul	Aug	Sep	Oct	Nov	Dec
新设备注册率	98.9%	95.0%	95%	100%	计划	95%	95%	95%	95%	95%	95%	95%	95%	95%	95%	95%	95%
					执行	100%	100%	100%	100%	100%							

表 1-8 不同的数据单位（$/个）

业绩描述	目前累计	目前完成%	2018		Jan	Feb	Mar	Apr	May	Jun	Jul	Aug	Sep	Oct	Nov	Dec
订单：全年增长45%（USD）	8,103	102%	计划		1,032	865	2,702	1,433	2,071	2,486	1,473	1,715	1,799	1,613	1,611	2,000
	8,409		执行		1,088	1,335	2,264	2,104	1,618							
出货：全年增长36%（RMB）	32,962	114%	计划		5,503	6,396	12,661	8,402	11,612	11,396	10,213	10,188	24,959	9,933	8,941	16,802
	37,629		执行		7,407	6,035	10,873	13,314								

注：上述表中数据部分浅蓝色代表实际中的绿色，深蓝色代表实际中的红色。

其实领导问某个问题可能有当时的背景（先不谈他是否听明白了领导的问题），我们在做工作时应按照基本规律和逻辑来做。这种以前一年的月度增长率作为目标来衡量今年的业绩的方法，本身就有很多不确定性因素在里面，比如，产品成熟度、新旧产品的更替、市场的变化等等，其可比性并不高。而销售额指标是涵盖了各种因素的综合指标，是衡量营销团队工作业绩最直接、最简单、逻辑性最强的合理指标。至于领导提的问题，每位工作汇报者应该在保龄图之外准备好各种数据，以备会议讨论时使用；千万不要猜测领导会问什么问题，更不要根据领导的一次提问而设定考核目标，这样会使得团队无所适从。像这样的指标设定继续分解到团队或个人，会变得混乱。

乍一看表 1-7，觉得业绩完成得很好，达到 100%，但细看会发现 2017 年新设备的注册率已达到 98.9%，2018 年的计划不是再进一步，或保持住 2017 年已达到的水平，而是定了一个较低水平的目标——95%，实际执行又都达到了 100%。这样的指标设定出来就失去了应有的意义。我们设定指标是为了用更高的标准来衡量我们的实际工作情况，及时发现工作中需要改善的问题，而不是仅仅为了年终绩效考核有一个好成绩。

如果经过一段时间的努力和考核，某项工作已常态化，不必设定指标就可以完成得很好，就应该根据工作的实际情况，设定更具有挑战性的工作目标，这样设定的目标才有意义。

表 1-8 中反映的是订单与出货的情况。在营销管理中，关注这两项指标的目的是要保持经销商"订单"与"出货"的平衡，这是一组非常重要的指标。一般希望从保龄图上直接判断两个内容，一是经销商的"订单"与"出货"是否平衡；二是从"订单"到"出货"的周期，以此及时发现经销商的订单量和库存量，以及两者之间存在的问题，确定营销工作要采取的必要措施。

表 1-8 中数据使用了两种不同的货币单位，这样就无法直接对比出货与

订货的关系，所以这样的呈现方式只能说是数字的展示，无法体现出管理"进、销、存"的内涵。如果要进一步改进，除了统一核算单位以外，最好添加一行显示当月实际出货与订货之间的百分比（出货/订货），特别是累计出货与订货之间的百分比（累计出货/累计订货），对管理"进、销、存"是非常有帮助的，因为出货大于订货时，要增加库存（订单），反之要推动或帮助经销商出货……

设定目标是营销团队每年都要做的一项常规工作，一般都认为很简单，实际上设定目标关系到对目标的理解和对一年工作的规划，是再重要不过的一项工作，正所谓"一年之计在于春"。制订好一份切实可行的行动计划，可以统一团队的思想和行动，也使后续工作中，考核、检查、调整工作计划保有一份完整的文档。

团队的目标要有统一的呈现模式，保龄图和与之相应的趋势图，就是一种行之有效的工具。这种呈现模式使团队自上而下地建立起统一的思维模式、工作方法，建立和养成可视化管理的习惯，用简单、直接的工具使看似复杂、多因素的营销工作相对标准化，并为实现各级看板管理创造条件。

目标的设定要有逻辑性、合理性和挑战性。目标不可以为了设置而设置，它是我们工作的出发点和衡量标准，设定一个有挑战的目标，可以帮助团队不断发现工作中的问题，不断挑战新的高度，最终不断提升团队的管理水平和能力。

所以说，营销日常工作从设定目标开始！

营销职能组织结构与工作团队组织形式

2022年春节前夕，某企业的销售负责人通过朋友联系到我，他担任销售负责人不久，在带领团队方面经验不足，希望能找到一种组织结构帮助他推动、展开销售业务。这次交流使我思考一个问题——关于企业组织结构与具体营销工作组织形式的问题。在多年的实践中，我发现这一问题困扰着许多管理者，特别是一些小型企业的管理者。

企业无论采取何种组织结构或形式，都是其管理结构。正如彼得·德鲁克先生所说："凡是能让人产生绩效以及做出贡献的组织结构，都是正确的答案。因为组织的目的是解放与调动人的活力，而不是匀称或调和。人的绩效就是组织的最终目标和检验。"[1]

根据管理结构的目的，下面探讨建立管理结构的一些问题。

一、企业应该具有或者必须具有一个恰当的组织形式[2]

这里"一个恰当的组织形式"强调的就是组织形式具有多样性，并且不

---

[1] （美）彼得·德鲁克.管理：使命、责任、实践（实践篇）[M].陈驯，译.北京：机械工业出版社，2019：185.

[2] （美）彼得·德鲁克.德鲁克管理思想精要（珍藏版）[M].李维安，王世权，刘金岩，译.北京：机械工业出版社，2009：61.

是一成不变的，每种组织形式都与提高组织成员在一起工作的效率相关，因此，一个特定的组织形式是与特定条件、特定时间、执行特定任务相匹配的。

在三十多年的营销工作中，我曾经面对过两大类组织结构的情况：

第一类是营销团队内部根据职能，构建起的职能结构组织框架——员工归属的组织结构。我曾经请教一位很成功的营销管理者，问他：为什么每过几年（一般是三年）时间，就调整营销工作的组织结构？他告诉我，要不断地适应产品的变化和客户管理体系的变化，用最适合的组织形式去服务客户，满足客户的需求。他说，区域性组织可以提高客户的覆盖面；而行业性组织可以加强与客户关联的深度；这两种形式各有优缺点，一种形式的优点可能是另一种形式的缺点；适当地变化，也是对营销团队不断提出挑战，让销售人员走出舒适区，在客户覆盖的广度与服务客户的深度方面不断提升团队的能力。

另一类是根据产品如何从企业到达客户，如直销、渠道分销、网络营销等，构建起的组织框架——属于产品流通的组织结构。图 1-5 是二十年前我在福禄克公司（中国）工作时，基于产品的技术支持水平、价格、用户、销售组织模式的示意图。

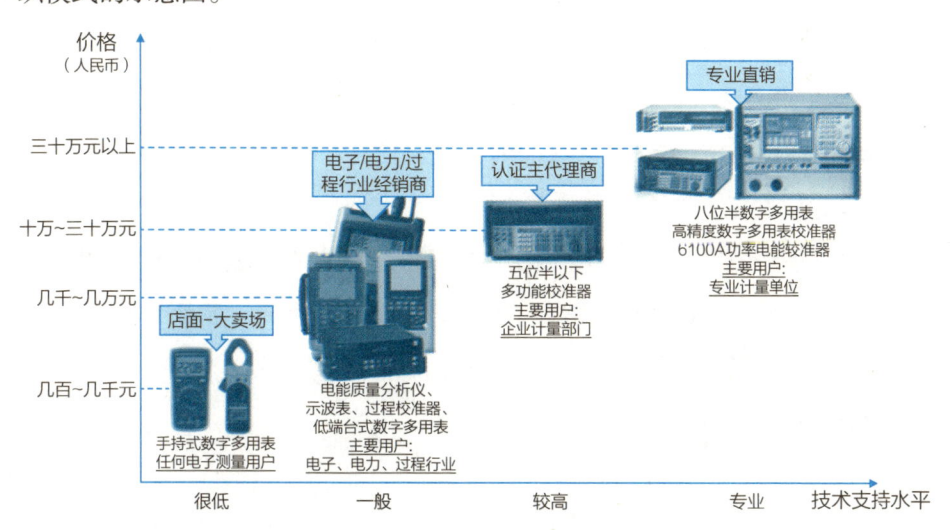

图 1-5　产品技术支持水平 – 价格 – 用户 – 销售模式示意图

从图中可以看到，产品的属性、服务对象（用户）、技术含量、价格等因素，决定了不同的销售模式；最终形成了一套销售组织结构，也是营销团队要特别关注的一类组织结构；通过建立一种恰当的组织结构——也就是通常所说的销售渠道（广义的讲直销也是渠道的一种），使产品从生产企业到达终端客户，直接影响客户获得产品的便利性、满意度和销售渠道各参与方的业绩，甚至影响产品的市场占有率和生命周期。

本节重点讨论第一类——营销团队内部根据职能，构建起职能结构组织框架下，人员工作的组织形式问题。有关产品从生产企业到达客户的组织结构——销售渠道问题，将在渠道篇里做深入讨论。

二、组织结构本身不是目的，它只是实现经营绩效和取得绩效成果的手段或工具

要实现经营绩效和取得绩效成果，组织结构重心就要聚焦于担负重任的"关键活动"，从贡献的角度分析，企业的"关键活动"有"产生成果的活动""辅助活动""内务工作"和"高层管理活动"。[①]

产生成果的活动包括：可以直接带来收入的活动（成果产生）；虽然并不产生收入，但与整个企业或者产生主要收入部门的成果，直接相关的活动（成果贡献）；信息活动，信息本身不能产生任何收入，信息只是收入与成本中心的"补给品"。

辅助活动：辅助活动本身不生产"产品"，而是对其他活动进行"投入"；有些也可被视为"成果贡献活动"的一部分（采购、生产、物流等）。

内务工作：人事、后勤、办公室……

高层管理活动：使命、组织、战略……

……

---

① （美）彼得·德鲁克.管理：使命、责任、实践（实践篇）[M].陈驯，译.北京：机械工业出版社，2019：187-190.

显然"产生成果的活动"是企业直接担负实现经营绩效和取得绩效成果任务的"关键活动"。换一种角度来讲，建立恰当的组织形式是为了实现企业对内部的管理，而组织的绩效都只能在外部反映出来。[①]

三、职能结构是企业常用的组织结构

"职能结构"也称"职能分权制"，适用于所有的管理组织。图1-6和图1-7分别是企业的职能结构示意图和企业营销部门的职能结构示意图。

从图1-6和图1-7可以看到，在职能结构中"每个人都有一个'归属'，每个人都明白自己的任务。职能结构是一个具有高度稳定性的组织结构"。[②]

在职能结构中，每个员工都有自己所属的部门和明确的工作内容，因此每个人都有归属感，这是稳定性的来源；

正是这种稳定性和归属感，使组织中的每个人对自己的工作内容都很清晰，除了少数高层管理者负责维持组织的运作之外，团队成员之间避免了更多的沟通和协调，也就具有相对的经济性；

由于职能组织结构在工作关系和人际关系方面减少了交叉，变得简单、直接，因此成员同时享有高度的安全感；

在职能组织中，人们是"以努力为中心"的，即把自己的工作做到最好；

同时这种组织结构下，员工会逐渐成为自己负责领域的专家；

……

随着时间的推移和企业规模的扩大，与职能结构的这些优势相对应的缺点也会逐渐显示出来：

[①]（美）彼得·德鲁克.德鲁克管理思想精要（珍藏版）[M].李维安，王世权，刘金岩，译.北京：机械工业出版社，2009：76.

[②]（美）彼得·德鲁克.管理：使命、责任、实践（实践篇）[M].陈驯，译.北京：机械工业出版社，2019：222.

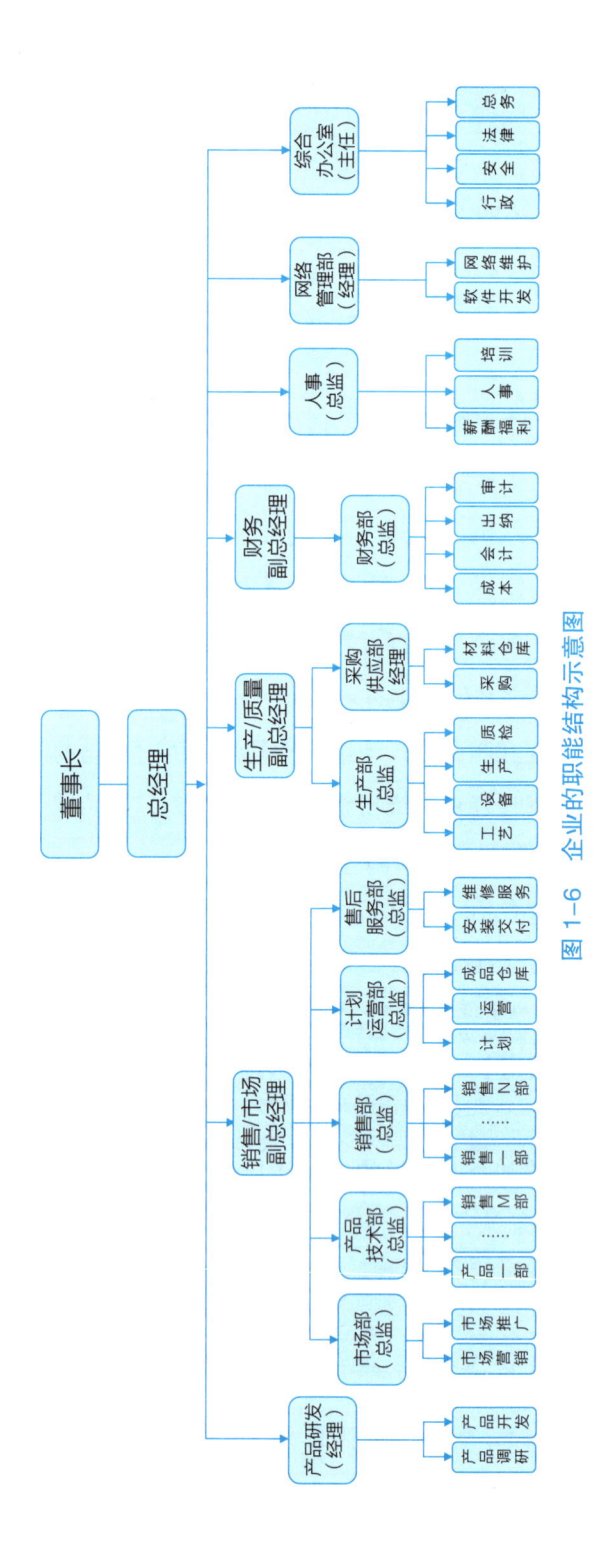

图 1-6 企业的职能结构示意图

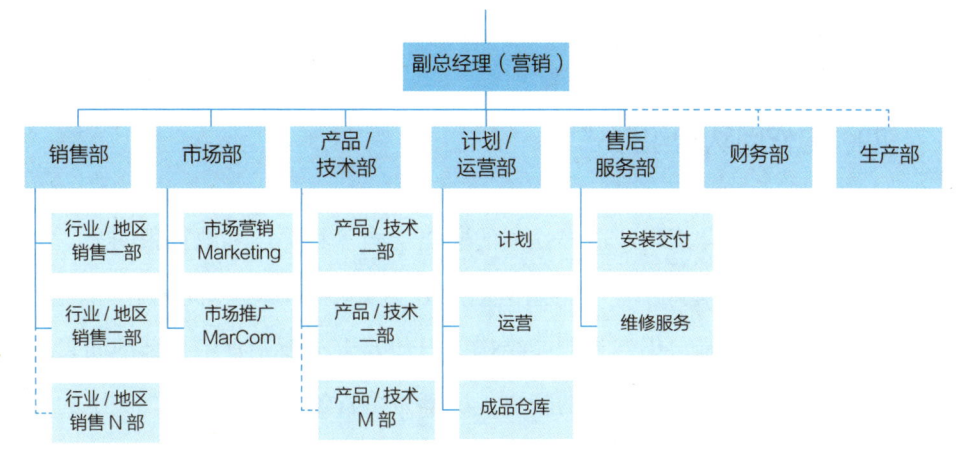

图 1-7　企业营销部门的职能结构示意图

第一，归属感与稳定性会使组织僵化，适应性差，大家都围绕着自己的组织思考问题，对于新思想、新方法关注得很少；

第二，随着企业规模的扩大，部门内部的工作细化，工作流程开始复杂，最初的经济性也逐渐消失，内部的会议、协调工作渐多，降低了工作效率；

第三，当企业处在不同的发展阶段，工作重心调整变化时，经常听到这种抱怨："公司发展到今天，还不是靠我们销售人员/技术团队，可现在……"实际上人们最初的"安全感"也逐渐失去了；

第四，把部门利益置于整体利益或其他部门的利益之上，每个职能团队关注各自的工作内容和目标。实践中就曾遇到这种尴尬的情况，一次在讨论工作的效果时，市场部门的负责人说："我们已经完成了该做的工作，至于最终的业绩结果如何，是他们销售团队的事，与我们无关……"；

第五，在考察了很多营销团队后，发现一个现象：一个在职能结构中工作出色的基层人员，往往被提升为管理者，但这种模式下成为合格管理者的人甚少，即使经过一段时间实践的磨炼，少数人可以胜任管理者职务了，其过程往往充满曲折，付出的代价也是很大的。因为这种结构模式更有利于培养专业人士，而不利于培养具有全局观念，了解不同部门工作内容和组织间流程关系，既有专业知识，又有管理能力的后备人才；

……

四、工作团队组织形式

组织稳定、职责清晰、适应性强的职能结构，其优点和缺点很明显，由此我们也就不难理解许多企业的管理者为什么会不断调整、优化组织结构。虽然从总体结构上看，仍然是职能结构，但却处于不断调整中，部门间管理范围或负责人的调整，决策链的变更（决策是由营销还是生产最终决定的在不断转换），企业发展驱动力的转移（驱动力在销售、技术、市场间转换），并且专门组织后备人力资源的培养……这些都是为了发挥职能结构的优点，克服其僵化和协调性方面存在的问题。

矩阵模式工作团队组织形式

职能结构下的营销团队，上述优缺点并存，如何保持其优点，克服其缺点，有许多有益的实践。其中，根据企业以客户为中心的理念，围绕服务客户设计工作团队体系，展开营销组织工作，是一种有益的尝试。图 1-8 就是"以客户为中心"的营销工作团队组织形式。

图 1-8 与图 1-7 的最大区别就在于，以客户为中心将职能结构中的各个部门联系了起来，形成了一个矩阵模式服务客户的组织。在这种工作组织中既保持了职能结构中组织清晰、职责明确、人员稳定的特性，同时又打破了原有的部门壁垒，在服务客户这一核心价值的结点上，将各部门的工作结合了起来。在这个工作团队组织中形成了两个"轴"：一是"职能之轴"，管理人及其知识（在示意图中表现在职能部门上）；二是"团队之轴"，管理工作与任务（在示意图中表现在服务客户的节点上）。[①] 在这种工作团队组织中，员工

---

① （美）彼得·德鲁克.管理：使命、责任、实践（实践篇）[M].陈驯，译.北京：机械工业出版社，2019：235.

的身份具有两重性，他们一方面仍然隶属于职能结构的组织，另一方面作为员工，在具体的工作团队组织中进行工作。组织职能与员工身份，在企业营销部门矩阵模式的工作团队组织中得到了平衡。

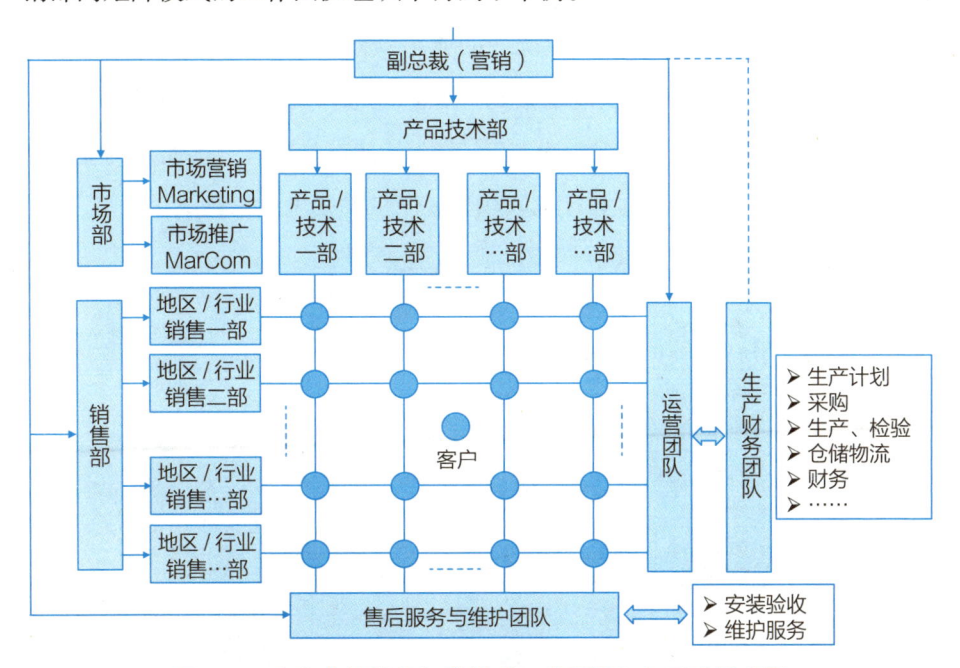

图 1-8　企业营销部门矩阵模式工作团队组织形式示意图

销售团队的人员要面对的是自己负责的地区或行业的所有客户，销售企业的各种产品或服务，他们的职责更多的是了解客户的需求和开拓市场，发展更多的客户；

产品技术团队的工程师们仍然是产品专家，他们的职责是与销售人员合作，针对目标客户进行产品和技术的推介与服务；

显然，运营团队与售后维修服务团队，分别与销售和产品技术的团队相对应，为客户提供服务；

而市场团队面对的是客户群，可以想象市场团队的工作，是垂直面向现在的矩阵平面看下去的内容；

最终在职能组织框架下，形成了一个立体的、三维的工作团队组织。

依照图 1-8 的工作团队组织形式，在主要业绩考核目标上，可以实现各部门有一个一致的目标，这就是业绩绩效指标。虽然各部门还可以有符合各自部门工作内容的考核指标，但统一的业绩绩效指标通过服务客户的绩效，将各个部门的工作实实在在地联系到一起。这也体现了德鲁克先生所讲的，"组织的绩效都只能在外部反映出来"，这个外部就是在客户端实现的业绩绩效。图 1-9 就是矩阵模式工作团队组织形式下的绩效考核示意图。

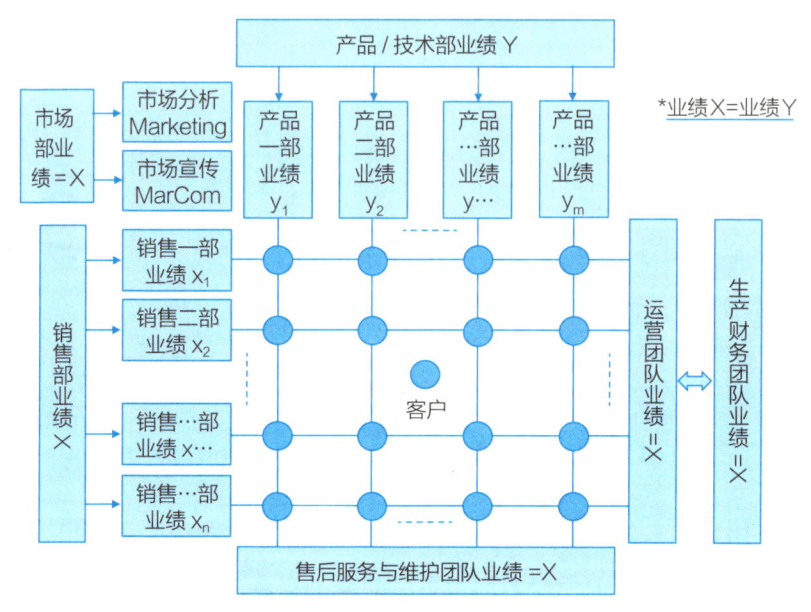

图 1-9　企业营销部门矩阵模式工作团队组织绩效考核示意图

如图 1-9 所示，矩阵模式工作团队组织形式下的业绩考核是围绕着服务客户进行的：

销售部的业绩 $X=X_1+X_2\cdots+X_n$；

产品/技术部的业绩 $Y=Y_1+Y_2\cdots+Y_m$；

各部门除了有各自部门的考核目标和方法外，其核心目标就是企业的总体业绩目标，这里业绩 X 与业绩 Y 的分解方式、方法会有所不同，但最终结果是：业绩 X= 业绩 Y。

通过服务客户，用企业的核心业绩目标将销售、产品技术、市场、售后/维护、运营等营销团队内部的各部门组合在了一起，甚至将生产、财务等营销以外的部门也关联在了一起。

这种营销部门矩阵模式的工作组织形式，加强了销售人员与产品专员间的联系，因为最终的业绩需要各方共同努力才能实现；没有完成业绩的点（哪个地区的哪种产品）、线（哪条产品线或服务线）、面（哪个地区或行业）可以在我们前一节介绍的"保龄图中"清楚地反映出来，便于团队查找问题、定位问题、分析问题，最终解决问题。

某企业在谈到实施营销部门矩阵模式工作团队组织形式时，曾经形象地描述了销售人员与产品技术专员间的各自职能与双方关系。他们说，各地销售人员就像是各省的省长，在地方或行业平台上什么产品或服务都要推广，特别要根据地方或行业特点，选择优势产业，争取部委资源加速发展；而产品专员就像中央部委的部长，要管好自己负责的产品或服务的业务，在专业上给予指导，合理分配资源，做到各地发展有重点；它们之间就像部委与地方是协调、合作的关系，最终大家共同完成的就是总"GDP"！

"矩阵模式工作团队组织形式"是企业在职能结构下，营销工作中最常见的工作团队组织形式。这种工作团队组织形式的核心是服务客户，不同部门的工作都是围绕着服务客户去组织实施；各个部门和人员的工作价值体现在帮助客户实现目标而共同开展的活动（工作）之中；各部门除了有各自的考核方法和目标外，大家有一个共同的目标——实现企业的业绩目标。企业实施这种工作组织形式，要建立和不断强化团队合作的文化；需要强有力的协调机制和执行能力。

企业运用"矩阵模式工作团队组织形式"时要注意：这种工作团队组织形式适用于不包含工程实施的商品项目的销售；这些项目一般是以销售为主导的，销售人员根据项目进展阶段的需要，邀请产品技术专家、售后服务工程师和运营管理人员参与；营销团队每月的联席会议，是协调各部门在重点销售项目上工作安排的重要环节；销售漏斗等工具是帮助协调不同部门工作的有效工具。这种工作团队组织形式失败的关键原因在于团队松散，没有执行力。

矩阵模式工作团队组织形式，可以成为职能组织结构下的一种有效的、常态化的工作模式，在实践中许多企业是按照这样的原则组织开展工作的。但是在面对某些营销过程时，比如工程类型的项目，需要构建在销售、技术、运营服务保障等方面具有综合能力的团队去承担，需要在职能部门间建立工作紧密度更高的项目管理模式的工作团队组织形式。

项目管理模式工作团队组织形式

在营销过程中，客户的采购项目可以大致（不确切）分为"商品项目"和"定制化项目"：

"商品项目"就是客户采购的有关设备或服务是标准化的商品，涉及的生产、销售、技术、安装、培训、验收、付款等环节都有成熟的标准流程，只需要有限的人员支持即可完成的销售项目；

"定制化项目"，顾名思义就是客户采购的有关设备或服务是非标准化的，涉及的销售、技术、生产、安装、培训、验收、付款等不同环节需要和客户单独制定解决方案和流程，并在执行过程中随时调整，甚至有些项目要从开发设计做起。我曾经经历过一个做电力负载柜的项目，其内部的基础电路都是标准化的，但是客户的安装场地不同，使得设备的散热排风口的位置不同，这就影响到内部基础电路的布局和负载柜结构，所以每台设备几乎都是独一无二的，都要从开发设计开始做起。因此，每个"定制化项目"都需要企业根据项目的实际需要，从不同的职能部门安排人员，组建某某项目管理团队，具体负责该项目从"启动"到"交付"的全过程。

严格地区分"商品项目"和"定制化项目"的确是一件很难的事，因为这方面没有非常严格的定义。所谓"商品项目"，客户也可能有特别的需求，比如，要求新购入的商品设备或服务接入原有的系统等。此类情况，一般商品设备或服务是有解决方案的，可以安排技术部门协助客户完成。而有些业务在某些阶段是定制化的，而后就成为商品项目了，对这类项目的管理，应该从职能结构的组织中，建立起常规的工作组织模式。比如，专用电池是为某种产品配套的产品，需要在形状、电池容量等指标方面，根据最终产品的要求专门设计，此时的专门设计团队在设计、试产期间就是一个临时性的项目小组；之后，这个配套产品就进入正式生产，在客户的产品生命周期内，专用电池就成为标准化的配套产品，长期供应给该客户，从而转化成为典型的"专属商品"。

最典型的"定制化项目"应该是工程类项目，这类项目的特征是：

1. 具有明确的建设目标。工程项目分宏观目标和微观目标，政府注重工程项目的宏观经济效果和社会效果，企业主要注重工程项目的盈利能力等微观财务目标。

2. 在一定约束条件下实现工程项目的建设目标。其主要约束条件有：资源约束、质量约束、时间约束等。

3. 工程类项目是一次性事业。工程项目的建设地点、工程量是一次性固定的，建设后不可能移动，具体表现为设计的单一性，施工的单件性。工程项目与一般商品生产不同，不能批量生产。

4. 投资巨大，建设周期长，投资回收期更长；工程项目寿命周期长，其质量优势影响面大，作用时间也长。

5. 工程项目的内部结构存在许多结合部，各组成部分之间有明确的组织联系，是一个系统工程。[1]

工程类项目的这些特征，是大多数定制化项目所共有的，因此，在实施这类项目时要以项目管理模式的工作团队组织来执行，也就是说要组建项目管理模式的临时工作团队组织。这种工作团队组织是为负责"定制化项目"的实施而组建的，因此，这类组织也就相应的具有项目管理团队的特点：

---

[1] 追寻复制者. 请问工程项目的特点有哪些？［EB/OL］.（2020-07-14）.https：//zhidao.baidu.com/question/1644963219503421980.html.

目标明确——实现客户的目标；

临时性，人员来自不同职能部门，每个人的角色很明确——解决系统工程中自己职能负责的问题；

在客户项目的资源、质量、时间三大约束条件下工作；

工作内容的领导权是随项目进展而变化的；

一次性——向客户交付项目后，工作团队的组织就解散了；

……

正如德鲁克先生指出的："一个团队，通常人数相当少，由不同背景、不同技能、不同知识的一些人组成；从组织的不同领域抽调出来，去完成特定的、具体的任务；一般情形下，一个团队有一个领导或一名组长，在团队执行任务期间担任团队的领导工作。然而，其领导权根据任务进展情形的工作逻辑与具体阶段随机应变……"[①]

华为的"铁三角"模式就是典型的项目管理模式下的工作团队组织形式。

（下面的相关内容参阅了网络资料和 2021 年由中信出版集团出版的范厚华著《华为铁三角工作法》）

2006 年华为输掉了在苏丹的项目，曾经参与该项目的一位华为员工说，我们不但输了项目，还输了"人"。输的原因是竞争对手在 TK 站点中设计出太阳能和小油机发电的"光油站点"，而华为的方案还是用传统的大油机。竞争对手的解决方案充分考虑了为客户降低运营成本（为客户创造价值），华为输得口服心服。

华为客户端的人员本来在与客户的交流中获取了这些信息，但却没有把信息有效传递给产品人员。而产品人员由于受到传统报价形式的影响，坐失良机。

痛定思痛，华为苏丹代表处在随后的工作中慢慢总结出了"铁三角"运作模式并推广到全公司。

[①]（美）彼得·德鲁克. 管理：使命、责任、实践（实践篇）[M]. 陈驯，译. 北京：机械工业出版社，2019：227.

上述案例中，职能结构的组织缺点显现出来，沟通不畅和沟通效率低，形成了职能壁垒，各部门的工作重心没有共同聚焦到工作一线和满足客户需求。因此，"铁三角"的工作团队组织模式应运而生。

任正非先生在谈到"铁三角"模式时，有这样的论述："我们系统部的铁三角，其目的就是发现机会，咬住机会，将作战规划前移，呼唤与组织力量，实现目标的完成。系统部里的三角关系，并不是一个三权分立的制约体系，而是紧紧抱在一起生死与共，聚焦客户需求的共同作战单元。它们的目的只有一个：满足客户需求，成就客户的理想。"

从任正非先生的论述中可以解读出对"铁三角"的三点定位：

适用：系统部在项目管理中，发现商机、抓住商机、战略前移、跨部门协作、集中力量、做好具体项目；

组成：将客户销售、解决方案专家和交付专家三方面力量组织到一起，紧密联系、生死与共，形成共同作战的单元；

目标：满足客户的需求，成就客户的理想。

我们从众多解读"铁三角"的文章中，选取了一些内容，帮助读者认识、理解"铁三角"的模式、分工与运作。

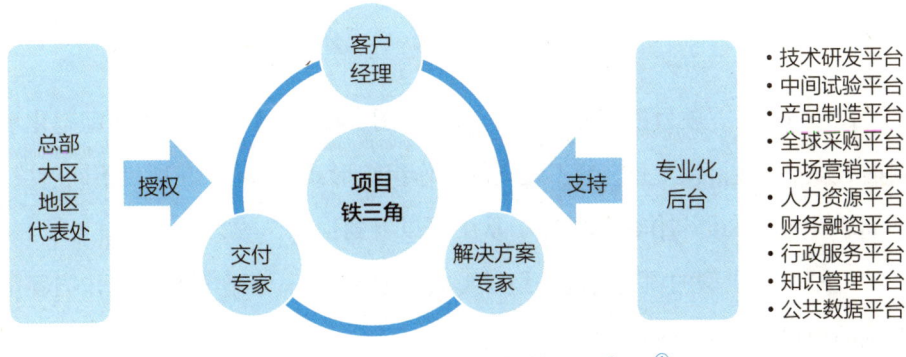

图1-10 华为"铁三角"模式示意图[1]

---

[1] 孙建恒. 华为式创新为何能成功？我们总结了七条原则［EB/OL］.（2018-05-28）. https://cj.sina.com.cn/articles/view/1790671321/6abb79d90010078b7.

图1-10是华为"铁三角"模式示意图,图中显示了"铁三角"的构成模式,其中客户经理、解决方案专家和交付专家无论是获得授权或获得支持,都是来自职能组织——营销部门总部、大区、地区代表处和专业化后台。显然"铁三角"是根据具体任务的需求成立的项目组织。2019年5月到加勒比地区旅游,在古巴的导游是一位从哈瓦那大学毕业的中国女留学生,她的先生也是她的同学,同样来自中国,毕业后在华为当地(加勒比)的代表处工作。聊起他们在古巴的生活,得知她先生作为客户经理(和西班牙语翻译)正在墨西哥从事基站项目实施工作,其他的专家是来自专业化后台的安排,项目实施期间他们就是一个工作团队。

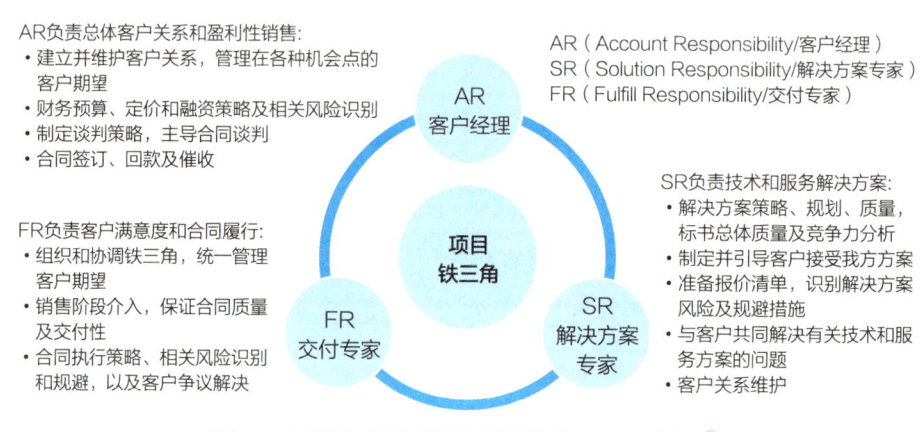

AR负责总体客户关系和盈利性销售:
- 建立并维护客户关系,管理在各种机会点的客户期望
- 财务预算、定价和融资策略及相关风险识别
- 制定谈判策略,主导合同谈判
- 合同签订、回款及催收

AR(Account Responsibility/客户经理)
SR(Solution Responsibility/解决方案专家)
FR(Fulfill Responsibility/交付专家)

SR负责技术和服务解决方案:
- 解决方案策略、规划、质量,标书总体质量及竞争力分析
- 制定并引导客户接受我方方案
- 准备报价清单,识别解决方案风险及规避措施
- 与客户共同解决有关技术和服务方案的问题
- 客户关系维护

FR负责客户满意度和合同履行:
- 组织和协调铁三角,统一管理客户期望
- 销售阶段介入,保证合同质量及交付性
- 合同执行策略、相关风险识别和规避,以及客户争议解决

图1-11 华为"项目铁三角"模式分工示意图[①]

图1-11是"项目铁三角"分工示意工图。图1-12是在推动某定制化项目时,参照"项目铁三角"分工建立的工作组织形式和流程,在项目不同阶段,不同职能角色人员与作用示意图。从中可以看到:

这是一个典型的项目管理的组织形式和人员分工;工作过程和工作内容是典型的项目管理的过程。

---

① 三豪商学院.华为营销铁三角如何运作?[EB/OL].(2020-12-22). https://www.sohu.com/picture/439805285.

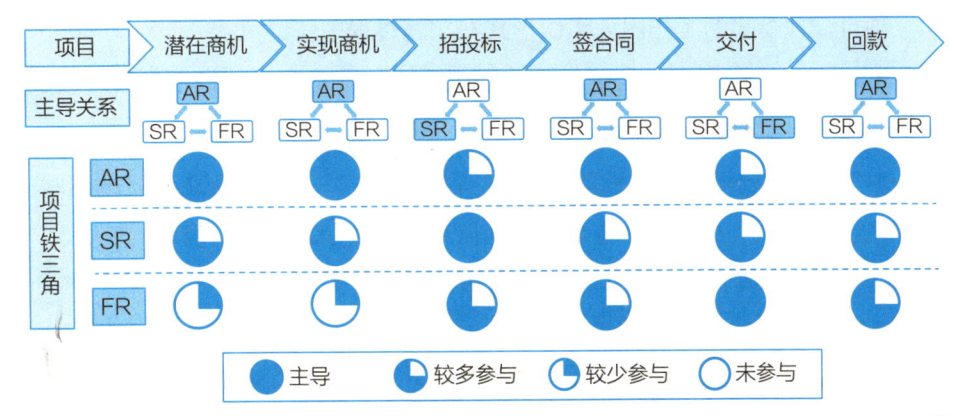

图 1-12 以"铁三角"模式分工，在定制化项目中不同阶段的不同角色与作用示意图[①]

这种工作团队组织形式，是企业应对重要营销项目时组建的跨部门"专项工作团队组织"，具有临时性、明确的工作范围和交付物（目标），同时要预测、防范、应对工作中的风险。

这种工作团队组织中的成员仍然属于常设职能结构的不同部门，他们为完成某个项目组织到一起，实际上是代表各个职能部门参与到项目之中；既从各个职能部门争取资源，又完成各个职能部门应完成的任务。因此，这种工作团队组织是得到企业职能组织授权与支持的。职能组织结构一般是企业的常设组织体系，是持久稳定的管理结构；项目管理模式的工作团队组织与企业常设职能组织在工作过程中会有很多地方产生交集，有可能在时间坐标上衔接，也有可能在执行层面上重合。

项目管理模式的工作团队组织形式，有明确的目标，可以有效地整合企业的资源，集中力量做好重点项目；成员有明确的分工，在项目实施过程中可以运用自己的专业知识，发挥专业能力；成员又是所属常设职能部门的代表，可以起到有效传递项目信息，为项目争取资源的作用；这种工作团队组织形式可以有效地考核业绩和作出激励。

---

① 三豪商学院.华为营销铁三角如何运作？[EB/OL].（2020-12-22）.https：//www.sohu.com/picture/439805285.

项目管理模式的工作团队组织形式在实施过程中应避免：

不理解项目管理模式的工作团队组织形式的真正内涵，将项目管理模式的工作团队组织形式与企业职能组织结构混为一谈；

由于人员来自不同的常设职能部门，容易出现多头干预或无人担责的问题；

没有形成一个真正的"特别工作团队组织"，在整个项目过程中，人员定位不断变化，容易出现职责不清或没有担负起应有的职责；

不会运用项目管理的知识组织工作团队去规划、开展工作，以为只要将不同职能部门的人组织到一起就是"铁三角"了；

……

项目管理模式的工作团队组织形式，适用于大型的、具有定制化特性的项目型营销过程，或是企业的关键项目运作，不可将其无限地扩展到一切营销业务中，对于一般的、标准化商品的销售，还是需要跨部门协作，不一定需要组织工作专班。

正如华为经过多年的实践总结、形成了一套完整的项目管理模式，并形像地定义为"铁三角工作法"。

从企业应该具有或者必须具有一个恰当的组织形式，到企业的组织形式要聚焦"关键活动"，特别是"产生成果的活动"，再到企业常用的组织结构是"职能结构"，最终讨论了两种"工作团队组织"——"矩阵模式工作团队组织形式"和"项目管理模式工作团队组织形式"，有清晰的脉络和逻辑关系。

管理者总希望找到一种最佳的组织结构，既可以有效服务客户、取得绩效成果，又有利于团队绩效考核和激励，在职能组织结构下的工作团队组织形式就是这样一种组织结构。职能组织结构下的工作团队组织形式，既保持了"职能组织结构"人员稳定、职责清晰的优点，又发挥了"工作团队组织形式"聚焦产生绩效成果的活动和有效激励的长处。"企业……必须至少使用两种组织设计原则：职能设计原则与团队设计原则……团队设计原则可作为职能组织工作的补充。"[1]

---

[1] （美）彼得·德鲁克.管理：使命、责任、实践（实践篇）[M].陈驯，译.北京：机械工业出版社，2019：272.

长期以来，大量企业的实践中，职能组织结构是被各企业广泛采用的有效组织结构，各企业的职能组织结构有很强的相似性；而企业具体工作团队的组织形式又各不相同——这里我们仅介绍了两种组织形式，很多组织形式可以从这两种组织形式中衍化而来——具体工作团队组织形式因产品、市场和客户的不同而有不同的设计，其原则就是"简单性"和"适当性"，可以达到"提高工作效率"和"追求绩效结果"的目的。这里要注意的是，企业的具体业务工作团队组织形式与职能组织是两个完全不同的概念，它们之间有主与补（辅）的区别——企业的具体业务工作团队组织形式，是企业职能组织的补充。

我曾经辅导过的一个企业，有两种不同的产品，一种是标准化的罐车，终端客户数量多，但规模较小且分散；另一种产品是根据客户要求定制化储气站，甲方是大企业，项目数量有限，但要逐个设计。在这两种业务的营销过程中，针对罐车他们采用矩阵模式工作团队组织形式，建立了直销加分销的营销模式，提高对客户的覆盖面和就近服务能力；而针对储气站业务，他们建立了与大客户的战略合作，针对每个具体项目的要求，组建专业化的项目管理团队去实施。上述两种类型的工作团队组织形式，都是在职能组织结构的统一领导、支持、调动、协调下工作，都取得了满意的绩效成果。因此，企业在职能组织结构下，可以根据具体业务的需要，有针对性地组织不同形式的工作团队去完成任务。

企业具体业务的工作团队组织，是在企业职能组织框架下的工作团队组织形式。在讨论工作团队组织形式时，应该全面理解德鲁克先生说的，"企业……必须至少使用两种组织设计原则"的理念，并且不可忽略了两者间的关系。一方面，要避免因为有职能组织，而忽视了具体工作团队组织的重要性。在这方面许多企业没有意识到，即使有稳定的职能组织架构，还需要根据市场、产品、客户需求的变化和企业的发展，从提升团队工作效率出发，不断地研究组建或调整工作团队的组织，以适应变化的形势。另一方面，又要防止过分夸大具体工作团队组织的作用，而忽略了它是职能组织的补充的定位。不少企业从工作团队组织形式中取得了很好的绩效成果，并实施了有效激励，就认为，强化工作团队组织形式比不断完善职能组织还重要。不要忘了，工作团队组织的成果，是在职能部门的支持、授权与协调下取得的，离开了这个根本，负责具体业务的工作团队组织会一事无成，甚至会造成管理上的混乱。

这里再三强调企业营销组织设计的原则，就是提醒企业管理者，"组织设计原则是工具，'工具'本身并无好坏之分；工具只可能有'应用得当'还是'应用不当'之说，仅此而已"。①

"职能结构"也称"职能分权制"，由于这种组织结构具有稳定性和职责清晰的特点，因此绝大多数企业的营销组织采取这种管理结构；但是在实践中，需要根据营销项目的性质、产品的复杂程度等因素，在职能结构的组织框架下，建立更加高效的、针对具体项目的工作团队组织形式。因此，无论"矩阵模式工作团队组织形式"，还是"项目管理模式工作团队组织形式"，都是在面对具体业务时，对"职能结构组织"的补充与完善；其核心目标就是提高团队的工作效率和实现绩效目标。因此，在研究营销组织形式时，至少需要两种结构。目前大多数企业的营销团队是以职能结构建立的，在实际工作中，往往没有有意识地研究、设计工作团队的组织形式，就像本节开头那位销售负责人遇到的困惑一样。

"对大多数经营者来说，无论是团队自身，还是单独应用，团队并不适合作为组织设计原则。团队只能作为组织设计原则的补充，但的确是一种极其重要的补充。团队可以促使职能原则充分有效，并促使各个职能做到设计者

---

① （美）彼得·德鲁克.管理：使命、责任、实践（实践篇）[M].陈驯，译.北京：机械工业出版社，2019：272.

所希望做成的事。"①

"以团队设计作为补充职能组织，可能作出最大贡献的领域是在知识工作领域。知识型组织可以平衡如下的关系：作为员工'归属'的'职能'与作为员工'工作场所'的'团队'。"②

"矩阵模式工作团队组织形式"和"项目管理模式工作团队组织形式"，仅仅是实践中最常用到的两种工作团队组织形式；在基本稳定的职能结构组织框架下，企业管理者要根据市场变化、产品出新、客户需求等因素，不断研究、建立适合自身业务发展的员工"工作场所"——"团队"，因为"专业化的知识只有在团队中才能有'成果'"③。

综上所述，营销职能组织结构与工作团队组织形式遵循的是效率原则：分工的专业效率和运作的协同效率。在实践中牢牢掌握这两项原则，就容易理解组织结构与组织形式的关系，从而根据本企业的业务发展规律、客户情况、市场变化，在一定的组织结构下，不断研究如何建立有效的工作团队组织，提高企业营销的整体运营水平！

---

① （美）彼得·德鲁克.管理：使命、责任、实践（实践篇）[M].陈驯，译.北京：机械工业出版社，2019：233.
② （美）彼得·德鲁克.管理：使命、责任、实践（实践篇）[M].陈驯，译.北京：机械工业出版社，2019：234.
③ （美）彼得·德鲁克.管理：使命、责任、实践（实践篇）[M].陈驯，译.北京：机械工业出版社，2019：235.

关于设立两个成本核算中心的讨论

在辅导一些企业的过程中，经常遇到生产部门与营销部门之间就满足客户需求、产品定价等方面问题的如下对话：

销售："客户给出的采购价格，别的供应商可以供货，我们为什么不行？"
生产："我们用的原材料好，质量比他们高。"
销售："客户说对手的质量满足他们的要求啊！"
……

生产："你们怎么又要求打样？前面打了那么多样，几个有结果啊？"
销售："客户有要求，我们当然要满足。"
生产："那你们也考虑一下我们的工作量！"
……

生产："你们这个型号的产品为什么要卖这么低的价格？这样达不到我们的利润要求。"
销售："我们是打包价格，这个型号的利润低些，可那个型号还卖的价格很高呢，平均下来利润可以达到……"

生产："那不行，我们不提供这个利润不达标型号的产品。"

……

有一次，在某公司年底的营销例会上，总裁突然发问："为什么××配套项目我们营销部门不知道？"（因为在一个行业会议上，他听到某同行企业的负责人介绍，因承接××配套项目，该企业当年的业绩和盈利均有大幅度增长）当时会场气氛异常凝重。

沉默片刻，营销副总、市场总监分别展示了年初有关××项目的讨论记录、邮件、分析报告……会场一片尴尬！

原来营销部门年初收到有关这个配套项目大规模采购的信息，并主动联系了客户来访；因为是带量采购，因此采购价压得较低，但采购量非常大，市场部对此做了盈亏平衡点分析。

根据当时公司的规定，是否承接项目的最终决定权在生产部门的负责人。经过一番总体测算，结论是利润太低，不承接。虽经营销部门反复争取，包括找到公司总裁申诉，仍无法改变生产部门的决定。

至此次会议之前，一年的时间里，大家对该项目和内部讨论的过程，都已淡忘了！

……

这些对话或场景你是不是都似曾经历过？

为什么会出现上述对话和场景里的问题？其实这些正是图1-6（见30页）介绍的"职能结构"或"职能分权制"在实施过程中容易出现的问题。上一节中我们已经看到，在"职能结构"下，职能组织是以工作分工为出发点的；其基本理念是，企业的整体成果是各个职能部门成果的总和；在这个前提下，各个职能部门都有各自的考核目标，并且认为首要工作就是努力实现自己部门的目标。前述对话与场景中就清楚地反映了这种倾向。

在上一节的讨论中，我们已经讨论了从贡献的角度分析，企业的"关键活动"有"产生成果的活动""辅助活动""内务工作"和"高层管理活动"；在这些"关键活动"中，最重要的是"产生成果的活动"。在企业的职能结构中，有两个部门是与企业"产生成果的活动"直接相关的部门——生产部和营销部。其他部门则主要承担的是"辅助活动""内务工作"和"高层管理活动"。当营销部和生产部在市场逻辑与技术逻辑、生产逻辑不一致时，就会在"产生成果的关键活动"上出现分歧、产生问题，这就不难理解为什么前述对话和场景会时常发生在营销和生产部门之间了。

在讨论企业的宗旨与使命时，德鲁克先生认为，企业必须在八个领域设定具体目标：市场营销、创新、人力资源、财务资源、物质资源、生产率、社会责任和利润要求。在这里利润是要求，而不是目标，他解释："利润不是一项目标，而是由企业、企业战略、企业需要和企业风险等因素客观决定的一种必要条件。"[1]这样来讲，利润是不是就不重要了呢？其实他这是在强调，企业的宗旨和使命绝不仅仅只是利润，他这样阐述自己的思想："话又说回来，对社会来讲利润和利润率还是极为重要的，甚至比对个体企业的意义还要大。但是，盈利性却不是企业和商业活动的最终目的，它只是其中的一个限制性因素。利润并不是企业的行为和决策的解释、原因或其合理的依据，而是对其有效性的一种考察。""说得更直接一些，一家破产的公司并不是人们为之工作的理想企业，也不可能成为一个好邻居或社会中的好成员……"[2]

企业的存在是为客户，那些已知的或潜在的客户。企业通过不断创新，为客户提供所需要的商品和服务，以满足客户的需求。在这个过程中，企业

---

[1] （美）彼得·德鲁克.德鲁克管理思想精要（珍藏版）[M].李维安，王世权，刘金岩，译.北京：机械工业出版社，2009：25.

[2] （美）彼得·德鲁克.德鲁克管理思想精要（珍藏版）[M].李维安，王世权，刘金岩，译.北京：机械工业出版社，2009：14-15.

要不断提高生产效率,有效利用人力、财务、物质资源。而企业是生存在社会和社区之中的,因此企业应承担起社会责任,最直接的责任就是对环境影响负责。"利润最大化和利润率的问题,即使这不能作为唯一的目标,企业还是要有利润,否则,任何一项目标都没有实现的可能。"[1]

借用时下流行的句式就是:对于一个企业来讲,利润不是万能的,但是没有利润是万万不能的。

毫无疑问,企业在宗旨与使命之下,实现利润和利润最大化是必须的,在"职能结构"中,研发、生产和营销部门直接承担着企业的利润来源的责任。然而,利润是产品或服务在设计、生产、营销的完整过程中产生的,这样就形成了一个与此过程对应的,一般认为最简单的、闭环的利润计算过程与方法——从原材料到产品,再到商品销售完成。但是在这个计算利润产生的方法中,参与其中的不同部门(主要是生产部与营销部)各自的职责、目标和考核指标不同,当营销部门与研发部门、生产部门,在市场逻辑与技术逻辑、生产逻辑方面不一致时,就产生了对利润贡献的分配方法和计算方法的质疑,并引发工作中的各种问题。

为什么这两个部门经常会产生逻辑方面的不一致呢?

这正是职能性组织的弱点所致。"在职能性组织中,企业难以聚焦在经营绩效上。每位部门主管都认为他负责的职能最重要,试图强化这项职能,把自己单位的利益置于其他部门(即使不是整个企业)的利益之上。"[2] "根据需要形成的职能性组织把重心放在专业技能上……职能性专家的愿景、技能和忠诚对象可能因此变得太过狭隘……"[3]

---

[1] (美)彼得·德鲁克.德鲁克管理思想精要(珍藏版)[M].李维安,王世权,刘金岩,译.北京:机械工业出版社,2009:25.
[2] (美)彼得·德鲁克.管理的实践(珍藏版)[M].齐若兰,译.北京:机械工业出版社,2009:169.
[3] (美)彼得·德鲁克.管理的实践(珍藏版)[M].齐若兰,译.北京:机械工业出版社,2009:169.

许多企业都有这样的经历：企业初创时期，客户是最重要的，因此在讨论客户要求、定价和售后服务等方面问题时，是以"赢得客户和订单"为核心，此时销售团队的意见占主导地位。（这里用的是销售，而不是营销；许多企业起步时是销售导向的，考虑的是把产品卖出去，营销考虑的是"客户想要购买什么"。随着企业的成长，逐步转型为市场导向，其导向才从销售转变为营销或市场。）当企业的客户逐步稳定后，产品质量、生产效率、成本控制等成为提升企业竞争力的关键。此时，再讨论客户要求、定价和售后服务等方面相同问题时，是以"盈利"为核心，意见占主导地位的变成了研发/生产团队。企业在发展的不同时期，会有不同的阶段目标，紧随这种阶段目标变化的，是营销与研发、生产部门之间在市场逻辑与技术逻辑、生产逻辑方面的不一致，导致企业的领导在两个部门间不断地进行平衡与协调。这也就不难理解，不同时期会听到不同部门人员对本部门在企业中地位变化的抱怨。

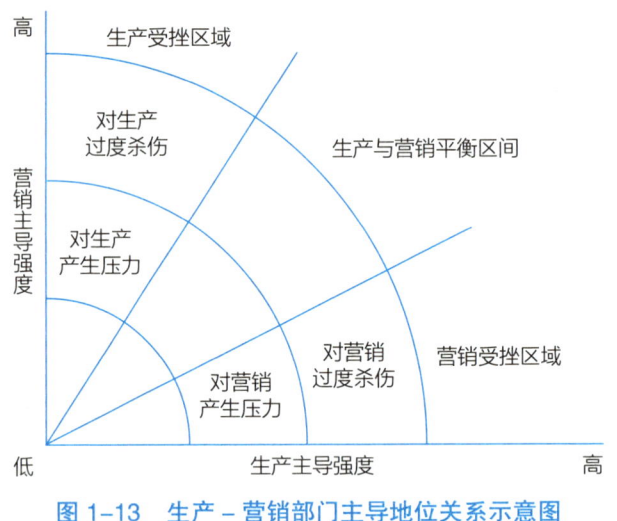

图 1-13　生产 – 营销部门主导地位关系示意图

图 1-13 是企业在经营过程中，生产 – 营销部门主导地位关系示意图。无论主导地位偏向于哪一方，都会给另一方造成压力，随着主导强度的提升，甚至给另一方带来的是杀伤。只有在平衡区间，双方才都感到满意。但是在

实际工作中，在质量、交期等相同条件下，是优先按照成本→利润→价格的逻辑决策，还是按照有竞争力的价格→利润→成本的逻辑进行，始终是生产与营销争论的焦点。双方争论的核心是成本核算的方法与利润尺度的问题——"一个弹性很大的'橡皮尺度'，而完全没有一个真正可以用来确定需要多少利润率的工具"[1]。

生产部门和营销部门的矛盾源自双方考虑问题的出发点和过程不同。生产部门（包括财务部门）一般考虑问题是从原材料开始，逐项叠加各种费用得到成本，再加上审定好的利润率，最后得出要求营销部门的销售价格。而营销部门是根据竞争情况先定出要求的最终报价，提供给财务和生产部门，他们会根据利润率拆分出利润，最终得出要求生产部门的控制成本。这样的出发点和过程，一个是在做加法，一个是在做减法；加法是在不断扩大自己的控制空间，而做减法的过程是在不断压缩对方的控制空间。这就形成了内部的博弈，而此时财务部门往往是站在生产部门一边的……这里不存在谁对谁错的问题，这正是因为职能性组织中各部门的职能决定了考虑问题的出发点和着眼点。关键是在这个过程中，双方思考问题时都缺少明确的管理边界，在强调自己部门重要性时，进入到对方负责领域，并替对方做出了决定，要求对方执行什么样的价格或控制什么样的成本。这些情况已成为职能结构下，企业经营层面业务活动中，常见的管理边界或职能控制范围问题。

那么在企业经营中，各部门间有这样一个明确的管理边界或职能控制范围吗？问题还是要从职能性组织谈起。在职能性组织中，生产部门与营销部门可以被看成两种单位——开发制造单位和市场营销服务单位，而每个单位可以被视为独立的"成本中心"。（德鲁克先生称之为"盈亏中心"[2]，实践中许

---

[1] （美）彼得·德鲁克.德鲁克管理思想精要（珍藏版）[M].李维安，王世权，刘金岩，译.北京：机械工业出版社，2009：25.
[2] （美）彼得·德鲁克.管理：使命、责任、实践（实践篇）[M].陈驯，译.北京：机械工业出版社，2019：255.

多企业的管理者为避免将其与企业的整体盈亏和利润混淆，从内部管理的层面考虑更愿意定义为"成本中心"；在不影响大家理解的基础上，我们姑且称之为"成本中心"，待有更确切的定义再做调整。）

首先，企业运营的成本可以分为两个主要部分：生产成本和营销成本；而开发制造单位和市场营销服务单位在承担企业"产生成果的关键活动"，创造企业业绩的同时，也分别担负企业的生产成本和营销成本的责任。

生产成本，也称制造成本，是指生产活动的成本，即企业为生产产品而发生的成本。生产成本包括：直接支出——直接材料费用，例如原材料、辅助材料、备品备件等；直接工资——生产人员的工资、补贴等；制造费用——企业内的分厂、车间为组织和管理生产所发生的各项费用，包括分厂、车间管理人员工资、折旧费、维修费、修理费及其他制造费用。

营销成本，指产品由最初所有者——企业，到达最终所有者——客户，变为商品的营销过程中花费的代价，是企业利润的必要投入。营销成本包括：直接推销费用——直接销售人员的薪金、奖金、差旅费、培训费、交际费及其他相关费用；推广费用——广告媒体的成本、产品说明书的印刷费用、赠奖及展览会的费用、推广部门的薪金等；仓储费用——租金、维护费、折旧、保险、包装费、存货成本等；运输费用——主要是托运费用，如果是自有运输工具运输则要计算折旧、维护费、燃料费、牌照税、保险费、司机薪金等；其他市场营销费用——营销管理人员薪金等。营销成本中，有些与销售额有直接关系，称为变动费用；有些与销售额并无直接关系，称为间接费用，但直接费用与间接费用有时很难划分。①

从生产成本和营销成本的定义中可以清晰地看到，影响企业"产生成果的关键活动"可以分成两个阶段：从原材料经过加工生产成为产品的生产阶段和从企业所有的产品转化为商品，到达最终所有者的营销阶段。这两个阶段

---

① 关于生产成本与营销成本的有关内容可参看百度百科

相互衔接，构成了完整的企业经营过程；同时这两个过程又分属生产部门和营销部门的职责，具有明确的管理边界或职能控制范围。

其次，生产部门与营销部门负责的是企业产生成果的两个既相关联，又不相同的管理阶段；他们各自负责的成本既相关联，又自成体系；我们可以将这两个部门当作一个管理体系里的两个"业务单位"来看待。"这些单位拥有最大可能的自主权，拥有自己的管理层，至少拥有一个'模拟的'盈亏责任。它们使用内部决定的，而不是外部市场决定的'转移价格'彼此做买卖。或者，它们的'利润'根据内部成本分配来决定……"[①] 这就是企业组织构建中的"模拟分权"理念，是设立生产和营销两个"成本核算中心"（简称"成本中心"）议题的理论依据。设立生产和营销两个成本中心，适用于**职能组织结构下，企业在经营方面的业务活动中，解决生产与营销部门间遇到的管理边界或职能控制范围问题**。请读者注意，设立生产和营销两个成本中心适用性的几个定语，设立生产和营销两个成本中心以及可以解决的问题是有严格限定的。它不像在前一节中介绍的职能结构组织和工作团队组织，在企业的管理组织结构中具有的普遍适用性。

尽管设立生产和营销两个成本中心有如此强的限定性，但的确是一种有效的管理模式，许多著名的大企业都采用了这种管理模式。我服务过的几家企业，生产与营销之间的关系，就是两个成本中心的关系，产品是从生产部门以内部的转移价格给到全球的各个营销部门，而各地的市场销售价格，是根据不同市场的经济发展情况、市场宣传投入、人力成本、售后服务的条件、外汇转换比率等一系列因素最终确定的。总之，两个部门除了要自负盈亏以外，还要分摊一定比例的公共费用，这是在设立两个成本中心时已确定的。

由于是内部决定的，而不是外部市场决定的'转移价格'，这就既确立了

---

① （美）彼得·德鲁克.管理：使命、责任、实践（实践篇）[M].陈驯，译.北京：机械工业出版社，2019：253.

彼此做买卖的原则，也确立了生产与营销两个部门在企业整体运营中的运作范围和相互关系。

生产是在内部价格线以内运作，通过内部改善推动——增强企业的竞争力！

应在节约成本、提升质量、确保交期等方面下功夫，也就是我们通常所说的运用"精益"工具减少浪费，提升竞争力；其对标的是同类企业中，同类产品、同等质量间的成本优势；实际上是要不断平衡质量与成本的关系。

营销则是在内部价格线以上运作，通过外部市场拉动——满足市场的需求！

要运用一切最新的营销工具，在建立品牌优势，扩大市场份额，提升客户忠诚度，完善营销体系上下功夫；经销商、代理商都属于企业营销体系的一部分。

无论生产还是营销过程，都为企业的整体运营起到了增值的作用，为企业创造了利润，只是增值和利润的来源分别是，从原材料到属于企业的产品和从产品转化为商品到最终所有者的两个过程。在这两个过程中，成本与利润核算是非常专业的工作，需要在财务部门中有专职的专业人员（或专门的工作班子）来执行；成本核算需要有工作体系，在成本经理的领导下，各生产部门要有成本核算专员来执行；成本经理和成本核算专员要有明确的定位，他们是部门和企业管理者的助手，而不是监督员（虽然他们的工作具有部分的监督内容，这是职责所在）；需要建立内部价格体系，由专业的成本核算人员，运用专业的方法和工具去实施；要有市场价格体系，需要市场、营销、财务部门建立协调机制，制定产品定价和调价的工作规范。

除了上述专业能力以外，企业运营中的成本核算还需要根据企业运营成本核算的规程，规范生产、营销、财务部门的工作；建立生产、营销、财务部门沟通的机制，定期解决成本核算中的问题；建立紧急项目沟通处理的机制和规则。

许多企业虽然知道设立两个成本中心的重要性，也有这个愿望，但却望而却步；抑或设立了两个成本中心，但没能持续下去……在观察了一些成功与失败的案例后，发现问题就出在上述必要条件上：认为专职人员难找（有的企业没有认识到其工作的价值，认为一个会计要那么高的费用不合适）；没有建立有效的执行组织体系，往往是工作人员个人的工作而已；成本经理和成本核算专员没有对自己的职能和工作定位清楚，忽视了他们是部门和企业管理者的助手的定位，而是成了监督员；也有的企业在成本核算人员与生产或营销部门发生矛盾时，上级经理总是向生产或营销部门妥协，使得成本核算工作和职能名存实亡……不一而足。

"关于设立两个成本核算中心"的问题是有条件的，它适用于设计、生产与销售之间有明确的管理边界的情况，一般生产、销售标准化产品或商品的部门或企业，适合采用这种管理模式。对于从事工程类项目或生产非标准化产品的部门或企业，更重要的是以项目管理的模式，从项目启动开始就要将销售、设计、采购、生产、安装、成本核算等不同职能部门的人员组成项目小组，以项目管理的三要素——质量、时间、成本——去管理项目，成本核算在项目之初就已经开始了，并贯穿于项目的全过程。

我辅导过的一些企业就是既有标准化产品，又有非标准化的定制产品，因此，生产两类产品的部门各自有成本管理模式。关键就在于成本管理要与业务属性匹配，要有利于降低内耗和管理成本、提升工作效率。

本人不是成本控制方面的专业人员，这里只是将实践中遇到的问题拿出来讨论，有兴趣的读者，可以阅读有关专著或与专业人士做进一步深入讨论。

生产与营销部门间的矛盾是企业运营过程中最常见的问题，也是企业管理者感到最头疼的问题之一。本节从企业组织结构、部门工作职能入手，揭示产生这些问题的根本原因，并提出了设立两个成本核算中心的解决方法；同时指出了这种解决方法的限制性条件和企业在成本核算方面应具备的条件与工作原则；最后列举了一些执行中常见的问题。读者可以从中拓宽遇到类似情况时，分析问题和查找原因的思路，同时文中给出的一种解决问题的方法（设立两个成本核算中心），可以作为参考。当然要获得更全面的解决方法，不是一篇笔记所能做到的，还需要请教专业人士或咨询顾问公司，并获得帮助。

销售人员薪酬激励的有效性

薪酬激励，特别是销售人员的薪酬激励是每个企业管理层都非常重视，并不断研究改进的项目，究其原因主要有两方面：

首先，产品从企业所有转移到最终所有者（客户）的营销过程，是由营销团队和销售人员实现的。这是实现企业业绩和利润要求不可或缺的关键环节。

其次，销售这个职业具有绩效考核的明确性和工作内容的不确定性的特点，工作内容的不确定性表现在：

时间空间的多变性，销售人员工作的时间、地点都要围绕客户的时间、地点来协调。因此，工作计划总是相对被动的；

客户情况的差异性，没有两个客户的情况是完全相同的，因此工作重复性不高；

项目因素的多样性，每个项目的影响因素很多，具有不可预测性和突发性的特点；

思维判断的自我性，对于客户关系、项目进展、影响因素等的判断，带有销售人员的主观性，与销售人员的能力、阅历、工作经验、客户关系等等因素有关，因此，同样具有很大不确定性。

销售职业绩效考核的明确性和工作内容的不确定性相叠加，也就决定了销售职业具有不稳定性和风险性的特点；也使销售工作成为典型的知识型工作，销售团队是典型的知识型组织；对销售团队及其成员的要求是"有效性""做对的事情（To get the right things done）"。在知识型组织中，总有人是单独作战的，销售人员即是如此；虽然他们没有下属，但他们仍然是"管理者"。这种管理的核心就是管好自己，包括自己的目标、时间、工作计划、与绩效相关的各种数据……

要做到"有效性"，关键是提升销售人员"自我管理的能力"。而组织的一项重要工作就是帮助（指导）销售人员提升"自我管理的能力"。

正是因为上述两方面的因素，企业管理者总是希望通过有效的激励，推动销售团队特别是销售人员提升自我管理的能力——造就负责任的员工，从而实现销售业绩和利润要求。激励因素一般包括：员工的职务安排、设定高的绩效标准、提供实现自我管理的信息和参与企业活动的机会、经济报酬……这些激励因素可以大致分为非经济报酬和经济报酬两类。"经济报酬再高，都无法取代责任感或慎重的职务安排。反之，非经济性诱因也无法弥补员工对经济报酬的不满。"[1] 企业的管理者们在运用非经济报酬和经济报酬两类因素，去激励员工的过程中，都有这样的体会：虽然理论上现代企业管理中经济报酬不再是重要的激励员工的手段，但是，在实践中企业管理者的共识是：对经济报酬的不满，将会降低员工的工作效率。因此，在面对非经济和经济报酬两类激励时，企业管理者们普遍更关注经济报酬激励，特别关注销售人员的薪酬激励。

对于薪酬激励的认知，企业与员工间是存在差异的。"对企业而言，必须把薪资当作成本。对员工而言，薪资是收入……"[2] 正是把薪酬激励当作成本，

---

[1] （美）彼得·德鲁克.管理的实践（珍藏版）[M].齐若兰，译.北京：机械工业出版社，2009：254.
[2] （美）彼得·德鲁克.管理的实践（珍藏版）[M].齐若兰，译.北京：机械工业出版社，2009：219.

企业要有一套计算的方法，同时要为薪酬激励负担保留变通的弹性；而薪酬，对员工来讲是生存的经济基础，他们要求的是稳定可靠，而且会直接影响其工作的意愿。在实践中，这两者间存在矛盾，甚至彼此冲突，因此，在营销日常管理过程中，必须加以调和。这里讲的调和，是希望通过一些案例，探讨如何让销售人员的薪酬能够更好地起到激励作用，使得企业花大力气研究设立的薪酬体系真正有效。至于薪酬方案的设立是专业人士的工作，不在我们讨论的范围。

无论采取哪种销售薪酬激励方法〔一般有五六种模式——纯工资模式、底薪＋奖金模式、底薪＋销售提成模式、底薪＋销售提成＋奖金模式、纯销售提成模式、总额分解模式（包干模式）等〕，在设定计算方法和执行过程中，都应遵循"公平性""激励性""稳定性""一致（连续）性"和"可操作性"的原则。这些原则是每个企业和管理者普遍认同，并在建立过程中反复强调的原则，但在执行过程中又往往出现各种偏差。不是说管理者有意地违反这些原则，而是在面对绩效目标和成本压力时，使他们更多地站在绩效目标和成本核算的角度去思考问题，并往往运用在薪酬激励方案设计时保留的变通弹性，在偏离了自己认同的原则的同时，也使自己苦心制定的销售人员薪酬方案失去了激励作用。下面我们通过具体案例，讨论营销日常管理中这几项原则对实现销售人员薪酬激励作用的影响。

"公平性"——所有薪酬制定者都确认的基本原则，公平性原则体现在企业与员工之间、员工与员工之间、管理者与员工之间，所有行为都应该符合契约精神、体现平等关系。

案例1：遵守契约精神

H公司年初与员工签订了销售业绩提成的年度协议。当年业务爆炸式增长，年终业绩比前一年增长了近50%，大大超过了原定的业绩目标。

年终兑现业绩提成时，全体销售人员的业绩几乎都超过了当初设定的业绩提成值，某销售人员业绩提成加上基础工资甚至超过了销售总经理（当年该员工业绩特别突出）。

H公司亚洲总裁在和我谈起当时的心情时说：签字批准销售提成发放的时候手都有点儿抖，但既然有协议就要照协议办！这件事以后，H公司的业绩在他管理期间一直是以25%以上的增长率成长。虽然当时这是一个快速增长的行业，但是H公司的业绩增长率是大大高于行业平均增长率的。

案例2：要有信任与平等关系

G公司以销售奖金的形式进行激励，规则是每季度结算，业绩达到85%以上才有奖金；另外，如果一季度未达标，将一、二季度一起计算达标（85%以上）也可以得到奖金；但是如果上半年没有达标，即使下半年完成得再好，达到或超过全年目标，也不可以获得上半年的奖金。销售人员对此意见非常大。

我向该公司总经理了解"半年结算"的初衷是什么。他告诉我，为防止销售人员藏单，不及时签单。可是根据这项规则，销售人员是会计算的：如果即使所有的订单都算上，也还达不到上半年业绩的85%，他们还会将掌握的可签订单及时签回来吗？他们想的是还不如留到下半年，争取保证有半年的奖金，否则上半年拿不到奖金，下半年也不保，全年都没有奖金了。因此，这项规则是事与愿违，业绩更完不成。

我问该总经理，你们管理层是按这种方式计算奖金吗？他说，不是！是按全年计算的。

问题很清楚了，这里面缺少了信任，也失去了公平性，因此也就失去了奖金的激励性！

案例3：责任区分反映公平性

有段时间某公司的一种产品业务量不够，如果再没有订单，生产该产品的生产线就要停机待产了，为此通告销售团队要尽力发掘该产品线的订单。某销售人员费了很大周折获得一个订单信息，但利润很低；在征求高层是否接受订单的意见时，经过反复研究，最终高层决定接受该订单，以保持生产线运行，避免由于生产线停工造成更大的损失。

但是在订单交付完成后，计算该销售人员业绩提成时，就忘了这个订单的前因后果，扣了该销售人员这个订单的几乎全部提成。这个订单处理的后遗症是，销售人员表示，今后遇到此类情况还是少管……

讨论这个案例，我们首先应搞清楚两个问题：

（1）销售人员对价格因素（或利润率）的控制力有多大？当超过销售人员价格权限的时候，是不同层级的管理者在平衡各种因素后，最终做出的决定。哪些订单要做，哪些不要做，最终是不同层级的管理者的决定，他们是否也应承担相应的责任呢？而销售人员的责任是保证提供信息的准确性。

（2）销售人员收入是与合同总额挂钩的，做低价合同实际收入就已经降低了。

至今，在许多公司讨论一线销售人员的激励方案时，对是否考虑价格（或利润率）因素争论很大，也没有定论。我认识的许多管理层人士表达了完全相反的意见，一方认为，这是企业的成本控制问题，持这种意见的以生产部门负责人和财务部门负责人为主；另一方则认为，销售人员对价格因素（或利润率）没有控制力，不应在薪酬激励中加入利润率因素，持这种观点的以营销部门的负责人或管理过营销业务的生产与财务部门负责人为主。每个企业在制定销售人员薪酬激励政策时，需要根据企业的实际情况，关键是授予销售人员决定价格因素（或利润率）的权力有多大，来决定销售人员薪酬激励是否加入利润因素。同时，决定者、审批者是否也应接受考核呢？

"激励性"——顾名思义这是设计激励机制的根本出发点，如果一个规则失去了激励性也就失去了激励政策的意义。

案例4：简单、直接的薪酬激励方案才有激励性

在与一位企业顾问交谈中，得知他正在为服务的某企业制定薪酬激励政策。他告诉我，要为该企业设计一套考虑因素全面的薪酬激励方案，并介绍了他设想的方案要涉及的十几个要素，问我有什么建议。

我说，方案设计完了，可以试验一下，看销售人员是否可以直接计算出他们应得的销售提成；一个好的薪酬激励方案，每个月结束时，销售人员就能根据业绩，计算出自己本月业绩应得的提成收入……

听了我的话，他非常疑惑地看着我。

我解释道：考虑因素全面固然好，但不要为了追求全面，就搞得很复杂。如果每个月告知销售人员收入时，他们的态度是麻木的，让他们核对一下数字是否正确时，他们的答复是"给多少算多少吧"，你说多尴尬啊。我就曾经遇到过这种尴尬的局面，并且包括我参与制定的激励方案执行时出现过这种情况，如果这种情况不是仅仅发生在一两个销售人员身上，而是一个企业销售团队大多数成员面对薪酬激励时的态度，你说，这个薪酬激励方案还有效吗？简单、直接的薪酬激励方案才有激励性，这就是我说的"每个月结束时，销售人员就能计算出自己的收入"的意思。

他点头陷入了沉思……

一位带我进入销售行业的资深职业经理曾和我讨论销售薪酬激励的问题，他说，你去观察出租车司机的工作，会发现收入对他们的激励有多简单、直接。于是，我在乘出租车时经常会和司机师傅聊聊天。有一次，我从首都机场打车回家，已经是晚上八点多了。路上和司机师傅聊起来，知道他住的地方正好和送我是同一方向，就随口说了一句："那您正好可以顺路收车了。"他说："不行，我还要再拉一趟。"我说："您是今天还没挣出份子钱呢？"他说："早挣出来了！我要再多跑一趟、多挣点儿，我答应儿子暑假给他报个兴趣班，

这是额外的支出。"我想这就是那位资深经理告诉我的,薪酬激励要简单、直接的道理吧!

案例5:激励方案设计要考虑全面,但与销售人员交流、执行要做到简单、直接,一目了然

某日整理过往的工作记录时,发现一份关于计算年终奖金的通知,通知指出:前一年企业实现销售业绩10亿元,当年企业的业绩目标是增长50%,要达到15亿元;只有超过前一年的业绩部分才有浮动奖金,并给出了计算方法,如表1-9(A)所示:

表1-9(A) 浮动奖金计算表(原表)

20××年完成销售收入(亿元)	20××年销售收入完成区间浮动奖金系数	20××年销售收入完成区间浮动奖金计算
10.0 ≤ X<12.0	0.30‰	(X-10.0)* 0.30‰
12.0 ≤ X<14.0	0.50‰	(12.0-10.0)* 0.30‰ +(X-12.0)* 0.50‰
14.0 ≤ X<15.0	0.80‰	(12.0-10.0)* 0.30‰ +(14.0-12.0)* 0.50‰ +(X-14.0)* 0.80‰
15.0 ≤ X<16.0	1.30‰	(12.0-10.0)* 0.30‰ +(14.0-12.0)* 0.50‰ +(15.0-14.0)* 0.80‰ +(X-15.0)* 1.30‰
X > 16.0	1.60‰	(12.0-10.0)* 0.30‰ +(14.0-12.0)* 0.50‰ +(15.0-14.0)* 0.80‰ +(16.0-15.0)* 1.30‰ +(X-16.0)* 1.60‰

年终被告知业绩超过前一年的具体数据,并附上了上述计算表,让我自己也核算当年的浮动奖金。看到表1-9(A)中"全面""严谨"的计算方法,我当时的心情就是"给多少算多少吧"。

今天,再次回顾这个案例时,我也在问自己:怎样才能更好地表达这个激励方案呢?在原表的基础上,我做了如下修改,见表1-9(B)。

表 1-9（B） 浮动奖金计算表（修改后）

20××年完成销售收入（亿元）	20××年销售收入完成区间浮动奖金系数	20××年销售收入完成区间浮动奖金计算（万元）
10.0 ≤ X<12.0	0.03%	（X-10.0）* 0.03%
12.0 ≤ X<14.0	0.05%	6+（X-12）* 0.05%
14.0 ≤ X<15.0	0.08%	16+（X-14）* 0.08%
15.0 ≤ X<16.0	0.13%	24+（X-15）* 0.13%
X > 16.0	0.16%	37+（X-16）* 0.16%

表 1-14（B）与原表相比做了两处修改（蓝色方框中）：第一，将千分之几的表达，改成了百分比，这样方便计算；第二，将原表中的单位明确为万元，将每一个阶梯的固定部分计算出来，6 万元、16 万元、24 万元……让受益人一目了然，避免了原表中会出现 "0.00××"（单位为亿元，注意原表中还没有单位）这样匪夷所思的浮动奖金数据。利用表中的计算公式，只需将 X 数值代入，就直接算出浮动奖金数，不仅让受益人很简单地就可以核算，工作人员也可以简单、直接地计算每个人的浮动奖金，避免错误的发生。

这个案例告诉我们，薪酬激励的"激励性"，不仅表现在制定方案时考核要素的简单、直接上，同时体现在与考核对象（受益人）的交流沟通上，表达不清或逻辑混乱，仍会对考核对象（受益人）失去激励作用。

案例 6：薪酬激励的时效性影响薪酬激励的有效性

G 公司销售人员薪酬激励模式是"底薪＋奖金"，销售奖金以季度业绩计算，但并不发放，全年结束后，在第二年一季度一次性发放。每季度结束后，会根据销售人员上季度的销售业绩，由人事部门给每位销售人员一份上季度的季度奖金清单；全年下来，销售人员会收到四份销售奖金清单，他们戏称收到"四张白条"，他们经常对此表现出不满，最直接的反应是在讨论销售业务时，往往是一种无所谓的态度。

询问财务、人事部门这样安排的原因，他们的答复是：工作忙，每季度发放销售奖金要增加工作量；更重要的是按季度发放，奖金额会加大发放月的工资总额，个税会增加；将奖金当第十三月工资集中发放，一年做一次，同时也可以合理避税。总之，这样做是为销售人员着想。

大家在听取销售人员的意见的基础上，经过讨论，和以前一样——季度结束后，在下季度的第一个月发布每位销售人员上季度的销售业绩季度奖金清单；改变的是——将奖金发放改为，从下季度的第二个月起，每月将上季度销售业绩奖金额的三分之一与销售人员的工资一起发放，如此滚动循环。

这种方法工作量增加不多，因为以前每个季度也要计算季度销售业绩奖金，现在增加的只是分成三份分别加在月工资内发放；利用这种方法销售奖金已分开到与工资一同发放，缴税不再是问题。

最重要的是，这样既让销售人员感受到企业兑现销售业绩奖金的及时性，感受到了公平性，也让销售人员为了保证薪酬，每个月重视实现业绩目标的责任，在面对具有挑战性的销售目标时变得主动了，销售业绩奖金起到激励的作用。销售奖金及时落袋为安，使销售人员改变了过去那种收到"白条"的心态。

薪酬激励兑现的时效性关乎薪酬激励的有效性！

案例7：让员工共享企业业绩成长的利好

（A）F公司对销售人员采用"底薪＋销售提成"的薪酬激励模式。在销售提成方面有一套激励销售人员的提成方案设计——超过个人全年业绩目标部分的销售业绩提成加倍，具体计算方法是：

当销售人员个人销售业绩超过全年业绩目标后，其中实际业绩达到目标101%~120%的部分，提成增加100%（即此部分业绩提成为原提成的两倍）；实际业绩达到目标121%以上的部分，销售提成增加200%（即此部分业绩提成为原提成的三倍)。

此销售提成激励方案有效地鼓励了销售人员的积极性。

但在执行"超目标部分销售业绩提成加倍方案"的过程中出现了问题，本应是全年结束后计算业绩完成情况，对超额部分兑现销售提成，但实际操作部门在不完全理解提成激励方案的情况下，每个月结束后就根据当月目标兑现激励，包括以月度目标计算超目标业绩，并根据超目标业绩提成的方法，兑现超月度目标部分业绩的提成激励。全年下来看，某些销售人员出现了有些月度销售业绩超过月度目标，但全年累计结果是没有超过全年业绩目标，但是之前已获得了月度的超目标激励。于是，在没有解决根本问题的情况下，根据实际操作部门的建议，F公司就简单地决定取消上述"超目标部分销售业绩提成加倍"的激励方案，所有销售业绩只有唯一的销售业绩提成系数。接下来的结果可想而知，销售人员不再争取超目标业绩，因为超目标，既没有激励，明年的目标还要在今年的基础上增长。

半年后，发现上述问题，F公司恢复了"超目标部分销售业绩提成加倍"的激励方案，只是全年整体结算，超目标部分业绩的提成激励一次性兑现。

（B）某企业在讨论新一年的营销预算方案时，总经理给了一条原则：由于原材料成本提升，营销成本要尽量控制，在提升销售业绩30%的前提下，营销成本基本不增加。对此参加方案制定的人员将营销成本很容易就集中到销售提成上面了，在讨论销售提成方案时分成了两种意见：

一种意见是销售总提成保持不变，前一年实际销售提成是500万元左右，新的一年销售业绩提成预算仍然保持500万元。

另一种意见则认为，销售总提成应与营销业绩挂钩，过去一年销售提成比例只占企业全年销售业绩的0.5%（千分之五），500万元的销售业绩提成，是完成10亿元销售额取得的；新的一年销售业绩目标比过去一年提升了30%，达到13亿元，那么新一年的销售业绩总提成保持0.5%不变的情况下，预算应该是 650 万元。

对这两种意见大家争执不下，各有道理。

持第一种意见的人认为，过去的一年营销投入很多，新一年实现销售业绩增长 30% 是可以预见到的，而且过去一年转移到新一年的销售业绩（合同已到公司，只待发货）已经有 2.5 亿元左右，占 13 亿元的 20%，新的一年主要挑战是在原材料涨价方面，因此销售人力成本绝对值保持不变是可行的。

持另一种意见的人认为，公司销售人员的薪酬方案是"低底薪+销售提成"，既然底薪保持不变，激励作用就体现在销售提成上，而销售提成 0.5% 的比例并不算高，如果再不随企业的业绩成长而增长，就会形成企业业绩增长，员工的薪酬不增长，失去了员工共享企业成长利好的激励作用；营销成本控制是个大题目，应该全面考虑……

经过深入讨论，甚至是争论，最终大家达成共识——全面测算营销成本，考虑物价变动等要素，在业绩增长 30% 的基础上，全面制定营销预算，其中销售人员的薪酬要随着业绩增长而增长，具体增长幅度依据测算结果再议。

最终通过了新年度营销团队预算方案，其中销售提成预算是 560 万元，比前一年增长 12%，提成比例为 0.43%；同时还在销售人员分工、底薪结构等方面做出适当调整。经测算，在实现业绩目标的条件下，营销团队人均薪酬增长 8%~10%。（为便于说明问题，以上数据在原案例基础上做了规整。）

员工的薪资是市场价格的体现，是随市场的变化而变化的。销售提成是关系企业与销售人员两方的敏感问题。

首先，提成一定是与企业的业绩紧密挂钩的，它应随企业的业绩变化而变化。激励方案的设计和执行要有利于引导员工特别是销售人员实现并突破任务目标。不可以认为，实现超目标业绩是销售人员应当应分的，需要有与超目标业绩给公司带来成本降低、利润提升等一系列利好相匹配的激励方案。

其次，员工也应该意识到，企业的业绩提升、利润增加，是企业经营全方位能力提升的结果。企业业绩提升后的支出不仅仅是员工薪酬，还有基础能力、业务拓展等方方面面的投入；只有平衡好两者间的关系，才能保持企业的长远发展，这也涉及员工的长远利益。

只有这样才能创造企业与员工双赢的局面！

"稳定性"——保持激励的稳定性对保持团队和业绩稳定至关重要。

案例8：朝令夕改是对激励机制的最大伤害

某公司有一套销售人员的提成制度，在公司发展初期是以销售主导的阶段，起到了激发销售人员积极性，推动业务快速增长的作用。

但是随着业务的增长，销售人员收入与其他部门之间的矛盾显现出来。最直接的矛盾是销售业务跟单员的薪酬超过了主管经理。某些主管经理表达了一些情绪化的意见……

针对此问题，该公司在年中做出决定：下半年跟单员的提成比例减少50%。此政策一出，营销团队一片哗然，人心浮动。后来由于员工反应过于强烈又将提成政策做了适当调整，降低了减少的比例。

关于销售职位与其他职位收入的问题，是两个不同范畴的问题，不能简单类比。

首先，销售一般是低底薪，高激励，个人风险较大的职位；而其他职位是较高底薪，绩效占比低，以保持人员稳定，相比销售职位是个人风险相对小一些的职位。

其次，要实现相对平衡，就要制订定一个计划，在未来两三年，随着企业业务的增长，采取不同职位人员的薪资涨幅差异化的方法，逐渐化解企业早期薪资结构不合理的问题，逐步将薪资结构调整到相对合理的状态。切不可在没有经过认真测算，仅根据一些人的意见，甚至是情绪化的意见，就采取一些激进的方法处理问题，要保持薪酬激励的相对稳定（连续）性。

"一致（连续）性"——不同业务类型、不同客户成熟阶段应保持激励的一致（连续）性。

案例9：以客户发展周期模型设计激励政策

在一些OEM企业，销售人员的工作内容大致可以分为两类——开拓工作与维护工作。在客户开发初期主要是开拓工作；当成为客户稳定的供应商后，更多的是客户维护工作；随着时间的推移，与客户合作的默契程度提高，维护工作的顺畅性会提升……

从上述情况可以看到，开拓与维护两项工作内容会涉及两种情况：一是不同的人做不同的工作，开拓与维护工作分别由两个人完成，接续工作服务于同一客户；二是，同一个人不同时期做不同的工作，开拓与维护工作连续完成，服务于同一客户。无论哪种情况，各有优缺点：接续模式可以更专注于工作内容，发挥不同类型销售人员的特长；连续模式可以更好地体现对客户服务的持续性。不管采用哪种模式，不可否认随着客户关系发展的进程，存在工作内容、销售人员投入精力、取得订单的难易程度变化的情况。

管理者都希望根据不同工作内容和工作难易程度变化，在薪酬激励方面找到有利于平衡开拓与维护工作的关系，有利于让合适的人担负合适的工作，有利于根据客户关系发展进程，调动销售人员积极性的方法。从人员能力的角度考虑，企业更多的是倾向于第一种情况安排人力资源——分别安排开拓型销售人员和维护型销售人员做开拓和维护阶段的工作，接续服务于同一客户。如何制定两类人员的提成激励方案，是管理者一直在探索的问题。某OEM厂家根据多年工作的数据和工作经验，提出了一种"对应客户发展周期的营销工作管理与销售人员销售提成管理"的模型，探索在客户不同发展周期，对营销工作管理和保持对销售人员激励的连续性和一致性。

图1-14就是"对应客户发展周期的营销工作管理与销售人员销售提成管理"模型的示意图。

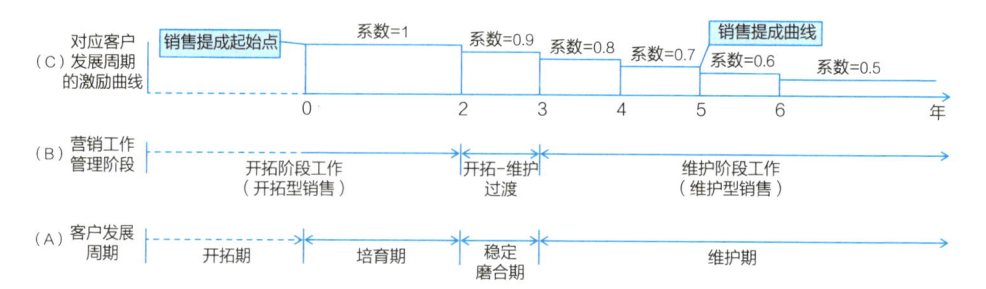

图 1-14 "对应客户发展周期的营销工作管理与销售人员销售提成管理"模型示意图

首先，结合图 1-14 中（A）、（B）和（C）内容来看和客户发展周期相对应的营销工作管理与销售人员销售提成管理：

——在开拓期并不产生订单，当客户产生最初的采购订单以后，就进入了客户的培育期［图中（A）所示开拓期与培育期］，在这个阶段厂家与客户间有大量新的工作需要协调；客户处在开拓和培育期这一阶段，营销工作管理对应的是图中（B）所示的开拓阶段工作，这个阶段的特点是：

1. 开拓期不产生订单，即使进入后续的培育期，仍然是只有少量订单并存在不确定性；如果以开拓型销售人员承担这一阶段的工作，其承担的风险是较大的，因此一般来讲，"底薪＋销售提成模式"的开拓型销售人员的固定薪酬（底薪）部分相对较高。

2. 从签订第一份订单开始，客户进入为期两年的培育期（两年培育期是根据该企业的实际数据分析确定的）；培育期的工作目标是和客户建立稳定合作关系，逐步增加稳定的订单量。

3. 开拓型销售人员主要精力和工作是不断开拓新客户，一般每位开拓型销售人员应有数个不同进展阶段的项目在同时进行之中。

4. 根据工作需要，在这个阶段有些重要的新客户项目，企业可选择维护型销售人员配合开拓型销售人员的工作。

5. 如图中（C）所示，客户在培育期的采购订单销售提成系数为标准提成系数，用 1 代表；标准提成系数是企业根据各种成本要素确定的，比如测算下来标准提成系数是10‰（千分之十），那么"销售提成＝订单额×10‰"。

——当OEM企业与客户双方合作基本稳定后，客户的发展周期要由开拓、培育期逐步过渡到如图中（A）所示的稳定磨合期；在企业内部，对应的营销工作管理既有工作内容的改变，也可能有负责团队的改变，因此对应的是图中（B）所示的开拓－维护过渡期。

在此期间，OEM企业的主要工作：维护型销售人员介入工作，熟悉该客户和与该客户间的工作流程，通过磨合期，将与客户相关的工作平稳地过渡到由维护型销售人员管理，使营销管理工作逐步转入维护阶段。

如图中（C）所示，对于客户稳定磨合期的采购订单销售人员的销售提成系数是标准提成系数的0.9倍，如前述标准提成系数是10‰，那么此时"销售提成＝订单额×10‰×0.9＝订单额×9‰"。

——最终客户的发展周期进入维护期，成为OEM企业长期稳定的采购商……

从图中（B）、（C）可以看到，对应客户维护阶段的工作，是由维护型销售人员承担的，随着客户维护时间的延长，"销售提成曲线"在三年中每年下降0.1，最终销售人员的销售提成系数保持在标准提成系数的0.5倍。这样做的目的，既体现了工作难度的变化，又要改变过去销售人员业绩靠着几个传统老客户的问题，激励他们走出工作舒适区。在这种销售提成模式下，维护型销售人员需要：

1. 既要维护好传统订单，还要争取将订单不断做大；

2. 在维护好传统订单的同时，要配合老客户不断拓展新项目；

3. 要有能力不断接手新客户项目；

……

通过图1-14示意性地介绍了案例9——随着客户成熟度的发展，营销工作难易程度和介入工作的人员（团队）等要素的变化，对应的营销工作管理与销售人员销售提成管理——保持营销管理和销售人员激励一致性和连续性的思考方法。读者可以根据自己工作中的各种要素，实践"一致（连续）性"原则。

"可操作性"——没有可操作性，就无法实现激励的公平性、激励性、稳定性和一致（连续）性原则。营销管理、人事、财务要用统一的方法完成激励的计算、兑现和计入业绩考评，而不要引起歧义。

案例 10：建立一个让各管理部门甚至销售人员个人都可以简单、直接地进行操作的激励落实方法

不同行业、不同产品的销售，在计算销售提成时考虑的要素差异性非常大，因此设计销售激励的方法和难易程度差异性也很大。比如，健身教练私教课、仪器销售、工程承包项目的激励方案考虑的因素相对少一些，也有很多类似情况可以借鉴。而对于配套产品、定制化产品，影响销售项目最终成交的因素很多，比如，OEM 产品供应商，对于不同时期提供的产品，原材料成本、人力成本、运输成本等成本要素变化要考虑；而客户类型、合作顺畅性、合作年限等客户要素，也是高层管理者和激励方案设计者要考虑的问题。设计一个有效的激励方案，一直是这类企业管理层非常重视的一项工作。当影响要素比较多时，可操作性往往成为设计激励方案最大的挑战。

表 1-10 是某企业薪酬激励方案中，以成交毛利率水平计算销售人员的销售提成，其计算方法部分节选。

表 1-10 某企业销售人员销售提成计算表（节选）

客户等级	价格范围	Y≤2年	2<Y≤3	3<Y≤4	4<Y≤5	5<Y≤6	Y>6年
甲类客户	1.20S<B	2.00%	1.70%	1.40%	1.10%	0.80%	0.60%
	1.10S≤B<1.20S	1.70%	1.40%	1.10%	0.90%	0.60%	0.50%
	1.05S≤B<1.10S	1.40%	1.10%	0.80%	0.60%	0.50%	0.40%

续表

客户等级	价格范围	Y≤2年	2<Y≤3	3<Y≤4	4<Y≤5	5<Y≤6	Y>6年
甲类客户	S ≤ B < 1.05S	1.10%	0.90%	0.60%	0.45%	0.40%	0.30%
	0.5 ≤ (B-M)/(S-M) < 1	0.90%	0.70%	0.55%	0.35%	0.30%	0.25%
	0 < (B-M)/(S-M) < 0.5	0.75%	0.60%	0.40%	0.30%	0.25%	0.25%
	0.8M ≤ B < M	0.55%	0.45%	0.35%	0.30%	0.25%	0.25%
	B < 0.8M	0.45%	0.35%	0.30%	0.25%	0.25%	0.25%
乙类客户	1.20S < B	1.60%	1.40%	1.20%	0.90%	0.60%	0.45%
	1.10S ≤ B < 1.20S	1.30%	1.10%	0.90%	0.70%	0.50%	0.35%
	1.05S ≤ B < 1.10S	1.00%	0.80%	0.60%	0.50%	0.40%	0.30%
	S ≤ B < 1.05S	0.80%	0.60%	0.45%	0.40%	0.30%	0.25%
	0.5 ≤ (B-M)/(S-M) < 1	0.65%	0.55%	0.40%	0.35%	0.25%	0.25%
	0 < (B-M)/(S-M) < 0.5	0.50%	0.40%	0.35%	0.30%	0.20%	0.20%
	0.8M ≤ B < M	0.45%	0.35%	0.30%	0.25%	0.20%	0.20%
	B < 0.8M	0.35%	0.30%	0.25%	0.25%	0.20%	0.20%
丙类客户	1.20S < B	1.40%	1.20%	1.00%	0.80%	0.55%	0.40%
	1.10S ≤ B < 1.20S	1.20%	1.00%	0.80%	0.60%	0.45%	0.30%
	1.05S ≤ B < 1.10S	1.00%	0.80%	0.60%	0.45%	0.30%	0.25%
	S ≤ B < 1.05S	0.70%	0.50%	0.40%	0.35%	0.25%	0.20%
	0.5 ≤ (B-M)/(S-M) < 1	0.50%	0.45%	0.35%	0.25%	0.25%	0.20%
	0 < (B-M)/(S-M) < 0.5	0.45%	0.35%	0.30%	0.25%	0.20%	0.15%
	0.8M ≤ B < M	0.40%	0.30%	0.25%	0.20%	0.15%	0.15%
	B < 0.8M	0.35%	0.25%	0.25%	0.20%	0.15%	0.15%

（说明：B- 成交毛利率，S- 业务员毛利率，M- 经理毛利率，% 为销售人员提成系数。）

从表中可以看到计算销售提成涉及客户类型、销售成交毛利率（价格）区间、客户采购该产品项目的持续时间（年度区间）等要素。每个要素又有多个子项目，客户类型有甲、乙、丙三种；成交毛利率（价格）区间又涉及成交毛利率（价格）与销售人员毛利率（折扣价）、与经理毛利率（折扣价）的各种关系，三种客户类型共二十四种可能的成交毛利率（价格）区间；而客户采购该产品项目持续时间又涉及六个年度区间，这样截图所覆盖的产品提成系数共计有144个（24×6）。这还是一种产品薪酬计算体系，这个截图介绍的体系还没有加入回款周期因素。要执行这样一个体系需要专门的软件进行计算，而每个订单完成后还要由专职人员根据每个订单的要素，从144个系数中选择对应的系数输入订单成交金额计算薪酬的提成部分，这张表可以看成一份销售提成系数速查表（打个不恰当的比喻，是不是有点儿像我们当年读书时使用过的《数学用表》）。每个订单只要确定三个要素——客户类型、与客户类型对应的成交毛利率（价格）区间，以及该采购项目的持续年限——即可查到销售提成系数（百分比），该系数乘上订单金额就是该订单的销售提成数。这样无论是管理部门，还是销售人员本人都可以快速地计算出每个订单的提成数。

企业第一次制定这样一个销售提成系数速查表工作会相对复杂一些，但后续可以根据产品、原材料、利润预期、客户采购流程等要素的变化，以及原销售提成方案执行时发现的问题，每年进行一次迭代更新，不断完善，使销售提成既有连续性，又具有可操作性。

本节用十一个案例阐述了销售薪酬激励应遵循"公平性""激励性""稳定性""一致（连续）性"和"可操作性"原则。其中"公平性"和"激励性"原则分别介绍了三个和五个案例，说明实践中这两个原则出现的情况较多。不是说管理者们不认同这两个原则，而是执行过程中迫于工作压力或考虑不周等情况，容易产生偏离。后三个原则在实践中更多的是反映在工作方法问题上。

在讨论销售薪酬激励问题时，许多人到处去学习借鉴，并且问"有没有最好的方案"，我想说，在销售薪酬激励方面，没有最好的方案，只有最适合的方案。学习书本上的理论和借鉴其他企业的经验是必要的，但没有两个完全相同的企业，每个企业只能根据自身的业务情况，制定销售薪酬激励方案；同时不要指望任何方案一步到位，每年都要针对过去一年执行中发现的问题，根据经济情况和业务的发展变化做出适当调整，持续迭代，使得销售薪酬激励方案不断完善！销售薪酬激励方案是否有效，只有企业管理者和销售人员最有发言权，而销售业绩的变化在一定程度上能够说明一些问题！

围绕销售人员薪酬激励有效性产生的种种情况，其核心还是关于企业利润分享的问题。德鲁克先生指出，"必须由管理者采取明确的行动，让企业的目的和员工的目标趋于一致，同时建立起双方互惠的关系和对充足利润的共同依赖才是根本之道"。[1]

---

[1]（美）彼得·德鲁克.管理的实践（珍藏版）[M].齐若兰，译.北京：机械工业出版社，2009：258.

高效的营销例会

当决定写这个题目时,有人问我:是不是小题大做了,哪个营销组织不熟悉营销例会?的确,我开始也有这种想法,但是2021年的一次交流会改变了我的想法。

当时会上讨论有关营销例会的话题。

一位经营五间门店和一个连锁餐饮企业的总经理介绍他们每月的营销例会——一般要进行二十多个小时,准备的PPT要有几百页……听了他的介绍,大家既对他的成功表示钦佩,同时也对例会为什么要开这么长时间和需要如此多的文件感到不解。经他解释,大家才了解到,原来他每月只有一天时间全力关注上述业务,而他笃信"过程决定结果,细节决定成败",因此要求每个门店的汇报要将过程和细节讲清楚。

而另外的一些企业的领导则认为:营销例会的效率极低,可有可无;一些小企业的领导甚至认为,一切尽在自己掌握之中,营销例会是大企业需要的……

这次交流让我意识到,营销团队每个月都进行的例会看似简单,如果深入探讨是可以总结梳理出一些规律性东西的。

例会——按规定定期举行的会议。顾名思义,例会是定期进行的会议,比如企业员工年会、企业高管年会、部门月度会议……而上述例会又分别有各自规定的内容。营销例会是属于企业在营销方面十分重要的例行会议，它是从营销（经营）的角度，对企业运营、部门工作进行检视；对企业内外形势进行分析；协调各方面关系，实现企业业绩目标的会议。我们可以从"时间安排""做什么"和"怎样做"三方面梳理营销例会的方方面面。

营销例会"时间安排"

营销例会涉及三个时间概念：周期、召开时间、时间控制。

周期——涉及全年总体工作安排——是最先要确定的安排；

召开时间——每月例会时间安排——涉及各方面工作的安排；

时间控制——每次会议具体时间安排——每次会议内容安排，结合议程的讨论。

周期，这是与业务执行和考核周期相一致的，是以月度、季度、年度为周期的，三个周期的权重和涉及的内容会有所不同，当我们讨论营销例会时，一般是指以月度为周期的营销会议。

召开时间，各企业有很大不同，我曾经历过：随机安排时间召开、固定在月中召开和月初固定时间召开三种情况。

先说随机安排的情况——某企业每次营销例会结束前，安排下次例会时间。会上大家各自摆出自己下个月的时间表，最终确定一个大家认为最合适的时间；当然在协调的过程中，总经理合适的时间一般是最终的时间。但正是这种安排，往往出现因总经理临时有事而改变营销例会时间的情况，甚至是取消当月的会议，而不少高管已为例会安排好了工作。

再说月中进行的情况——了解如此安排的原因，原来是要等正式财务数据出来。即使在上旬就有了初步财务数据，但考虑到还要做些微调，该企业要到月中才能完成正式财报，因此营销例会要等正式财报，一般安排在每个月的17或18日进行。

最后讨论在月初固定时间的情况——我工作过二十多年的某集团公司有

这样的安排，每月第二周的星期二是各部门固定安排例会的时间。这样所有人的时间在日志上都是锁定了的，可以从容安排各自的时间表。即使主要负责人有紧急情况不能主持或参加，也会安排代理主持人，主要负责人会看会议记录和有关文件，便于了解和掌握业务情况。

上述三种情况，在月初固定时间召开营销例会无疑是最好的，好处体现在以下几个方面：

1. 在月初固定时间召开营销例会，这种安排将一年中需要的固定工作时间都确定下来，便于参会人员整体安排自己的工作；

2. 在月初固定时间召开营销例会，可以尽早总结前一个月的工作，并针对出现的问题，特别是涉及全局性的问题，及时采取措施加以解决；否则在月中开会讨论，会使问题得不到及时解决，并且持续发生下去，甚至又影响一个月；

3. 在月初固定时间召开营销例会，对总体工作安排是一种挑战。这种挑战首先来自对营销数据的汇总，企业要有相应的管理系统，可以实时处理数据，并且在截止时间（一般是每月最后一天的24点）企业的财务部门可以得到初步的汇总数据；这种挑战的另一方面则来自工作安排，我曾经工作过的一个公司，每月最后一天财务部门的人员会通宵加班（即使是节假日），整理出初步营销数据，并提交给企业主要负责人和各部门的负责人，他们将依据这些营销数据总结工作。此时的营销数据会有需要调整的内容，但不会有根本性的整体变化，供内部总结工作、查找问题还是没问题的；

……

实践中推动在月初固定时间召开营销例会，取得了很好的效果：

原来随机安排营销例会的公司，基本固定了时间，大家对例会的重视程度大大提高，主动调取数据，做好参会准备；

原来月中召开营销例会的公司，财务工作有了很大的改进，除了系统升级以外，财务部门的工作安排也做了相应调整，以前要五到十天才能出的上个月的初步财务数据，现在每月最初的三个工作日之内，就可以提供给各个部门，并且他们认为还有改进的空间；

……

营销例会"做什么"

我曾经参加过很多企业的营销例会，发现一个普遍的问题，就是大家的发言没有规范，都用"经过大家的努力……""基本达标""取得了预期结果"之类的空洞描述，总结过去一个月的工作；或者就是谈过程、讲细节，冗长的发言令人昏昏欲睡；观察会场，发言的人侃侃而谈，其他参会人员每个人面前电脑开着，各自做着各自的事。

和一些参会人员交流后发现，之所以出现这些现象，归纳起来有如下原因：

要让领导了解大家的辛苦，细节要讲充分；

各部门汇报形式各异，没有重点；

时间安排随意，影响工作安排；

会议内容无整体性，议题经常与营销无关；

成为摆问题的会议，而问题又得不到解决；

营销例会每月都搞，没有实质内容，例行公事走形式而已；

……

总之认为营销例会的效率不高，形同鸡肋！

这里许多企业面临的是营销例会究竟要"做什么"和"怎样做"的问题。只有搞清了"做什么"，才能解决"怎样做"。

首先，召开营销例会的目的是什么？要做什么？一般来讲，营销例会的议题包括：

1. 回顾前一阶段的营销业绩（特别是财务数据），针对前一阶段业绩的问题找到根本原因和解决的办法；

2. 预测下一阶段的营销业绩（特别是财务预测数据），针对下一阶段业绩预测中的问题协调解决的办法；

3. 检查上次会议确定要解决问题的进展情况和效果；

4. 对市场、技术、关键客户等工作进行研究，做出部署；

5. 协调与生产、质量、财务、人事等部门的工作，处理有关问题；

6. 研究与代理商（或厂家）的关系，做出部署；

7. 确定会议后要解决的重要事项和负责人；

8. 讨论重要的专项议题；

……

前两项议题是每次营销例会上检视的重点，也是营销例会有别于其他例会的关键点，体现了营销例会在企业经营过程中的重要性。其他各项议题可根据营销的实际情况安排，每次选择一、两个议题重点讨论。

纵观上述议题，关注"结果"是营销例会的核心，要找到造成"结果"的原因（无论是造成正向还是负向"结果"的原因，也就是说，无论业绩完成得好与差，都要对原因明明白白）；一切工作部署追求的也是"结果"。那么我们强调营销例会关注的是"结果"，是不是就不关注"过程"与"细节"了呢？

其实这是管理中的两个概念，在执行实施计划，实现业绩的过程中无疑是"过程决定结果，细节决定成败"；在月度、季度、年度总结时，是要通过对结果的检视与分析，明白"过程"与"细节"是如何影响了现在的"结果"，从而发现和解决"过程"与"细节"中的问题，去争取更好的"结果"。明白了"过程""细节"与"结果"的关系，我们也就不难理解，准备和召开营销例会的过程是通过分析业绩结果，发现日常工作中在过程与细节上存在的问题，并加以解决的关键步骤。"过程""细节"和"结果"在营销管理追求实现业绩的过程中是统一的，而不是非此即彼的关系。

怎样开好营销例会

我们已经确定了营销例会要"做什么"，下面就要讨论"怎样做"的问题。"怎样做"包括"会议准备"与"会议过程"两方面。

一次有效的营销例会，首先要做好会议的准备，这些准备体现在三个方面：

一、营销例会安排在上旬进行，财务、运营等部门需将前一个月所有营销和运营数据，在会议前及时提供给各业务部门，让每个部门有足够的时间对自己的业务做检视、分析；

二、各部门根据数据完成对本部门业绩的检视与分析，针对存在的问题，初步找到根本原因和解决的方案，以便在会上讨论；

三、会议组织者应收集营销会议上要讨论的问题，除常规议题以外，本次会议要讨论的重点问题要提前确定下来，并请议题主持人和主要相关人员做好准备；书面发出本次营销会议的议程安排。

具体来看：

第一项财务数据的准备，是开好营销例会的基础。

我们在营销会议的"时间安排"问题中已做过分析，没有统一的数据支撑，各部门的业绩检查与回顾无法在统一的数据平台上进行；而数据提供的及时性和有效性，体现的是管理水平和工作效率，涉及系统和人员能力、工作安排！

财务部门要根据财务数据对业绩进行财务分析，这是一项专业性很强的工作，由专业人员完成，这里不做赘述。

第二项各业务部门的准备，是开好营销例会的关键。

许多企业营销例会中，与会者对自己过去一段时间的工作事先没有检视，就是到会上"随机应变"；还有一些人没有任何准备，上会就是来听、来看，走过场。那么，各部门要做哪些准备呢？

业务部门对照计划目标检查业绩完成情况，分两种情况：

达成或超过计划目标时，都要从市场、产品、团队、运营等相关维度，回答"为什么会取得这样的结果？""这种情况可持续吗？""如何能保持这样的结果？"等问题；

当业绩不达标时，要对照数据分析问题、查找原因、制定解决问题的行动方案。在这一过程中有一系列的工具可供运用，其中包括：事务性工作流程改进（TPI，Transactional Process Improvement）、多因素问题的解决过程与方法（MPSP, Multi-factor Problem Solving Process）等。在营销团队业绩不达标时，比较多的是使用 MPSP 工具做检视，并将检视过程文件和结果、确定的行动计划带到营销例会上讨论。[对上述工具感兴趣的读者，可以参看有关 A3-5Why、RCCM（Root Cause & Counter Measures，找到问题的根本原因和制定对策）以及 MPSP 等内容的教材。]

第三项会议组织者的准备，是开好营销例会的保障。

检查上次会议布置的工作完成情况，并准备汇报提纲；确定本次会议要讨论的重点议题，并安排议题的主持人做好准备；发出会议邀请（每次根据议题邀请有关人士参加）和议程安排；收集每位发言者的 PPT，并编辑到一个文件中或编辑到一个文件夹内；会场布置、设备和通信系统检查并保持其良好状态（这一点在远程参会的情况下尤为重要）。

充分准备是开好营销例会和使之有效的关键，特别是各业务部门的准备尤其重要。检视、识别本部门的问题，找到问题的根本原因和制订解决问题的行动计划，才是营销团队日常管理最重要的工作内容之一。

充分准备是营销例会有效的一半，另一半则来自营销例会的会议过程。会议过程涉及五项管理内容：

一、营销例会议程标准化管理：（按照优先级排列）

1. 财务数据是营销例会的核心内容，是后续部门业绩讨论的基础，财务数据一般包括：总体业绩和部门业绩数据分析；利润分析，影响利润的关键项目分析与探讨；回款状况介绍和要求；对销售团队和关键项目的建议……

2. 上次会议安排的后续重要事项的处理情况；

3. 战略部署项目的进程和执行情况，问题分析和改进计划；

4. 销售业务部门的业绩状况，问题分析和改进计划；

5. 市场、技术部门关于市场、竞争、促销策略的讨论；

6. 售后服务与支持部门关于工作安排、政策、客户满意度的讨论；

7. 与生产、运营、财务、人事等职能部门的工作协调；

8. 重要的专项议题；

9. 确定后续待解决重要事项的内容、时间表、交付物、负责人和团队；

……

上述议题中的前 4 项是每次会议必须要讨论的重点议题，后 5 项则根据实际工作需要，有侧重点安排。

二、营销例会的汇报呈现管理：(标准的汇报模板)

1. 财务报告由财务经理做专业汇报，由财务人员做出专业汇报模板，每次的数据内容、呈现模式要保持一致；由于保密性要求，财务数据不分发，不得记录；

2. 部门汇报应设计标准汇报 PPT 模板，汇报一般由四部分内容组成：（a）过去一个阶段的业绩状况、有哪些业绩的亮点和问题；（b）下一阶段的业绩预测与分析，有哪些问题或风险，如何应对；（c）部门面临的问题，如何应对，需要哪些资源？（d）分享、建议或会议上要讨论的问题。图 1–15 是上述四部分内容在 PPT 模板上的示意图。

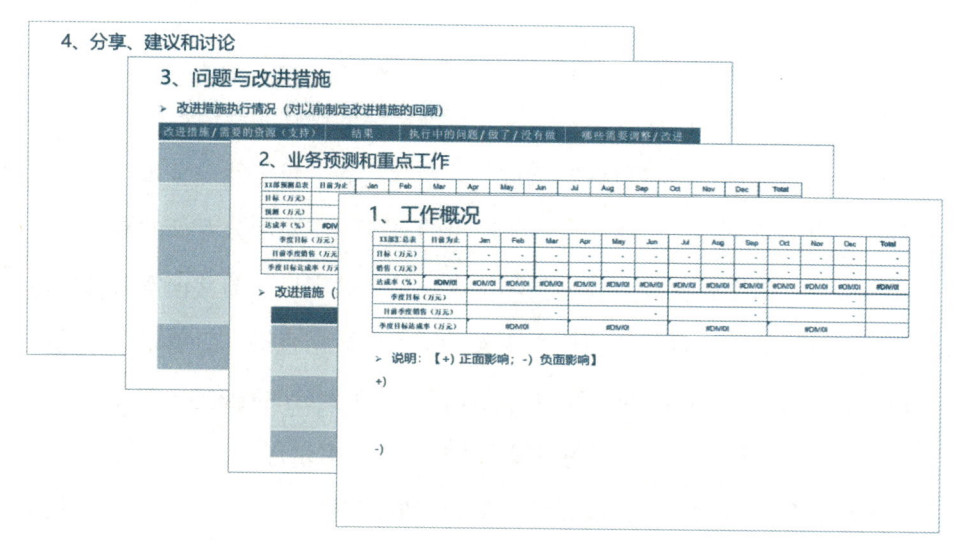

图 1–15　业务部门营销例会汇报 PPT 模板示意图

第一部分 PPT 是对过去业务的回顾、检视，具体业务目标、执行情况、差距和趋势等数据信息，采用本篇第 2 节"营销日常工作从设定目标开始"中介绍的保龄图方式呈现出来，简洁清晰、一目了然；把我们设定目标时采用的工具和可视化呈现，贯穿于我们工作的始终。而形成目前业务状况的原因和过去一段时间需要说明的情况，在 PPT 下半部分以正（+）、负（-）影响分别简要列出。在营销例会准备阶段，团队运用 MPSP 等工具所做的问题分析、原因查找、行动计划等文件作为附件，在需要时展示。

PPT 的第二部分讨论的是对未来业务发展的预测，仍然是采用保龄图的形式让数据说话，只是这里在目标下面呈现的是预测结果，而不是第一页的执行结果。下半部分是根据预测结果，说明要实现业绩目标面临的问题、将采取的措施和需要的资源等。

PPT 的第三部分则是部门重大活动的执行情况和改进措施。所谓重大活动是列入企业战略部署的活动，比如，新产品上市、开发新市场等；或是对业务发展有重要影响的活动，比如，关键大客户或重要销售渠道的合作情况、部门人员发展计划等。

PPT 的第四部分分享、建议和讨论就不多做解释了。

其实，这里给出的模板是要强调，营销例会的议题和部门汇报都应围绕着实现营销目标进行，将目标、执行、差距和趋势一目了然地呈现出来，至于每部分有几页 PPT，要视管理业务项目的多少和需要细分考核的具体情况而定。因此，每个企业需要根据实际情况设计、制定自己的营销例会部门汇报模板。这里要向读者传达的核心要义是培养用数据直接、简单说明问题的习惯，规范每个部门议题的一致性，从而提升营销例会的有效性；避免那种言之无物、使用大量描述性语言的情况。正如杰克·韦尔奇先生所说：世上没有什么绝对真理和管理秘籍，最直接、最简单的管理办法，往往才是最有效的管理方法。

三、营销例会的发言管理：

建立标准模板还有一个目的就是要规范每个发言的内容和时间。我参加过不少企业的营销例会，发现发言管理存在的普遍问题就是时间掌控不好。原因有两方面：一方面是前面谈到的PPT不规范，文字描述性的内容太多，发言者普遍存在流水账式的发言，没有重点；报喜不报忧；要告诉大家，我们很努力，我们很忙；偏离主题，为一些琐事的对错争论不休等现象。另一方面，营销会议主持者要么是权威性不够，不便或不会掌控会议；要么就是放任、放弃管理，任由会议自然发展。

我辅导过的一家公司也曾经存在上述问题，后来经过"改善"，规范了营销会议前的准备工作和发言PPT模板（初期会议组织者会收集发言PPT做初审，对不规范的发回修改，帮助大家养成习惯），同时规范了会议的发言管理，这些措施包括：

所有会上发言内容，除财务外，统一由会议组织者集中投屏，减少转换；

发言有规定时间，一般10~20分钟，5分钟讲不到重点，主持人叫停；

其他人有问题记录下来，不要打断发言，在5~10分钟提问环节讨论；

重大事项记录下来，在会议最后环节讨论。

初看这些措施，会让人有一种简单、粗暴的感觉，怎么可以"5分钟讲不到重点，主持人叫停"呢？但实践一段时间以后，大家的感觉很好，主要是准备充分了、内容聚焦了、精力集中了，特别是汇报的水平提高了，有些部门的负责人从以前"无所谓"的态度，变得重视了，并通过会前演练提高自己的发言水平——在时间把控、数据掌握、思维逻辑和语言表达等方面都有提升。

四、营销例会的参会人员管理：

参会人员还需要管理吗？需要的！在例会上交头接耳、每人前面一台电脑处理各自业务、看手机、会场烟雾缭绕……虽然大家都知道这样不好，也有会场纪律，但却是很难改变的痼疾。以下的一些规定，读者一定见过：

参会人员要基本固定，不宜邀请过多辅助人员；

参会人员在会议期间非特别重大公务，安排其他人代为处理；有重大事务要处理，向会议主持人请假，离开会场处理，并尽快返回；

会上发言者（除财务）的讲稿会议前交组织者；

会上讨论的重要文件，要打印准备好，在讨论开始前发给与会者；

参会人员的电脑只有在调取数据时才可打开；

参会人员手机静音，或上交，统一保管；

非讨论时间不可开小会；

不得在会议室吸烟，保持会议室空气清新，温度适宜（控制在22℃~23℃，温度太高让人昏昏欲睡，太低则让人感到不适）；

适当安排休息时间；

……

这些内容大家都懂，甚至制定得更详细，还有罚款条款，但效果仍不尽如人意，究其原因还在执行，特别是会议一把手要带头执行；会议过程中，主持人要敢于叫停，恢复会场秩序。只有这样反复多次，才能养成一个良好的会议习惯。当然之所以会出现散乱的现象，是和会议内容准备、发言组织管理紧密相关的。会议组织者应根据每次会议的情况，做检视、改进，通过综合治理解决会议过程出现的散乱问题。

五、营销例会上确定后续待解决问题的管理：

每次营销例会都会有一些需要会后去解决的事项。实践中发现，确定哪些是在营销例会层面上后续要解决的事项，是要有一些原则的，否则不加区分，会使得待解决事项过多、没有重点。在企业营销例会层面上确定的后续要解决的事项应该是：

涉及营销全局的重大事项，比如新产品定位、新市场开拓策略、销售团队的组织调整、销售渠道布局等。一般业务团队的局部问题，在业务团队汇报时应已有解决安排；

与营销有关的事项。对于营销例会上反映的非营销事项，比如产品质量问题、技术指标定义等问题，应转交企业质量、生产、技术等主管部门或更高层会议安排解决，营销团队配合工作；

有明确的工作时间表、交付物、负责人和团队；

记入会议纪要，并于会后发给负责人、督促检查、准备下次会议汇报进程；

……

至此，我们从营销例会的目的到时间、内容管理，再到营销例会的准备、汇报呈现和会议过程等方面的管理，对营销例会做了全方位的梳理。希望读者可以从中对营销例会有一个全面的认识和了解，并重视营销例会这项工作，参照本节的内容，完善本企业的营销例会管理，使其高效，最终促进企业营销业绩的稳定和持续增长。

组织营销例会是每个企业再普通不过的一项日常工作，但是如何使参会人员重视，让营销例会高效，却是一件并不容易的工作。把本企业的营销例会开好，开出高效率，是提升企业日常工作管理水平的一项重要工作。不要轻视营销例会在企业管理中的重要作用，它就像营销工作过程中的"加油站"，通过对照目标不断检视、识别、解决营销中的问题，实现企业营销目标，从而保障企业健康生存和可持续发展。

第二章

客户篇

企业的存在是为了市场——那些已经存在的或是被创造出来的市场。市场是由一个个具体的客户组成的，客户是营销工作的对象。销售人员和团队每天都要面对客户，了解客户、理解客户的心理和行为，是销售人员和团队服务好客户的出发点和落脚点。讨论客户的问题是所有讨论营销工作绕不开的话题，当然我也不能脱俗。我想把三十多年来遇到的与客户有关的典型故事写出来，虽然不成体系，但却有意思，这些都是销售人员和团队常见的情况。

"关键客户"的概念与"大客户"的定义

在做咨询的过程中,很多企业都关注大客户的议题。但是,不像行业客户、地区客户、规模客户都可以有明确的定义,在讨论到大客户时,就很难有一个大家都认可的标准,甚至有时对一个客户的看法,在不同时期或不同的问题上大家的意见都不一致。

一次,某环保水质检测仪器设备中国公司在研讨大客户管理的议题时,提出了六个具体客户的管理问题,这几个客户归纳起来有三类不同的情况:

某省级环境监测中心,以前在监督执法过程中会采购仪器设备和耗材,在行政执法改革后,具体监测工作被分离出去,进行社会化,环境监测中心对具有资质的社会专业检测机构做专业指导和技术监督。也就是说,这个环境监测中心不再是仪器设备和耗材的采购主体了,他们还是大客户吗?

某国际著名的饮料企业,是该公司的全球大客户,在国内有若干灌装厂。这些灌装厂分属在不同性质(国有、合资、民营)、不同行业(食品、轻工、外贸)的企业,这些企业论总体产能和产量不小,可论到每个企业规模又不大。该公司管理这些灌装厂的方式是将之分散到不同地域或行业的团队中,虽然公司一再强调要重视这类全球大客户,但销售人员根据自己所管理具体灌装厂的规模和对自己业绩的影响,来确定自己对这些企业的重视程度。因此,该公司总部看不到中国团队在这家国际著名的饮料企业上取得亮眼的销售总业绩，不断对中国团队在全球大客户管理方面提出质疑。

某些设计院具有央企、行业主要设计院的性质（如公路、建筑、市政等），这些设计院有很高的行业知名度，在自己的行业内又有影响力。在该公司客户管理中是把这些企业定义为大客户来管理，但实践下来却总觉得在与这些单位的合作中不得要领，又不知问题在哪里。

……

上述各种情况提醒我们，用一个"大客户"来定义这些不同类型的客户和制定管理政策似乎有不适宜的地方。在实际客户管理中，有这样一些客户：他们是某类产品、技术或服务的使用者，他们可能并不是直接的采购人或决策者，但是他们对此类产品、技术或服务的评价在行业中有举足轻重的作用；这些客户多数是专业技术人员。我们来看一个案例：

病理切片是提取一定大小的病变组织，用病理组织学方法制成病理切片[通常将病变组织包埋在石蜡块里，用切片机切成薄片，再用苏木精-伊红（H-E）染色]，用显微镜进一步检查病变，确定病变的发生发展过程，最后做出病理诊断。[①]

某医疗设备公司可以生产病理切片过程中的切片机和检查病变的显微镜等设备，而且产品是市场上的主导设备，但是他们不提供染色剂。一般经销商是根据客户的要求采购其指定品牌的染色剂，供病理切片制备时使用。该公司在业务发展过程中看到了染色剂的商机和提升客户黏度的重要作用，开发、生产了与自己设备配套的染色剂。

营销团队开始推广这款新产品时，认为配合现有设备，客户的耗材采购是自带用量的事情。但是八个月下来，发现实际销量距离预期的医院使用量

---

① 百度百科.病理切片[EB/OL][2023-05-10]. https://baike.baidu.com/item/%E7%97%85%E7%90%86%E5%88%87%E7%89%87/2745587?fr=Aladdin.

相差甚远。分析原因，除了利润因素外（产品价值低、利润薄），和切片机与显微镜等设备相比，染色剂属于耗材，是一种要随时跟进，长期维护的销售业务；同时它会直接影响医生的观察感受，医生不会轻易更换使用习惯了的染色剂。医生已经习惯了使用原有的染色剂，对更换新品有很多说辞，其中一个理由就是，颜色有差异，影响诊断效果等。

那么，为什么该公司的技术人员没有和医生交流，没有将自己产品可调色的特点和方法传达到终端操作者呢？

原来该公司以前的设备等产品是通过经销商销售的。在市场和销售渠道管理中，将与终端客户的沟通、培育等工作都放给经销商负责。不说经销商是否有能力做这种技术推广，就意愿上来讲，设备经销商对销售耗材的意愿是很低的，他们更愿意销售已经经营多年的产品（利润高于染色剂这类耗材产品），其次卖耗材很难完成厂家给的总销售目标。

另外，销售团队与经销商间有一个错误的概念，认为终端客户管理是由经销商负责，经销商不希望厂家和终端客户间有太多的联系，销售团队去拜访多了会引起经销商的误会和矛盾。说白了，就是将关键客户管理与终端销售混为一谈了。

"关键客户"首先是某种产品、技术或服务的使用者，是客户。其次，这是一批特殊的客户，由于他们在行业中的地位和影响力，对于使用某种产品、技术或服务的体验，不仅影响这些客户自己使用，更重要的是影响周边用户群体的选择。因此，经常听取这些关键客户的意见和建议，改进某种产品、技术或服务，是厂家的一项重要工作，特别是当一个新产品问世，更要听取这些客户的意见加以改进和完善。

经销商向"关键客户"供货与厂家和关键客户保持业务联系，是两个完全不同范畴的问题，一个是渠道管理的问题，一个是关键客户管理的问题。其实，"关键客户"是厂家和商家双方的客户，双方的工作内容不同，目标却是一致的。把两者的关系对立起来，说明厂家在"销售渠道管理"和"关键客户管理"两方面都是失败的。

认识到问题以后，营销团队首先梳理了可以采用他们的新型染色剂的"关键客户"的清单。原来，除了一些拥有特别重要地位的战略医院客户以外，在各地区有四类医院——人民医院、医大附院、肿瘤医院、妇产医院——的相关科室是他们的"关键客户"。他们制订了到年底（八个月）的行动计划，要对一百家关键医院客户进行拜访和技术交流，听取他们的意见和建议，改进产品，最终要得到他们的认可，与已有的设备配套使用。

到年底，他们用八个月的时间，接近实现了设定的目标，达到入院1,000套（目标是1,200套，之前八个月只入院了100套）。

在这个案例中我们引入了"关键客户"的概念。

关键客户——**对企业的技术、产品、服务有发言权或影响力的客户。**关键客户是企业在不同时间阶段，不同营销策略，不同地域业务中需要定义的某些客户。

如果我们用"关键客户"的概念来研究前述某省级的环境监测中心的项目会发现，虽然该环境监测中心不再是设备和耗材的采购主体，但他们仍然具有对各社会检测中心的业务指导和监督职责，因此影响力还在，甚至更强了，因为过去只要他们本身做好了就可以了，现在要确保各个检测中心合规、达标。而该环保水质检测仪器设备中国公司的工作内容和方法需要随之改变，而不是简单地以是否为采购主体来确定该环境监测中心的重要性。如果以现阶段的环境监测中心职能来看，只比行政执法改革前少了一项直接采购仪器设备和耗材的要素，而采购要素转移到他们指导与监督的社会检测中心去了，只是采购形式和规模发生了变化。所以用关键客户来定义该环境监测中心，并制定相应的工作策略，使营销团队有了明确的方向。

在关键客户概念的基础上需要引入一项非常重要的定义——**对企业业务发展和利润具有决定性作用的客户群就是大客户**。注意，这里强调"对企业业务发展和利润具有决定性作用"。也就是说，大客户是与企业的销售业绩和利润直接相关的客户群。

　　这里"关键客户"的概念和"大客户"的定义，使我们对客户的分类和定位更全面了，也有助于我们定义与不同客户群的合作方式和管理方法。某企业过去在客户分类管理过程中总是很纠结，他们将具有行业主管功能的单位（如行业设计院）和一线采购量大、利润主要来源的企业都定义为"大客户"加以管理。实践中经常出现不同部门和管理不同类型大客户的经理们在讨论问题时，对客户定位有不同理解，在制定行动计划、策略时意见不一致；大家在以销售业绩作为衡量大客户标准方面没有异议，但对具有关键客户属性的这类客户群的重要性和所需投入产生怀疑。就像前面关于环境监测中心的案例那样，在我们做大客户管理培训之前，该检测中心将要从大客户名单中被移除。培训后将环境监测中心归入关键客户加以管理，同时将其所指导和监督的社会检测中心也纳入了管理系统之中，一并制订工作计划，配合环境监测中心提升社会检测中心的检测水平和能力，销售业绩保持了持续稳定增长，同时也进一步提升公司在行业中的影响力。

　　有关客户分类方法和其他类型问题的解决之道，将在后续议题中继续讨论。

　　"关键客户"的概念和"大客户"的定义，是过去六年（2017—2022年），在几个企业调研和探讨大客户管理的过程中逐步理清的。大客户管理的议题是企业营销管理永远的议题，我至今仍在一些企业的实践中探索，希望读者能加入到共同探索之中。

　　本节中介绍的两个案例（染色剂上市和某省级环境监测中心的案例）是很有代表性的案例。无论厂家还是商家都不可将"关键客户管理"与"供货管理"对立起来，厂家和商家双方应是相互信任的关系，通过合作、相互配合服务好客户。而客户的职能转变，并不一定因其不再直接采购而失去影响力；企业也切不可短视地以是否直接采购而简单地处理与原来大客户的关系，需要做出恰当的调整，否则有可能会失去商机。

"客户大"与"大客户"——"双维度"定义客户等级

自从事营销工作之始,就被前辈们反复告知 20/80 原理,要关注提供 80% 业务量的 20% 客户,这 20% 客户是关键客户、战略客户、大客户……工作多年后,在大客户管理的实践中,我虽然对"要了解客户的组织结构""大客户要从高层做起""给客户提供更多的价值",等等方法熟记于心,但仍然感觉在大客户管理方面不得要领。

最近几年,许多企业提出了要做大客户管理培训、辅导的需求。我有幸深入到不同类型的企业,与营销团队一起探讨该企业的大客户管理的问题。总结自己多年的经验和近年来新的实践,发现大客户管理的关键在于,如何从众多的客户中区分出"大客户"。而判断"谁是大客户",要依企业所处行业类型、企业在产业链中所处的位置、产品属性等因素决定,而不是简单地用 20/80 原理就能全部解决的。

客户大不一定就是大客户,这个答案似乎是不言自明的,但在实际工作中却屡屡出现问题。

某 OEM 企业为许多品牌商或其代工厂生产配套元件。而要获得品牌商或其代工厂的认可,前期需要生产样品,供品牌商或其代工厂进行测试,还要配合品牌商进行审厂、提供认证资料等一系列工作。一段时间以来，销售人员找到了许多项目，生产部门每个月收到销售人员提出的为客户打样、接待客户审厂、为客户提供认证资料等的申请，让生产部门应接不暇，已经影响到生产部门的生产安排和产品工程师的工作安排。而最终获得订单，能够进入量产的项目却只有20%左右，大量完成打样的申请杳无音讯……

面对生产部门和产品工程师的抱怨，管理层提出了新的客户发展策略，这个策略的核心内容是：公司今后只承接世界五百强或行业前三名客户的打样申请。这两类客户的认证由市场部进行，定义为策略客户；非策略客户的打样申请不再接受；特殊情况要申请特批。

此策略一出，销售人员一片哗然！

首先，世界五百强或行业前三名的客户名录就在那里，可是有多少是知道我们，认可我们的？更不要说尽快建立合作关系，获得批量订单了。

其次，现有销售人员手上的策略客户有限，而且短期内也发展不出策略客户；另外，不是所有销售人员都有开拓策略客户的能力，比如外语能力、联系此类客户的能力等。

再次，原有合作客户如果不在策略客户之列，再有新项目接是不接？会不会出现新客户没有建立联系，又怠慢了老客户……

经历了新策略出台后一段时间的躁动，发现打样申请依然如故，仍然应接不暇！

原来为完成任务，销售人员频频提出特别申请，说明客户虽然不在公司规定的策略客户之列，但该客户有前景，有潜力，会逐步进入策略客户之列……总之，多了一道特别申请和审批的过程，推动营销团队聚焦策略客户的目的并没有达到。

为了说明问题和找到解决问题的路径，我们分析了该企业过去一年的销售数据。（见表2-1）

表 2-1　某企业客户一年采购情况分析

某企业	客户分类			
客户采购额排序	前 50%	50%~80%	后 20%	总计
总采购金额（万元）	19,559	10,272	7,362	37,193
采购额占比	52.6%	27.6%	19.8%	100%
80/20 原理	80.2%		19.8%	100%
客户数	9	17	109	135
客户占比	6.7%	12.6%	80.7%	100%
20/80 原理	19.3%		80.7%	100%
客户平均采购额（万元）	1,250	350	68	

为避免偶然性，我们以同样的方法收集了同期另外三个业务相近（OEM）的企业的销售数据加以验证。（见表 2-2）

从四组数据可以看到，虽然四家企业有一些差别，但这种 OEM 业务非常符合 20/80 原理——20% 的客户贡献了 80% 采购额。关键是：贡献了 80% 采购额的 20% 客户，有多少是属于策略客户呢？表 2-1 中的企业，在采购额占 80.2% 的 19.3% 的 26 家客户中，策略客户只有三家。这就是单一考虑"客户大"，而不加区别地忽略了为公司提供业务量的其他客户的问题所在。

在分析过程中，我们之所以将采购额分成"前 50%、50%~80%、后 20%"三段来研究，是发现"客户平均采购额"方面差异很大，细分以后可以在后期更好地制定客户管理的策略。

根据公司"策略客户"的定义和实际的营业额数据，我们提出了客户"双维度"等级分类管理模型：

公司策略客户——A 等；

非公司策略客户——B 等；

表 2-2　其他三个企业客户一年采购情况分析

企业二	客户分类			
客户采购额排序	前 50%	50%~80%	后 20%	总计
总采购金额（万元）	12,400	7,588	5,058	25,046
采购额占比	49.5%	30.3%	20.2%	100%
80/20 原理	79.8%		20.2%	100%
客户数	7	18	96	121
客户占比	5.8%	14.9%	79.3%	100%
20/80 原理	20.7%		79.3%	100%
客户平均采购额（万元）	1,050	215	53	

企业三	客户分类			
客户采购额排序	前 50%	50%~80%	后 20%	总计
总采购金额（万元）	8,766	4,702	3,295	16,763
采购额占比	52.3%	28.0%	19.7%	100%
80/20 原理	80.3%		19.7%	100%
客户数	3	7	54	64
客户占比	4.7%	10.9%	84.4%	100%
20/80 原理	15.6%		84.4%	100%
客户平均采购额（万元）	1,600	270	61	

企业四	客户分类			
客户采购额排序	前 50%	50%~80%	后 20%	总计
总采购金额（万元）	16,743	9,175	5,619	31,537
采购额占比	53.1%	29.1%	17.8%	100%
80/20 原理	82.2%		17.8%	100%
客户数	4	11	68	83
客户占比	4.8%	13.3%	81.9%	100%
20/80 原理	18.1%		81.9%	100%
客户平均采购额（万元）	1,600	550	84	

过去一年采购额排名公司销售额"前50%"的客户——a级；

过去一年采购额排名公司销售额"50%~80%"的客户——b级；

过去一年采购额排名公司销售额"后20%"的客户——c级。

表2-3 "双维度"客户等级分类管理模式

等级	a	b	c
A	Aa	Ab	Ac
B	Ba	Bb	Bc

在这个分类模型下，企业上下对不同等级的客户有统一的管理标准：

Aa、Ba、Ab类客户——配合客户提出的新项目落实，并在交付等方面给与保障；

Ac、Bb类客户——新项目需特别申请，根据生产安排等情况，提供打样等服务；

Bc类客户——仅提供已有产品，不提供特别打样；

A类具有潜力的客户——公司每年选择若干客户，进行培育立项，实行项目管理。

设立"双维度"客户等级分类管理以后，企业营销方面，既顾及了当前业务需求，又考虑了长远发展。营销团队逐步聚焦"策略客户"，在组织结构、人员能力等方面都做出了调整。两年以后，"策略客户"提供的采购额已经占到总销售额的70%~80%；同时促进了产品质量、交付能力的提升。

"双维度"客户等级分类模型适合于提供配套服务的OEM厂家。这种企业提供客户需要的配套产品，具有稳定的客户采购量，还有重复购买的性质。一般小批量、单一产品采购的项目类型，这种分析方法不太适用。

"多维度"客户分类法——"双维度"定义客户等级的延展

在实际工作中,不少企业的客户群不像前面案例中的客户群,具有那么明显的大客户数量与其采购量间的对应关系(20/80原理)。因为产品属性、行业属性都会影响客户的分类和管理方法。这里首先要解决分类问题。如何延展"双维度"模型定义客户等级,一些企业做了有益的尝试。

笔者曾经深入的某企业,有两个产品涉及石化等能源行业,在策略客户和非策略客户区分方面比较明确,定义和区分的方法基本一致(就是前面运用的以行业排名方式区分策略客户和非策略客户),因此用这些客户的采购额来区分大客户成为首选。但在对企业的销售业绩影响方面,采购量指标产生了极大差异,似乎无法用同一标准区分大客户与一般客户。表2-4、表2-5分别是他们对两种产品过去四年客户采购数据分析的结果。他们试图找到满足20/80原理的参考维度,从而实现区分大客户与一般客户,但结果却与设想相差甚远,从中看到"双维度"模型的局限性。

表 2-4　某企业 A 产品的客户分类数据分析

2018年	2019年	2020年	2021年	年平均	衡量标准	客户类别
73.4%	72.6%	91.0%	86.3%	80.8%	过去一年，在本企业采购 A 产品的总额排序前 20% 的客户	大客户
26.6%	27.4%	9.0%	13.7%	19.2%	过去一年，在本企业采购 A 产品的总额排序前 20% 以后的客户	一般客户

表 2-4 以"过去一年，在本企业采购 A 产品的总额排序"的方法为参考，从 2018—2021 年数据可以很直观地看到该产品的客户分类符合 20/80 原理，可以将客户区分成"大客户"和"一般客户"。分析这组数据，我们还可以看到：

1. 产品 A 的大客户很集中，而且有越来越集中的趋势；

2. 四年来，这些大客户对本企业产品 A 的销售总贡献率年平均达到 80.8%，因此，这些大客户对产品 A 的销售是至关重要的；

3. 进一步分析发现，每个大客户采购的产品 A 使用在这些企业的产品之中，而这些产品涉及相关企业年总销售金额的 30% 以上，因此，产品 A 对这些大客户也是至关重要的。

再看产品 B 的情况，同样以"过去一年，在本企业采购 B 产品的总额排序"的方法为参考，从 2018—2021 年数据可以很直观地看到产品 B 的客户不符合 20/80 原理。

表 2-5　某企业 B 产品的客户分类数据分析

2018年	2019年	2020年	2021年	年平均	衡量标准	客户类别
18.2%	16.2%	10.8%	14.2%	15%	过去一年，在本企业采购 B 产品的总额排序前 20% 的客户	?
81.8%	83.8%	89.2%	85.8%	85%	过去一年，在本企业采购 B 产品的总额排序前 20% 以后的客户	?

注：产品 B 的客户有过百家。

表 2-5 是结合产品 B 的销售情况得出的数据，可以看到：

1. 每个具体客户的采购规模都不大，以 20/80 原理区分"大客户"和"一般客户"基本无法实现；

2. 产品 B 的客户非常分散，分布在各省市，每个地区涉及的重点行业又不同，有的属于石化行业、有的属于市政燃气；在销售模式上既有直销，又有分销，因此，很难用一种模式来区分客户。

我们需要探讨一种可在各种情境下普遍适用的客户分类方法。实际工作中，本来就有根据区域、产品、客户情况，对客户进行"多维度"分析的方法，这样"多维度客户分类法"就应运而生了。

表 2-6　多维度客户分类法模型

评估维度内容	维度 1	维度 2	维度 3	……	……	维度 N
	……	……	……	……	……	……
分值/权重	…%	…%	…%	…%	…%	…%
x_1	……	……	……	……	……	……
x_2	……	……	……	……	……	……
x_3	……	……	……	……	……	……
x_4	……	……	……	……	……	……
x_5	……	……	……	……	……	……

表 2-6 中的评估维度可以根据实际情况设定，但是评估维度不要设定太多，尽量要用客观标准，减少主观判断内容；权重要根据具体区域、产品、客户情况等确定，但要保持一致；同时评判过程也确定了每个合作伙伴的"薄弱点"，供后续客户管理时参考。

下面以工程类业务的客户分类看"多维度客户分类法"的应用。

同一产品涉及的工程类项目，首先是分布在不同地域，各地的商业环境、项目管理模式会有所不同；其次，工程项目可能分布在不同行业，而每个行业又有各自的规程、规范，项目的重要性有所不同。以某水环境检测设备公司的工程客户为例，分布在工业、市政、环境保护、大型项目建设等不同领域，而客户又可以分成设计单位、施工方和具体项目方（甲方），很难用一个标准来区分客户的重要性。如果以采购方来区分，可以分成间接客户——设计单位和施工方、直接客户——项目方（甲方）。二者都很重要，但其重要性的体现是有所不同的。特别是设计单位，许多公司都认为其是重要客户，不断讨论分类管理的问题，但总是点对点地单个设计单位去研究，找不到整体研究的方法，最后所有设计单位都重要，都无法割舍，也就谈不上分类管理了。

设计单位一般是归属于行业的，有很强的隶属关系，这就决定了不同行业设计单位服务对象不同，对同一产品应用的场景不同，因此，同一产品在设计过程中所处的地位也就不相同。同样，同一产品对不同行业的设计单位的重要性也不同。比如，同一水环境监测技术和设备，在市政、水务等设计单位的设计项目中是重要部分，但在公路、铁路设计单位的设计项目中可能是配套项目。这也决定了，同一产品在不同类型设计单位中被重视的程度不同，设计人员对该产品的理解和在设计方案中的应用能力也不同。这就需要企业面对不同行业的设计单位时，有不同的工作重点、策略和方法。因此，需要设计一个通用的对设计单位客户进行分类的方法，可以有效地将不同类型的设计单位放在同一模型中去评判，从而区分出其重要程度，为制定工作策略和方法提供依据。

表 2-7 某企业工程类 – 间接客户（设计单位）分类方法

评估维度内容得分	维度 1 年项目信息数	维度 2 项目信息质量	维度 3 设计单位对本企业产品的影响	维度 4 项目合作顺畅性	维度 5 合作模式
10	≥ 7	高	A 类设计单位	有实质性项目协调组	有战略合作协议
7	5~6	较高	B 类设计单位	有项目协调响应机制	有高层年度互访
4	3~4	一般	C 类设计单位	有确定的项目联系人	常规业务对接
1	0~2	较差	C 类设计单位	无明确的项目联系人	通过经销商协调

表 2-7 中，维度 1 是很具体的设计单位采用本企业产品的年度设计项目数，而维度 5 是具体的合作状态，都好区分并评价；如果维度 2、3、4 不做明确的定义，在实际工作中就没有可操作性。因此，必须做出明确定义。（见表 2-8）

表 2-8　表 2-7 中 2、3、4 维度的具体评判分类的定义

维度 2
项目信息质量
信息质量高：综合评估过去一年提供的项目信息，在时间、经费、工程质控、干系人方面，信息全面准确。
信息质量较高：综合评估过去一年提供的项目信息，在时间、经费、工程质控、干系人方面，信息有一至两项不够全面准确。
信息质量一般：综合评估过去一年提供的项目信息，在时间、经费、工程质控、干系人方面，信息有两项以上不全面、不准确。
信息质量差：综合评估过去一年提供的项目信息，在时间、经费、工程质控、干系人方面，没有提供有效信息。

维度 3
设计单位对本企业产品的影响
A 类设计单位：市场上与本企业相同类别的产品，涉及该设计单位的主工程设计项目，并且设计中必须包含与本企业同类产品相关的技术或设备的设计内容（比如水务工程项目设计中的水质监测是必须要有的）。此类设计单位对本企业产品的影响重大。
B 类设计单位：市场上与本企业相同类别的产品，不涉及该设计单位的主工程设计项目，但设计中必须包含与本企业同类产品相关的技术或设备的设计内容（比如公路、铁路工程设计项目中的环境水质监测是必须要有的）。此类设计单位对本企业产品的影响相对一般。
C 类设计单位：市场上与本企业相同类别的产品，不涉及该设计单位的主工程设计项目，在设计中可根据业主的要求选择与本企业同类产品相关的技术或设备的设计内容（比如小型房地产项目设计中的水质监测是属于市政监测管理，是否要在项目中加入监测是选项）。此类设计单位对本企业产品的影响相对较小。
D 类设计单位：市场上与本企业相同类别的产品，不涉及该设计单位的主工程设计项目，在该设计单位的项目设计中一般也不包含与本企业同类产品相关的技术或设备的设计内容。此类设计单位没有设计、应用与本企业同类产品的能力，如遇有关涉及此类应用的项目，一般实行设计外包。

维度 4
项目合作顺畅性
有实质性项目协调组：综合过去一年涉及本企业的项目，双方建立了实质性的项目协调工作组，定期组织协调会议，共同推进与业主方的沟通协调，解决项目设计过程中的问题。
有项目协调响应机制：综合过去一年涉及本企业的项目，双方有项目协调响应机制，遇到问题时，双方及时沟通，解决项目设计过程中涉及本企业的技术和产品问题。
有确定的项目联系人：综合过去一年涉及本企业的项目，双方有确定的项目联系人。项目设计过程中，涉及本企业技术和产品的问题，设计单位通过项目联系人协调。
无明确的项目联系人：综合过去一年涉及本企业的项目，双方没有明确的项目联系人，涉及本企业的技术和产品有关问题时，设计单位随时联系本企业。

从表 2-8 可以看到将处于不同地域、行业的设计单位放到一个通用的评判分类的体系中加以评定，可以有效地避免单纯从行业出发，从单一行业的角度过分强调专业设计单位的重要性的问题。比如前述案例中关于水环境监测设备的案例，在没有这套方法时，总是忽略了该设计单位主体业务与本企业产品的相关性，过分强调行业设计单位在各自行业中的地位，因此认为哪个设计单位都重要，工作失去了重点。比如，公路、铁路设计单位在它们所在行业中肯定是极为重要的设计单位，但是在工程设计项目中，对水环境的监测项目，他们的能力就未必有环境工程设计单位和水务工程设计单位强。作为技术和设备的供应商，当然要根据产品的属性和所服务客户的属性，达成相应的匹配度。否则，一方面客户重要性无法区分（都重要等于都不重要）；另一方面，针对每个客户的工作无重点、不聚焦。

表 2-9 是某企业根据表 2-7 和表 2-8 的分类方法，对分布在不同地域、不同行业的设计单位的分类结果（节选）。

表 2-9 某企业在工程类业务中应用设计单位客户分类方法实例（节选）

设计单位名称	总评分	年项目信息数分	项目信息质量分	设计单位对本企业产品的影响分	项目合作顺畅性分	合作模式分
××××工程设计研究院有限责任公司	38	10	7	7	7	7
××××华北设计研究总院有限公司	35	4	10	7	7	7
××××省燃气设计院	32	7	4	10	4	7
××××石化设计院	26	4	1	7	4	10
……	……	……	……	……	……	……

同样道理，该企业对工程类项目的直接客户——项目方（甲方）做了类似的评估定义。工程类项目的直接客户一般是指那些工程项目的投资方和最终的使用方。这类客户是产品供应商的买方，一项重要的指标就是采购量，它体现在购买频率、总合同金额和本企业的利润三个硬核指标上。

表 2-10 中，该企业是按七个维度来考量、评估相关的工程项目类企业，其中维度 1、2、3 分别是每个被评估工程类企业在本企业的采购频次、年均订货额和本企业的盈利情况三项指标。这三项指标是企业经营的核心指标，同时也是体现被评估企业对本企业重要性的指标，因此这三项指标的权重占比达到 65% 以上，这一点很重要。

表 2-10 某企业工程类–直接客户（工程项目的甲方）分类评估方法

评价维度（权重）	维度1（15%）	维度2（25%）	维度3（25%）	维度4（10%）	维度5（15%）	维度6（5%）	维度7（5%）
分值	历年购买频次	3年年均订货额（万元）	本企业盈利	发展前景	所在行业影响力	合作模式	公司规模实力
40	≥5	≥2,000	≥20%	好 ★★★★	行业主导	有战略合作协议	省部级/央企
30	4	≥1,500	≥15%	较好 ★★★	行业标杆	有高层年度互访	上市/外企/集团控股
20	3	≥1,000	≥10%	一般 ★★	行业大众	常规业务对接	地方国企
10	2	≥500	≥5%	较差 ★	其他	通过经销商协调	合资企业
0	1	<500	<5%	差 ☆	—	其他	民企

而表 2-10 中，维度 4、5 反映出一般设定评估维度时容易出现的问题，描述显得空泛，判断时会造成主观性太强的问题，可参照表 2-8 的方式做进一步的细化定义。

表 2-11 是该企业根据表 2-10 的评估方法对工程类直接客户做分类的应用。

表 2-11 清晰地展示了在同一评估体系中，该企业处于不同行业、不同地域、不同所有制的工程类客户的重要性。以客户 6 "××××气体有限公司"为例，目前评估中其排在第六，影响其得分的因素是公司规模实力属于"民企"和"合作模式"两项，但该企业在"发展前景"上得分很高，这是营销团队需要研究的"现象级"企业，可能代表今后行业发展的方向。因此，对该客户的"合作模式"方面要加以改进，推进高层互访，了解和推动此类客户的业务发展。

此案例是"多维度客户分类法"给我们的启示！

做客户分类的目的是有效地对不同级别的客户进行分类管理。某企业将识别出的重点客户安排由专职销售人员服务，每个销售人员大约分管十个重点客户；而其他非重点客户，则由一个客户管理组负责管理。专职销售人员要维系、服务好重点客户，每年考核的重点是客户的维系状况和业绩情况，对退出重点客户序列的客户要专门进行分析，这是专职销售人员的考核内容之一。而客户管理组要不断从非重点客户中培养出新的重点客户，这也是客户管理组的考核内容之一。

前述表 2-4、表 2-5 案例中的企业，在区分出大客户和一般客户后，制定了多维度的大客户管理模型，规范了企业内部在大客户管理方面的工作，见表 2-12，定期对与每个大客户合作的状况进行分析、识别和工作部署。

表2-11 某企业工程类-直接客户（工程项目的甲方）分类评估方法应用

排序	客户单位	总评分	维度1（15%）购买频次	维度1 评分	维度1 得分	维度2（25%）(万元) 合同总额	维度2 年平均	维度2 评分	维度2 得分	维度3（25%）评分	维度3 得分	维度4（10%）评分	维度4 得分	维度5（15%）评分	维度5 得分	维度6（5%）评分	维度6 得分	维度7（5%）评分	维度7 得分
1	××××技术股份有限公司	33.5	8	40	6	17,558	5,853	40	10	20	5	30	3	40	6	40	2	30	1.5
2	××××天然气有限公司	32.5	2	10	1.5	9,122	3,041	40	10	40	10	40	4	30	4.5	40	2	10	0.5
3	××××Oil Refinery Limited	26.5	2	10	1.5	5,455	1,818	30	7.5	30	7.5	40	4	20	3	30	1.5	30	1.5
4	××××有限公司	24.5	2	10	1.5	12,440	4.47	40	10	10	2.5	30	3	30	4.5	30	1.5	30	1.5
5	××××工程有限公司	23	3	20	3	2,602	867	10	2.5	30	7.5	20	2	30	4.5	30	1.5	40	2
6	××××气体有限公司	19.5	2	10	1.5	3,410	1,137	20	5	20	5	40	4	20	3	20	1	0	0
……		—	—	—	—	—	—	—	—	—	—	—	—	—	—	—	—	—	—
维度说明			历年购买频次			过去3年平均订货额（万元）				本企业盈利		发展前景		所在行业影响力		合作模式		公司规模实力	

表 2-12　多维度大客户管理模型

维度管理			工作内容	
信息内容	更新周期	支持文件	识别关键点	资源支持
1. 客户年度发展战略	年度更新	客户年度战略发展汇总解读	1. 客户下年度战略发展 2. 客户 3~5 年中长期战略发展规划 3. 客户总部战略细分至我司各区域行动方案	公司营销中心 集团战略发展部
2. 年度采购规模预测	半年度更新	客户年度采购预测表	客户年度、季度、月度采购需求识别	营销中心
3. 组织架构及关键干系人动向	半年度更新	客户组织结构表及关键干系人联系表	各职能部门建立直接联系，形成企业间各职能合作机制	公司各职能部门
4. 竞品价格、销售策略动向	季度更新	竞品价格、销售策略汇总表	聚焦竞品价格、质量表现、销售策略、竞争对手销售人员动向	营销中心
5. 客户采购计划更新	月度更新	月度采购计划表及年度目标完成率更新	持续更新年度目标完成率，并评估年完成率	营销中心
6. 销售支持需求反馈	月度更新	需求邮件、报告等	详细描述背景情况及原因，明确清晰的需求	大客户管理代表 各合作干系人
7. 客户战略合作建设	月度更新	战略合作目标及建设计划	1. 自上而下的工作，借助集团、高层领导助力 2. 需要注重团队合作，系统性推进工作 3. 驱动双方企业形成战略共赢态势	公司营销中心 公司管理层 集团高层领导
8. 风险识别追踪	月度持续 季度更新	客户合作风险点识别追踪表	着重企业经营健康度、客户业务发展方向、关键干系人动向、政策法规影响	营销中心

至此，该企业的大客户分类管理，从数据分析到评估维度设计，再到实际客户分类、制定大客户管理模型，最终落实到大客户的日常管理，形成了一个完整的工作链。该项目在当年的集团工作总结中获得了表彰，评为优秀项目。

为什么要用这么大的篇幅讨论客户分类问题？

因为，"**没有客户分类，就没有客户管理**"。我们要关注的是客户管理的有效性，这样在营销工作中才能全面、准确地理解客户管理问题，大客户管理是客户管理议题中的一个重要方面。

在多年的实践中，许多营销团队都希望研究大客户管理的问题，但年年讨论，年年没有取得令人满意的结果，这种情况年年重复。究其原因在于，大客户管理的理论和方法很丰满，但没有找到有效的客户分类方法并区分出大客户，空有理论和方法却无用武之地。虽然20/80原理是客户分类的经典方法，在很多场合得到验证，但随着市场竞争日趋激烈，客户自身定位的独特性等因素，使得客户分类已不再是简单地靠20/80原理一种方法就可以完成。

面对没有显著区分点，或在市场体系中有不同定位的客户群（这部分问题已在"'关键客户'的概念与'大客户'的定义"一节中讨论），"多维度客户分类法"是一个很好的选择。这种方法可以将处于不同行业、不同地域、不同应用场景，使用同一类产品、技术或服务的客户，依据团队达成共识的考量维度、评判标准、维度权重等要素，在统一的评估条件下进行考评，有助于团队对客户分类，并判断出谁是大客户，从而有效地推进客户管理的理念、逻辑和方法，包括大客户管理。

在设定考量维度时，要注意业务量和利润情况在整个系统中应占有比较大的权重，因为它涉及企业经营的业绩和利润的核心问题；要尽量减少主观判断的要素；每个维度的不同等级的区分点要明确、清晰。

"多维度客户分类法"的维度设计要保持稳定性，一般每年业务结束后，根据过去一年的业务状况、市场和产品变化，做适当微调。

"战略客户"的地域差异

"战略客户就是对企业长期发展至关重要，对全局起决定性作用的客户"，这是教科书式的定义。在很多教科书或培训中，这个定义又延伸到客户范围、客户价值、20/80原理、大客户，等等，不一而足。

从事了这么多年营销、营销管理和营销培训工作，我也在问自己：谁是战略客户？可以用一句话讲清楚吗？三十多年的时间里，接触了几十个不同行业的企业和各种不同类型的产品，在实践中慢慢悟出来，"战略客户"是一个宽泛的概念，每个企业都应有自己对"战略客户"的定义；它涉及企业所处行业、市场发展阶段、产品属性、面对的客户群，等等一系列因素，是对企业发展有决定性作用的，包括政府部门、行业管理机构、相关企业、客户、合作伙伴，甚至供应商、经销商，等等群体的总括。比如，采购额是做客户分类的重要内容，前两节中我们已讨论，但"战略客户"就未必有大的采购额，他们可能是在行业中有巨大影响力的行业协会或研究机构。因此，确定企业是不是"战略客户"不是一个理论问题，而是一个实践问题。确定企业"战略客户"遵循的原则就是——找到对本企业或某项业务的发展"至关重要"的、对本企业全局有"决定性"作用的实体组织。"实体组织"既可能是有大量采购业务的客户或经销商；也可能是行业技术、政策、规则的制定者或影响者；

更可能是二者兼而有之的那些实体组织。因此，在实践中要做的是——确定谁是战略客户，并展开行之有效的战略合作行动，而不是停留在宽泛的概念上和一纸协议中，这才是"至关重要""决定性"的意义所在。另外，"至关重要"和"决定性"就决定了这种实体组织不可能很多；许多企业确定的"战略客户"很多，也就失去了战略的意义。

在福禄克（Fluke）公司工作期间，我从事了二十年电学计量校准产品的销售和销售管理工作。既然销售的是计量校准产品，就离不开与计量主管部门和计量技术部门的合作，因此全球每个国家的计量测试研究院都是福禄克（Fluke）公司的战略客户。在中国，中国计量科学研究院（NIM）就是我们的战略客户，更确切地讲是合作伙伴。在合作过程中并没有什么一纸协议，而是实实在在进行工作推进。

回顾二十年的工作，除了高层互访以外，我们先后配合中国计量科学研究院做了：

电压基准改制的宣贯——1990年；

开展为期一年的"全自动校准系统的验证"——1998年；

将《校准——理论与实践》专著的中文版权授予中国计量出版社出版——1999年（该书已成为计量工作者和计量专业大学生重要的参考书目）；

开展"二等标准铂电阻温度计检定"课题——2002年；

非典期间，交流了"关于非接触红外测温器的校准技术"项目——2003年；

几乎每两年双方共同举办一次"计量技术研讨会"，在中国计量领域产生了广泛的影响……

毋庸讳言，在上述战略合作中，福禄克公司在中国的业务和影响力都有提升；同时福禄克公司也尽到了社会责任，在改革开放初期中国计量技术与国际接轨方面做出了应有的贡献。这是一种双赢的合作。

一些跨国公司，有其全球性的战略客户，这些全球性的战略客户也同样是跨国企业。因此，研究全球性战略客户时，要将这些客户放到具体的地域中去考虑。

我辅导的一家跨国企业H公司，他们有一家全球战略客户D公司。H公司每年在D公司全球的销售额换算成人民币达到八位数量级，而在中国市场，H公司每年在D公司的销售额只有六位数量级人民币，厂均只有全球厂均的四分之一。这样的销售额差距让H公司总部的管理人员非常不解，他们认为，D公司也是将中国作为发展的重点，这样的业务量与中国的经济总量不匹配，即使做不到千万级的生意，百万级还是应该有的。因此，每年都会提出H公司战略客户在中国业务发展的议题，其中就包括了D公司的问题。

其实，如何保持集团战略客户在华业务发展与全球发展同步，也是一直困扰着H公司中国团队的问题。因此，他们提出以D公司为重点，研究"战略客户"的地域差异问题。

经过三个月的调研，他们整理收集到的数据，发现了一些以前将D公司在中国各地的企业分散给各地域销售人员管理时没有发现的问题：

第一，D公司在中国建立的企业只有一种产品线Y，而在全球还有产品线S和Z等；数据显示，全球销售额中，S产品线占48%，Z产品线占31%，Y产品线只占21%。

第二，根据工艺要求，D公司的Y产品生产线在前端净化锅炉用水、生产过程和后端排放水处理三个部位要用到H公司的设备和耗材。

第三，考察D公司在中国的生产线，由于是涉及化工的企业，许多是设在政府建立的开发区。根据环保要求，这些开发区提供了前端的净化锅炉供水，这样开发区中有前端净化水需求的企业是直接买服务；而后端H公司的污水排放测试设备又不符合中国环保要求，不能采用，D公司使用的是其他企业的设备，因此，D公司只需购买生产过程中需要的H公司的设备和耗材，销售数据显示的 D 公司采购量就只有这部分了。至于前端的供水系统所需的 H 公司的设备和耗材，计入了开发区的采购项目中。

根据调查的结果，团队对 D 公司在中国区的业务发展有了比较清晰的认识，用数据和总部相关部门沟通，从而解决了长期以来困扰双方的全球战略客户在地区业务中定位的问题。

战略客户的合作不能停留在协议上，而应该根据不同地域的市场、技术等因素，实实在在地落实在合作行动中，并真正获得双赢的结果。

两个案例有共同特点——搞清楚公司全球战略客户在中国区域发展的策略，从而可以确定战略客户在中国和中国业务中的地位问题。

一般来讲，营销团队技术能力比较强，考虑问题时多是从技术出发，需要提升从市场的角度思考问题的能力，更要到现场做实地调研，才能了解真实的情况。两个案例中出现的不是技术问题，而是市场和客户定位的问题，更涉及了国家和地方政策问题。确定一套适应全球战略客户在中国业务中地位的判断方法，对营销团队是很重要的工作。

另外，建立与总公司有效沟通的机制，用总部人员认可的数据、分析方法和可以听得懂、看得明白的语言进行交流，使我们得出的"全球战略客户在中国业务中的地位"的结论具有说服力，得到认可。

与大客户合作及管理模式探讨

四种大客户管理模式

对大客户的管理，每个团队都有其方式、方法。笔者见到的就有专设的大客户管理团队、大客户管理协调组、大客户管理协调会议，等等方式，每种方式都有其合理性和存在的条件。选择哪种大客户管理模式应该遵循两方面的原则，一是，符合客户的情况，包括规模、组织结构、采购模式等因素；二是，符合自身运营结构，不同部门间协调配合，起到一加一大于二的作用，而不是相反——增加内耗。因此，对具体的、每个大客户的管理模式应该是"依客施策""一客一策"。

笔者经历了几种不同的模式：

设立项目工作组

某质谱仪公司，其重要客户的采购基本上是以项目形式进行的。一个项目从立项到技术论证，再到项目审批、经费下达、招标采购、安装验收……要跨年度，甚至是延续几个年度进行。同时，每个项目又足够大，有很大的工作量，很多的关系要协调。

该公司根据业绩和能力，将销售人员分成不同的等级；同时将客户的项目根据大小、难易程度也分成不同等级；还将不同项目的周期排序。这样根据客户的项目等级，匹配由不同等级销售人员组成的项目工作组负责，每个项目工作组又根据项目周期负责几个客户项目。

这种组织的好处是每个项目工作组是一个攻坚团队，他们负责客户项目的全过程，工作具有连续性，同时遇到问题可以及时沟通，做出相应的决策。每个项目都是在公司工作中明确列出的，每月汇报工作进展和所需资源；项目工作组可以根据工作遇到的问题，及时召开有技术、市场、服务、运营等不同部门人员参加的会议，协调工作。这种模式使他们的工作效率很高，提升了项目成功率。

设立专员管理

在某一个时期，华为、中兴、富士康……是某公司华南区的大客户，其销售额占到该地区直销团队总销售额的80%以上，这些大客户的特点是，内部使用单位面广、项目多、单不大；技术既涉及最高端的技术，又有一些基础工具；每个采购项目的周期是以季度、月甚至周或天来计算，项目来得急，结得快（有时半夜咨询技术或产品，第二天就签单，货要得急，单不大）；售后服务、收款要联系不同部门、厂区、人员……

这种客户的组织结构、采购模式下，采用项目组的模式显然效率不高。直销团队根据华为、中兴、富士康等的实际情况，分别为他们设置了专职销售人员。他们几乎处于随时待命的状态，每天和这几家公司的不同部门沟通，了解客户的需求，协调公司的资源，及时在方案、技术、交付等方面回复客户。

这些客户专员对所服务客户的内部工作结构、相互工作关系、付款政策了如指掌，能够根据工作进程，及时找到关键人，协调解决问题。这种专职销售人员的模式保证了客户要求响应的及时性和顺畅性，得到用户的好评。

派驻驻厂员

×星公司是世界著名的电子产品公司，在研发和生产中大量用到某电子测量仪器公司的设备，双方是战略合作伙伴。在×星公司总部所在地的主厂区，该电子测量仪器公司设置了驻厂工程师办公室，每周有固定的两天，该电子测量仪器公司的工程师在办公室接待×星公司的技术人员，解答他们使用测试仪器时遇到的问题，探讨新技术应用，开发新产品的测试方案……

参与新产品开发

电池是电子设备不可缺少的元件之一，特别是一些音响、智能穿戴设备的更新换代非常快，每种新产品的推出都会对电池的容量、结构提出要求。××品牌公司在蓝牙音响、耳机方面居世界领先地位，每年都有一批新产品问世。他们对包括电池在内的元器件的要求非常高。某OEM电池生产厂经过多年的努力，成为××品牌公司在音响方面的电池供应商。

这种OEM厂家的销售项目有一个特点：其提供的配套产品的生命周期，由客户产品的生命周期决定。一旦客户的产品停产，与之配套的OEM产品的订单会戛然而止，甚至出现业绩断崖式下降。因此，未雨绸缪，在现有产品合作顺畅之时，及时开启参与、配合品牌商新产品开发的工作，为下一个合作产品的推出做好准备，这是OEM厂家一项重要的常规工作。当然实现这种默契合作不是一蹴而就的，需要通过长期的磨合，是由普通供应商成为伙伴供应商的过程。

该OEM电池生产厂这条路走了近三年，在一次次磨合中双方增进了信任，××品牌公司将开发音响产品所需的配套电池对技术、结构的要求，及时提供给该电池生产厂，便于其进行设计、试产、测试；电池生产厂也知道了客户未来一两年音响产品对电池的需求，从而做出合理预测，形成了供需双方合作共赢的局面。

营销团队内部的大客户管理结构

在营销团队中，一般都设置与大客户相关的职位或部门，以工作模式来区分，大致有两种模式：职能组织协调模式和实体销售组织模式。图2-1和图2-2分别介绍了这两种模式。

从图2-1中可以看到职能组织协调模式下，大客户部的组织结构特点和工作职能：

没有将大客户独立出来管理，不直接签单销售，销售业绩是通过整体销售团队实现的；

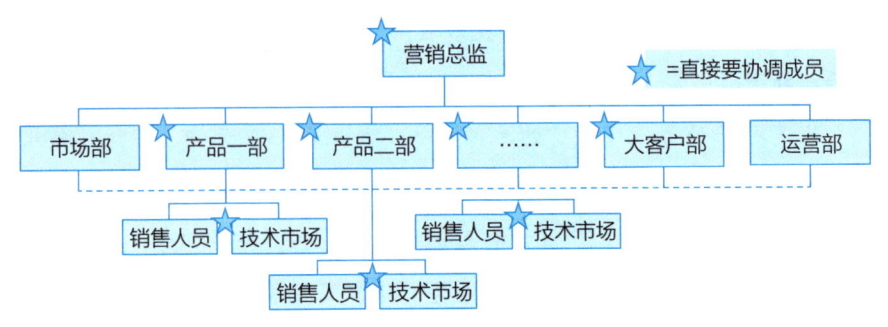

图 2-1　职能组织协调模式中的大客户团队

大客户部是原有营销结构内的一个工作部门；

大客户部的主要职能是内、外部的工作协调；

大客户部负责与大客户的上层沟通和协调双方的工作部署；

大客户部将大客户有关信息转达到公司内部各部门；

大客户部协助公司各部门在大客户内部展开工作；

大客户部要成为双方高层沟通的桥梁；

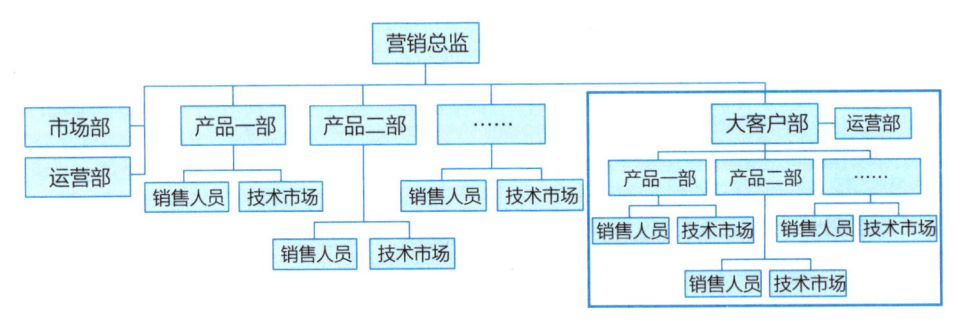

……

图 2-2　实体大客户团队销售组织模式

读者一眼就可以看出图 2-2 与图 2-1 的差异：一个是协调模式的大客户工作团队，一个是实体的大客户工作团队，相对于实体模式，协调模式也可以看成虚拟模式。

实体大客户团队销售组织模式的特点和职能是：

将公司确定的大客户独立出来管理，直接签单销售，销售业绩通过大客户部的销售团队实现；

大客户部是在总营销组织结构内，由一个与基本营销结构几乎完全相同的小营销组织结构构成；

大客户部负责与大客户的上层沟通、协调双方的工作部署、日常工作等，有关大客户的所有工作都在一个组织结构中完成；

公司内部各部门间不发生横向交叉，明确属于大客户的所有工作，都在一个独立的闭环中得到解决；

大客户部是负责双方高层沟通的桥梁；

……

这里最大的区别就在于，"将公司确定的大客户独立出来管理，直接签单销售，销售业绩通过大客户部的销售团队实现"，为此建立了"一个与基本营销结构几乎完全相同的小营销组织结构"——大客户部。其他工作职能和特点，都是围绕着"大客户独立出来管理"和"直接签单销售"而来的。

读到这里，许多读者会问"哪种模式好？"。其实，两种模式的存在就说明了有其存在的合理性，问题不是哪种模式好，而是哪种更适合你的业务，更符合你的大客户自身的运营管理模式，因为，大客户管理模式是双向的选择，要找到符合双方各自管理模式、合作双方都感到舒适的模式。读者可以从以下两个案例做出自己的分析判断。

案例一

口腔诊疗机构连锁经营是一个发展很快的企业经营模式。早期的口腔诊疗连锁经营机构的发展，是直接投资建立直营诊所，但是这种模式要建立起有效客户群，其培育周期相对较长；如今由于快速拓展客户群的需要，逐步发展为以收购为主的扩张模式。因此，口腔诊疗连锁企业有一些特有的经营管理规律。

首先，口腔诊疗连锁经营的布局是由总部根据业务发展决定的；

其次，各诊所的设备添置和更新，以及关键的高值器材（如种植牙的种植体等），是由总部根据总体布局，发挥批量优势，直接向厂商集中采购，获得好的价格和服务；

再次，小批量、急需的低值易耗品，由总部供应或口腔诊所在当地采购，没有强制要求，因为各地诊所与所在地的厂商分销商一直就有业务往来，这样可以提高效率和减少流通环节，满足终端使用的及时性。

……

当然，各种口腔连锁经营机构的经营模式也不尽相同，特别是在经营理念与服务客户群的定位方面有很大的差异。因此，面对这样一个大客户群体，口腔医疗设备和材料厂商应该针对每个口腔连锁经营企业的发展历史、企业定位、企业主要领导的背景（是企业家，还是技术专家），做出全面的分析，制定出一对一的合作策略。

案例二

某实业集团业务涵盖聚氨酯、石化、精细化学品产业集群，在全国都有工程项目布局。该集团采取垂直管理，各地所有项目，从立项开始，到设备采购、日常运维所需耗材，涉及的具体内容、价格、供应周期等与采购有关的事项，均由集团总部确定；施工安装、验收、日常生产、维护由具体（地方）项目团队负责。

某水质检测设备公司是该实业集团的水质检测设备和耗材的供应商。该水质检测设备公司在客户关系、项目选型、招标、设备和耗材分配等方面，都做得很到位，每年能稳定拿到该集团一定量的与水质检测有关的项目，以及相应的后期配套的耗材与系统维护的订单。而该水质检测设备公司各地的销售人员和技术支持人员与该客户具体（地方）项目团队，在后期施工安装、验收、日常生产、维护的支持等工作，也得到了客户总部的认可和好评。

该水质检测设备公司在市政、水务、环境监测等领域，还有一批采用这种垂直管理模式的客户企业。

了解完两个案例，再结合"职能组织协调模式"和"实体销售组织模式"，每个读者心里可能都有自己的解读了。究竟采取哪种模式进行大客户管理，是一个实践性很强的工作，只有在实践和总结之中，才能建立起最适合你的客户与业务的管理模式。

就营销团队两种大客户管理模式的优缺点和适用性问题，我们还可以做进一步讨论。

表 2-13 营销团队内部两种大客户管理模式的优缺点和适用性

模式	职能组织协调模式	实体销售组织模式
优点	● 在总营销组织结构内，相对简单； ● 可根据大客户的变化及时调整组织和工作重点； ● 有利于发挥大客户经理与部门销售人员双方的积极性。	● 大客户销售的职责清晰； ● 一切有关具体客户的工作在一个团队内解决，效率高； ● 业绩考核简单、直接。
缺点	● 对大客户经理的能力要求高（客户沟通能力和内部协调能力）； ● 不同部门对客户和具体项目的理解不统一，工作口径一致性差； ● 协调工作效率不高。	● 组织架构重叠，同一产品两套班子，工作中极易产生争资源的矛盾； ● 如果有渠道销售产品，同样极易在最终客户端发生矛盾； ● 管理层内部经常要协调相互间的关系，产生内耗。
工作要点/适用性	● 需建立清晰的分工职责和协调工作机制； ● 需建立明确的考核和激励分配机制； ● 需选好大客户经理。	● 适用垂直管理体系的大客户——所有项目均由总部决定，从论证、选型、采购到具体配发都由总部要负责；客户的地方部门仅仅是接收和使用； ● 这种模式对采用松散管理或部分垂直管理体系的大客户（如设备由总部集购，按计划分配，常用低值耗材基层就地采购），会增加管理内耗和成本。

许多读者总希望找到一种通用的客户管理的模式，能拿来就用，并且一劳永逸，这是不现实的。客户和市场存在，营销工作和团队就存在；而市场和客户是自变量，是不断变化的，工作组织形式和营销工作内容则是因变量，组织形式和工作内容要随市场和客户的变化而不断变化。过去成功的经验和模式，别人成功的经验和模式，只能供自己当下借鉴和参考，要根据营销团队当下面对的市场、客户、产品、企业内部条件，等等因素，制定当下最理想的工作组织结构和客户管理模式，并在实践中不断调整，使之不断完善。这就是本节介绍如此多案例的目的——供读者借鉴和参考，然后去设计适合自己业务的客户管理组织结构和管理模式。

关注客户中的"守门员"

说到守门员,读者立刻就会想到足球比赛中的最后一道防线。守门员手拿、脚踢、左推、右挡……用上浑身解数,力保自家大门不失;特别是在防守点球的时候,守门员站在球门线上,真有"一夫当关""舍我其谁"的气势。

在营销"攻坚战"中,难道客户团队中也有"守门员"不成?其实,岂止是有,还有几种类型的"守门员",他们往往对客户自身利益起到保护作用,或者说,其行为与守门员的职责有相似之处。

一般销售有两种路径模式——"自上而下"和"自下而上"。重大项目、重点项目、指定配套项目……属于"自上而下"的项目;一般新技术、新设备的添加、日常设备和耗材的采购……属于"自下而上"的项目。而专项资金项目在落实阶段,看似款项等是"自上而下"的,但起步立项阶段往往是"自下而上"的。即便有时销售团队找到高层,力图推动某个项目,希望将项目"自上而下"地部署下去,但往往上层的态度是先请基层论证,由此看来,每个销售过程中"自下而上"是一种常规的模式。在这个过程中会有一系列不同层级的人员参与其中,每个销售项目都会遇到一些扮演"守门员"角色的人或事,都需要认真应对。

在一些陌生拜访中，首先遇到的就是门卫和前台。他们往往得到的指示就是，不得让推销人员进入。他们一般是企业中最基层的员工，对推销人员的态度，往往是在执行上级的要求，是职责所在。在做陌生拜访前，做好有关客户信息的收集、整理工作，找到可以引荐的渠道是很必要的，可以避免进门的尴尬。在实际接触中，对客户的这些最基层员工表现出足够的尊重，是每一个销售人员应有的基本素质。

我们的某研究所客户有一个五年计划项目，安排一批实验室改造。与我们业务相关的实验室有一位老工程师，即将退休。他在和我的交流中，既表现出对自己服务了几十年的企业和实验室的眷恋，也表达了到退休都没有建成一个现代化实验室的遗憾。最后他提出，争取在自己退休之前，采购我们的设备，完成实验室改造。我一方面感谢了老工程师的好意，另一方面将工作转交给一位销售人员Q工，要求他配合老工程师的工作，同时做好室主任、主管副所长、所长等一系列干系人的工作，争取老工程师实验室项目列入第一批改造项目，当年能够执行。

两个月后，我问Q工：项目进展如何？他告诉我，老工程师说了，一切交给他，让咱们放心好了，有什么事他会联系我们，因此，最近他没去该所拜访。我一听此言，心想：不好！首先，我并不怀疑老工程师的好意，问题在于，作为一位快退休的老同志，他说了是不算的；如果他的影响力足够大，这个项目也不会拖到此时。他可以申请立项，但审批和确定项目的优先顺序，却是所里各部门综合平衡的结果。在这个过程中，老工程师可以给予我们帮助，工作还是要我们自己深入进行，包括与室主任、所领导的沟通，提升该实验室改造项目，对该所研发整体保障能力方面重要性的共识，推动该项目获得首批落实。由于我们工作的脱节，最终该项目在老工程师退休之前都没有落实，在五年计划收尾的最后一年才得以执行，但因经费问题，整体比原项目计划缩小了近40%。

我经常拿这个案例和销售团队反思：老工程师大包大揽，一方面，反映了他的热情和希望退休前可以再为企业做一些贡献；另一方面，他即将退休，希望在我们年轻的销售人员面前体现出自己的价值，得到应有的尊重。问题是我们自己没有对参与项目的人员（包括老工程师在内）做出合理的定位，并分别进行有针对性的工作；没有对整个项目做出切合实际的分析和开展有效的工作，将老工程师的热情替代了自己的工作。由于我们自己的工作没有做到位，老工程师的热情无意间起到了"守门员"的作用。

一次某经销商安排的聚会上，我旁边落座的是一位某著名院校的设备处长。相互自我介绍后，他讲了一番话，让我印象深刻。他说：你们外企做销售的，别总想着找院长啊！找院士啊！我不把项目报上去，你找他们有什么用？别想着用上面来压我们工作人员，我们的工作是有原则的！前两天××公司的销售从我门前走过（当时门开着，我们互相都看见了），直接就去了院长办公室。我知道他们去干什么，不就是催他们的项目吗！那项目报告就在我桌上呢，他们就等着吧……

听完他的一番话，我真的很受震动。首先，他对场景描述得如此生动（我写的比实际感受差远了），让人身临其境；其次，他的表达如此直白，乍听起来让人感到很不舒服，觉得：你这不是有权就要用吗？这不是最典型的"守门员"行为吗？但过后细思量又感到有一定道理。职位，既有职权，又有职责；如果用职位牟取私利，或乱作为，不作为，就是渎职，应该受到鄙视和惩处；但如果认真管理好自己负责的工作，使组织机构正常高效运行，即是在履行职责，应该受到尊重和支持。对这位处长个人的行为如何这里不做评价（因为也不了解），我想谈的是作为销售人员，要懂得尊重每一个人。

在讨论销售过程时我们经常提到，每个销售项目对于客户方来讲就是客户的一个采购项目。项目管理中有五个阶段和三个约束条件的概念。图 2-3

就是根据项目管理的定义，以项目管理的视角来审视客户的"采购过程"，这是一个从"启动"到"收尾"的过程，有着明显的阶段性，而监管与控制则贯穿于项目管理的全过程；同时"采购过程"又必然受到成本、时间和质量的约束。

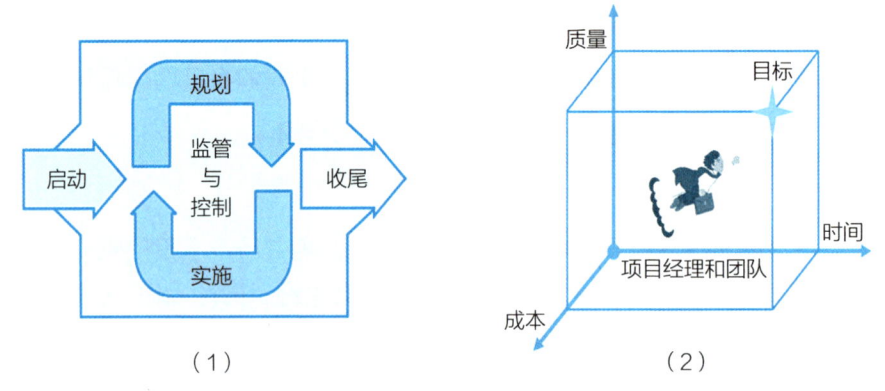

（1）　　　　　　　　　　　　（2）

图2-3　项目管理的五个阶段和三个约束条件示意图

这里我们要关注的是围绕"成本、时间和质量"三个约束条件［图2-3（2）］展开的"监管与控制"。这种"监管与控制"是通过采购流程（如内部论证、审批、招标、合规审查等进行的）和纪检、审计等职能部门的专业人士的工作展开的。

对于采购流程，销售人员是很熟悉的，并且有相应的工作流程来保障，但对于职能部门专业人士的审查工作是相对不够熟悉的，这些人士也是客户方面的"守门员"，他们是在保护客户自身的利益不受损失。

二十年多前，一个客户从我的代理商那里购买了一台小设备，成交价格不到两万元人民币，代理商的利润在8%左右，这是一个很合理的价格和正常的交易。一年后，该客户还需要购买一台相同的设备，这次采用招标形式采购。标书一发出，几家代理商参与投标，其中有一家以他们的进货价投标［人民币一万八千多元，与其他代理商投标价格和该客户第一次直接采购价格相差（低）一千六百多元］，并中标成交。本以为此事到此已结束，但一个月后客户找到我，说他们遇到了非常尴尬的事情：两次采购的价格不同，纪检部门已介入调查第一次直接采购的问题，希望我们能协助解释清楚。后来，我们请中标代理商出示了相关进货价格的票据，说明投标时报错了价格（将进货价格当成出货价格，没有利润了，但是投标已结束，只能自己承受损失），此事才算告一段落。

此事虽然已过去多年，但有两条教训一直是我教育自己团队和商业伙伴要吸取的：

第一，做生意一定要实实在在，不可为获得生意而不遵守基本规则，不可不顾利润，搞恶意竞争。依靠恶意竞争你可能拿到一些订单，但终不可持久。我曾经和他们讲过一句话：在无序竞争环境中，没有拿到订单你们感到难受，但拿到订单你们会更难受。

第二，一定要设身处地地为客户的工作人员着想，做事要严谨，你的一个失误可能会造成不可挽回的损失，你甚至可能永远失去你的客户群。

客户中的一些人员之所以成为"守门员"，是因为他们被赋予了特定的职责。设身处地地站在他们的角度去思考，就能够理解他们的行为，与他们打交道就变得容易了。当然，客户中很多人的行为表现用当今的流行语言来讲，是在"刷存在感"，这是销售人员在推动销售项目进程中，不可忽视的因素。

我们总讲，做销售要不卑不亢，而不卑不亢是建立在与客户的相互尊重、相互理解、相互支持基础之上的，是一种境界，是销售人员要不断修炼才能达到的境界。这里的客户是真实的每个人，这里的尊重、理解和支持是具体的，实实在在地体现在你对每个人的态度上的。

客户的价值判断与风险意识

在讨论一些销售项目进展时，常听到销售人员讲："客户中的×××不配合。"闻听此言，我即刻问：人家为什么要配合你？他们的回答往往是，我们提供的方案对他们是有价值的啊！这种回答，让我想到了两个问题：一是，价值是谁认定的？我们在"价值销售"中一再强调的是，价值是客户认定或认同的，你介绍的技术、产品、解决方案、服务等对他们的价值，而不是你自认为的技术、产品、解决方案、服务等对客户的价值。二是，在强调"价值销售"的过程中，我们往往忽视了"客户风险意识"的教育。这是分析和理解客户在采购过程许多行为的重要出发点。

今天，数字化技术在各个领域得到了广泛的应用，但是在我刚刚从事销售工作的三十多年前，正赶上数字化计量校准的起步，因此一些新技术的采用是饱受质疑的。

首款多功能数字多用表校准器的问世，开创了自动化校准之路，它将高精度的指零仪、比例电桥、交直流转换标准、监控用数字多用表等，设置于一个机体内，从而率先实现了机内校准，避免了由于人员水平不同、校准条件差异，造成的校准误差。但是，当时这种计量校准方法是受到质疑的。因为，数字多用表的检定、校准，要在由标准源、比例分压器、高精度电桥、光点检流计等一系列设备组成的检验台上进行，被检定的数字多用表的不确定度是从这一系列设备得出的不确定度综合得出。这也写入了当时的技术规范。当时，就有专业人士质疑：新方法将除了溯源标准（一个10V的直流电压参考标准，以及1Ω和10kΩ的标准电阻）以外的所有校准设备都集成在一个系统内，我们看不见、摸不着了，怎么确认设备不确定度的合理性？又怎么在工作中符合技术规范的要求呢？

当然，随着技术研讨的深入，同时设备获得《中华人民共和国计量器具型式批准证书》，人们逐步接受了这项技术，检定技术规范也做了相应的完善。这台多功能数字多用表校准器在各个领域都发挥着重要作用，也一直是销售团队和销售人员引以为傲的产品。

三十多年后，回顾从事销售工作的第一段重要经历，以及后来在销售过程中遇到的种种问题，有一点感触颇深，这就是，一个好的销售人员，不能自顾自地一味强调自己的产品如何好，而脱离了客户对你提供的产品、技术、服务的认知程度和感受；应该从客户的质疑中，洞悉客户遇到的问题，以及他们对采用一项技术、使用一个产品或选择一项服务获得应有价值的同时也要面临的风险。

价值和风险是一枚硬币的两面，客户的价值判断与风险意识是一个事务的两个方面，风险意识的降低实质上就是价值判断的提高。那么客户在采购过程中会产生哪些价值判断与风险意识呢？产生价值判断与风险意识的情况有很多，但是就其重要性来分析，可以分成三个主要价值判断与风险意识和其他一些重要价值判断与风险意识。

我们多次讲过，销售人员跟踪的每个销售项目实质上对应的是客户的采购项目。从项目管理的角度去看，客户涉及采购项目的人或事都受到成本、时间、质量三个约束条件的约束［见图2-3（2）］。这三个约束条件就构成了客户的三个主要价值判断和风险意识的来源。有一张漫画,非常形象地展示了这三者与风险间的关系。

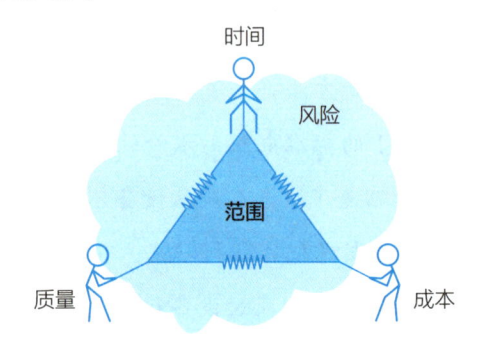

图 2-4 项目管理的三个约束条件与风险

在项目管理的三个约束条件中质量是刚性条件,在保证质量的前提下,对成本与时间做调整,就构成了项目的范围约束;但是,如果三个约束条件的变化(质量降低、成本超标、时间延误)突破了项目范围约束,就形成了项目执行的风险。因此,每个项目的执行过程,就是在防范风险的前提下,实现项目利益的最大化,客户的采购项目也不例外。这样就好理解,每个采购项目在质量确定后,双方都要在价格与交付时间上反复沟通的原因了。

质量价值与风险

质量是第一位的,对质量价值的判断来自供应商的企业名声,产品的口碑,业内的评价,历史记录,售后服务,等等一切与产品相关的要素以及销售人员得体的表现。什么是销售人员的得体的表现呢?这其实是一种客户的体验,与销售人员的谈吐、专业知识、同理心、解决问题的能力……有关。如此看来,影响客户的质量判断和风险意识的,既有实实在在的产品、技术、服务水平,又有将这些内容传递给客户时销售人员和团队带给客户的感受。

伴随着客户对质量价值的怀疑而来的就是风险意识。

曾经有一个时期,客户(包括国家最高计量机构)对我们的某一新产品的质量产生了质疑,甚至要发出"不建议使用"的警告。原来该新产品的软件存在缺陷，造成该产品某项测量功能的不确定度大大超过标称的指标。这和我们原来品质高、测量指标冗余度大的良好形象相去甚远。面对严峻的形势，我们采取了果断措施——召回仪器、组织人员昼夜更新软件，用一周左右的时间，更新了近三百台仪器的软件，使仪器测量功能达到了标称指标，及时挽回了影响。如今，十四年过去了，这台仪器仍然是市场上性价比很高的畅销仪器。

质量是一个企业多年积累起来的价值，稍有疏忽，就会毁于一旦；质量发生问题带来的风险也是最大的。

成本价值、时间价值和与之对应的风险

在质量确定的条件下，客户在成本与时间两个要素间可以做出适当调整，既保证项目在规定的范围内运行，又保证项目不发生系统风险。举例来讲，为了降低成本，可以适当延长交付时间；反之亦然。这种情况是需要销售人员洞察和把握的，要配合客户，在不发生风险的情况下，将项目范围最大化，也就是客户利益最大化。

成本价值在采购项目中也可称为经济价值。在保证质量的前提下，采购项目中，客户考量的首要因素是经济价值。在这里成本（经济）价值有两层意义：

第一层意义，是直接成交的价格成本，这是项目执行过程中的名义价值，它直接体现为项目的直接成本，这个成交价格要在项目规定的成本以内。一方面，成交价格反映了客户购买的产品、技术、服务的名义价值；另一方面，客户参与项目的不同职能部门或人员，都要在最终成交价格中体现出他们工作的成果。后一点，往往是许多销售人员不懂，或忽视的。

某销售人员希望项目尽快成交，在该项目启动阶段就将设定的成交价格和盘托出，虽然这个成交价格完全在客户的采购成本之内，但是，由于后续还有审批、采购等职能部门介入，就使得他的工作陷入了非常被动的局面，项目几乎被取消。最后在推迟两年后，该销售人员给出新的成交价格（更大

的折扣）后成交。

这个案例告诉我们，项目成本风险不仅仅体现在是否满足客户控制成本的要求上，还体现在不同职能部门的工作价值上（各职能部门要在谈判中体现出他们工作的价值）；根据项目进程，适时提出合理的价格，可以避免客户采购项目的成本风险。

成本（经济）价值的第二层意义，是客户要采购的产品、技术、服务的内在价值。产品、技术、服务可以"满足特定客户的直接需求"的那部分特性、优点才能给客户带来效益，也才是客户真正需要的价值所在。而将这些价值用数字量化，才更有说服力，因为协助客户根据其实际情况，弄清产品、技术、服务在增加营收、降低成本、提升投资回报率方面的具体数据，才能提升客户对采购项目成本（经济）价值的信心，降低成本（经济）风险。

时间价值与风险在紧急项目和工程项目中格外重要，有时在成本与时间两方面平衡时，客户会倾向于时间价值。

二十年前在广东工作期间，有许多工厂接到圣诞节订单时已是九、十月份了，留给他们的加工时间只有一两个月，此时他们需要一些测试设备，定新货至少需要一个月，他们就要求我们帮助找现货，甚至可以用新品的价格从其他厂家调二手货，只要设备能正常使用就行。此时他们对时间价值和风险的考量，已不是在采购一台设备的范围，而是考量完成整个圣诞节订单的整体项目范围的价值与风险。

因此，客户的时间价值与风险意识往往不是放在一个具体采购项目中考虑，而是放在整体的大项目中去考量，有时会用时间换成本（时间适当延长，降低成本），有时又会用成本换时间（成本适当增加，换取时间缩短），所以客户做出的决策具有相对性。究竟会发生哪种情况，需要销售人员和销售团队对客户的整体项目有全面的了解，搞清自己面对的具体采购项目在客户整体项目中的位置，并根据实际情况配合客户做出更平衡的方案。

在实际工作中，除了质量、成本、时间三大项目约束条件对客户的价值判断和风险意识产生影响外，还有一些因素也会影响客户的价值判断和风险意识，这些因素包括：

采用新技术的价值与风险

一项新技术的出现，是否采用往往会引起客户的纠结，因为它在给客户带来机遇的同时，也伴随着风险。与其采用未经证明有效的新技术，不如采用实践证明安全、可靠、稳定的传统技术，这是大多数客户最初面对新技术时的态度。如何证明机遇大于风险，或风险可控，是销售人员和团队在推广新产品、新技术时的首要工作。

获得技术指导与服务的价值和风险

获得技术指导与服务的保证，往往是影响客户对价值判断的重要因素。

深圳某经销商在同一时间代理了我们和另一兄弟公司的产品。经过几个月的工作，我发现该经销商的销售人员都在销售兄弟公司的产品，这使我非常诧异。在和经销商销售人员的交流中，我发现，在最初的近半年时间里，兄弟公司的销售经理每周有三天是在经销商那里工作，具体在产品、技术、客户拜访、价格支持等方面辅导经销商的销售人员；而我们则是将资料一放，告诉人家有什么问题打电话到广州总部咨询。他们形象地说，你们的产品支持分工很细，我们即使电话打到广州也不一定能找到负责的人；即使找到负责人，得到的答复也不让人踏实……就这样，起步时间几乎相同，但三个月后经销商的销售人员都成了兄弟公司的"忠实粉丝"(Devoted Fans)。

如何建立有效的服务和技术支持与响应机制，是营销组织满足客户对技术指导的需求、降低客户在这方面风险意识要整体考虑的问题。在这方面许多企业建立了客户呼叫中心、远程视频辅导中心，开设定期网上技术交流课程……这些都是有益的尝试。

解决方案在客户内部扩展推广的价值与风险

理论上讲，一个产品、技术、解决方案、服务可以满足客户内部越多的部门或人员的需求，其体现的价值也就越大。销售人员提供解决方案时，往往力图协调客户内部关系，实现给客户带来利益最大化的目标；而实践中，这种产品在客户内部扩展推广的过程，又往往会给双方都带来风险。

某企业集团生产的一款设备是在 A、B、C 三个分厂，分别研发、生产 a、b、c 三种不同的模块，然后组装成一台大型设备。A 厂在研发、生产 a 模块过程中用到了我们的一种测试设备，他们热情地推荐我们前往 B 厂，因为 B 厂研发、生产与 a 模块相关联的 b 模块，应该可以用上相同的测试设备。我们满怀信心地从北京赶了一千多公里路程，前往 B 厂做交流；交流下来我们发现 B 厂使用该测试设备的作用有限，他们应该使用另外的设备。于是，我们明确地告知 B 厂的技术人员，不要购买此设备，并给出了理由；同时对生产中有限使用我们的测试设备的工作环节，给出了和 A 厂合作解决的方案。

此事在 B 厂引起很大震动（他们没有想到，我们大老远赶来，最终告诉他们不要选择推介的产品），后来我们与他们成为很好的合作伙伴，后续合作了若干个成功的项目。如果当时我们继续销售 A 厂采购的设备，也无可厚非，因为：一是 A 厂推荐的，二是工艺上可用，但是，当客户发现该测试设备作用有限时，就会对我们失去信任。

以对技术负责，对客户负责的态度去做好销售工作，是值得每个从事这项职业的人永远追求的目标！

价值和风险是一枚硬币的两面，客户的价值判断与风险意识是贯穿于采购过程的两个方面，风险意识的降低，实质上就是价值判断的提高。销售人员和团队不能只专注于介绍产品，如何做到客户的风险意识降低和价值判断提升，是应该关注和研究的课题。对产品越熟悉，对客户的应用场景越熟悉，对客户内部的相互关系越熟悉，你（或你们）就越容易做到降低客户的风险意识和提升客户的价值判断，与客户形成工作上的伙伴关系。

第三章

渠道篇

"销售渠道"是用形象的方式描述，一种产品如何从生产者到达最终使用者并转变成商品的过程。其实看似简单的"销售渠道"，对它的定义却有多种，无论哪种定义都包含着一些非常重要的要素，而这些要素会直接涉及销售渠道建立、拓展与管理的原则。

（美）菲利浦·科特勒："一条分销通路，是指某种货物或劳务，从生产者向消费者移动时，取得这种货物或劳务的**所有权**，或帮助其**转移所有权**的所有企业与个人。"

（美）肯迪夫&斯蒂尔："当产品从生产者向最终消费者或产业用户转移时，直接或间接转移所有权所经过的**途径**。"

美国市场营销协会："企业内部和外部代理商和经销商（批发和零售）等**组织机构**，通过这些**组织**，商品（产品或劳务）才**得以上市行销**。"

上述三个对"销售渠道"的定义[1]，分别强调了销售渠道具有——产品**转移所有权**，所有权转移所经过的**途径**和商品（产品或劳务）得以**上市行销的组织**，这样一些属性。这些属性就决定了销售渠道在日常管理中的一些原则。我有幸在过去二十多年的销售工作中，参与了许多销售渠道的建立、拓展和管理的实践，学到的知识得以在实践中应用，通过销售渠道也结识了许多朋友！

产品或服务从制造商（或生产者）最后到达终端用户（或使用者、消费者），可以有如图 3-1 所示的各种路径，其中产品从制造商直接到达终端客户，一般称之为"直销"，根据渠道的定义，"直销"也是渠道中的一种，"直销"这种类型的渠道不在我们这一篇的讨论范围之中。

---

[1] 牛海鹏，郝建华.新销售通路管理［M］.北京：企业管理出版社，2003：3-4.

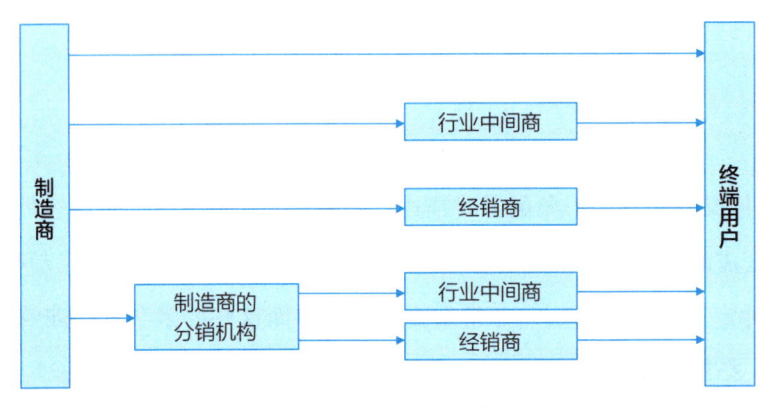

图 3-1 销售渠道示意图

既然是渠道，就一定会有水在里面流动，同理，在销售渠道中，也会有相应的各种要素在其中流动，只是这些要素中有的是单向流动的，有的是双向流动的，正如图 3-2 所展示的销售渠道中的各种要素和流向。

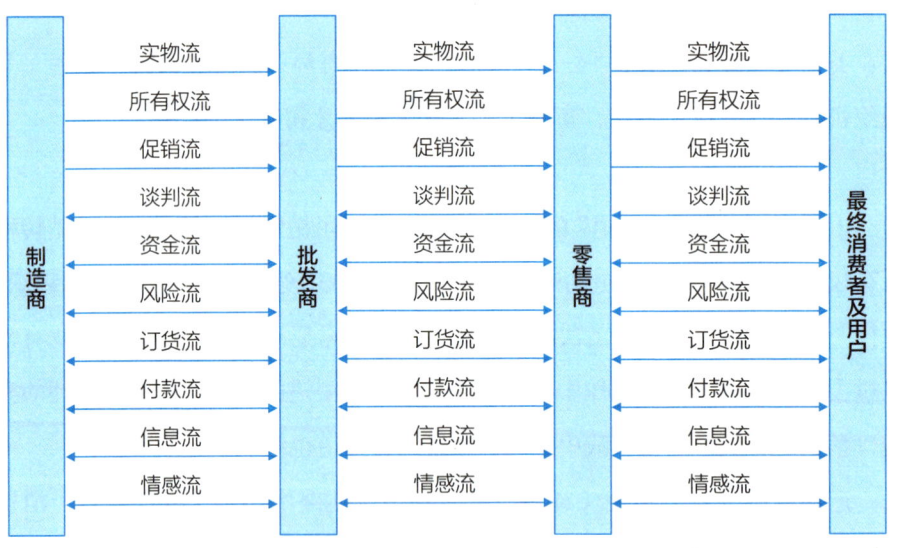

图 3-2 销售渠道中的各种要素和流向示意图[①]

正是由于有如此多的要素存在于销售渠道当中，因此一讨论销售渠道问题

---

① 牛海鹏，郝建华. 新销售通路管理[M]. 北京：企业管理出版社，2003：8.

大家都觉得问题多多，无从入手。2006 年初，当时福禄克（Fluke）公司的副总裁（中国区）要求我准备关于销售渠道管理的培训。接到这项任务后，我阅读了大量当时可以找到的、关于销售渠道的书籍，但阅读下来总感觉不得要领，一些书是教材类，全是一些理论和政治经济学的词汇，离实战或我们的实践很远，缺少实操性；另一类是渠道管理及实例等，像处方式的读物，无法在渠道属性定位、整体设计、运作规律方面提供帮助。记得那年"五一"小长假的第三天，我实在想不明白一些问题，就到西单图书大厦再寻书籍。那天看到一本书，书名是《渠道管理的第一本书》。当时只是觉得这本书口气也太大了，竟然自称"第一本书"；当然也好奇它为什么敢称自己是"第一本书"，当即买了一本。阅读下来发现，这本书的确与原来读过的书籍有所不同，作者没有讨论具体的案例，而是从企业发展方向和内外部环境影响、产品属性和渠道覆盖面、渠道设计、渠道伙伴选择、渠道伙伴绩效目标设定、渠道日常管理与激励、渠道监督与调整七个方面，讨论了渠道拓展的原则、工作流程，提供了工作方法和简单的工具表格等。虽然这本书在某些方面的表述显得比较单薄，缺少实操案例的支撑，但终究为我构思渠道管理的培训，在理论与实践结合方面提供了一个思考问题和解决问题的清晰脉络和参考，其表述比较单薄和缺少实操案例的缺点，正是可以在不断学习、实践的过程中加以发展、丰富的内容。后来，我又购买了该书的英文原版：*THE MANAGER'S GUIDE TO DISTRIBUTION CHANNELS*（中文版为《渠道管理的第一本书》）对照阅读。如果直译书名为《分销渠道经理指南（或手册）》，也是很贴切的，可以成为销售渠道经理们的一本日常工作参考书。

最终，我完成销售渠道管理的讲稿，在公司内部做了培训，并在 2008 年翻译成英文，提供给了参加公司亚洲年会的其他国家的团队做参考。

我的一位经理曾经说过：福禄克（Fluke）的业务涉及各种类型的销售渠道模式，是学习渠道管理最好的环境。很庆幸在研究销售渠道的理念与实践过程中，得益于福禄克（Fluke）公司的业务，具有各种类型销售渠道模式的销售体系，并且有一支在销售业务中不断探索各种渠道管理模式的团队，使我在销售渠道管理理念的基础上，有非常好的实践环境；回顾这一段经历，确实感恩企业的环境，感谢一起工作的团队和同事们，感谢渠道伙伴们的支持与帮助。此篇中的笔记，正是关于工业品的销售渠道建立、拓展与管理实践的一些记录。

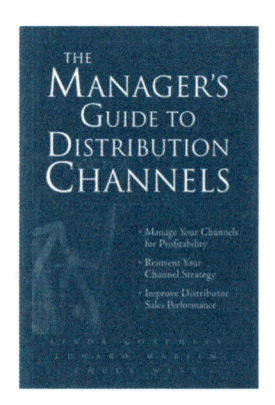

图 3-3 《渠道管理的第一本书》中文版及原版

近年来，网络平台和网络营销兴起，也直接影响到了工业品的销售，一些昔日的销售渠道伙伴也尝试进入网络销售渠道，运用网络销售工业产品，并取得了很好的业绩。在和他们的交流中我学到不少新的知识，看到客户的覆盖面比过去更广泛了，结算方式比过去更高效便捷了。这些都给我们研究销售渠道管理提出了新的课题，希望今后能有这方面的实践与总结。

产品属性与销售渠道

首先我们来看产品的属性与渠道的关系。产品属性涉及了产品的技术复杂程度、需要培训指导的专业性、产品使用的广泛度、产品价格的高低、客户购买的方式，等等因素，这些因素决定了产品销售渠道的形式。图3-4是二十年前我工作时基于当时福禄克（Fluke）公司的产品系列与销售渠道间关系的示意图，从中可以看到产品的属性与销售渠道间的关系。

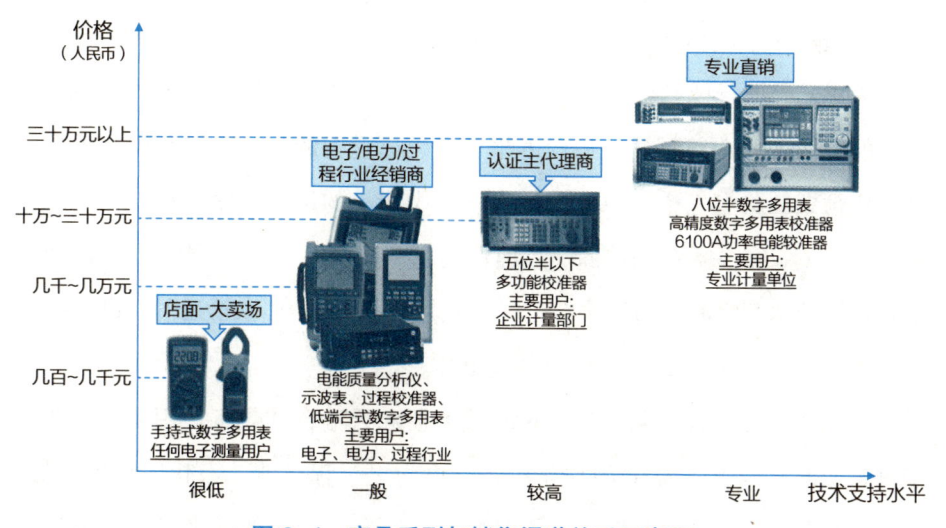

图 3-4　产品系列与销售渠道关系示意图

从图3-4可以看到，产品的属性、技术含量、服务对象（用户）、价格高低等因素，共同决定了不同的销售渠道；一种恰当的产品从生产企业到达客户的通路，直接影响客户获得产品的便利性、满意度和团队的业绩，甚至影响产品的市场占有率和生命周期。

下面结合图3-4，从产品属性、应用场景、技术含量、客户群、价格折扣等要素来解析销售渠道建立的内在逻辑。（以下分析中的厂家产品价格折扣率40%、30%、20%、10%等，只是为了表明产品属性、技术支持的投入方和力度，销售渠道长度和分销的层级等要素的差异对价格折扣率的影响，以及不同价格折扣率之间的相对比例关系，不是实际工作中真实的产品价格折扣率，特此说明！）

手持式数字多用表属于通用电子测量工具，它的用户遍布各行各业，一般以一线的电工、电子工程师为主，使用范围非常广泛。这类工具的价格在人民币几百元到小几千元（三四千元以内），一般不属于固定资产，采购的便捷性很重要。由于技术含量不高，这类工具一般在店面销售，比如，上世纪末、本世纪初（1990—2010年），北京的中关村、上海的北京路、深圳的华强北有许多小门店和三尺柜台都在卖这类产品，这些小门店主要是做零售，统一从平台进货，根据行规有统一的零售价格。这是一种店面或大卖场的零售形式，客户的批量采购一般是通过后台的平台经销商进行的，平台经销商要根据市场变化预期，备有三个月以上的库存。这类产品的销售通路比较长，一般至少有三层（厂家—平台经销商—店面经销商—用户），有些可能更长，因此需要有足够的利润空间在通路中分配（包括用户折扣），厂家给出的产品价格折扣可能达到40%左右，在促销时甚至更高。

电能质量分析仪、示波表、过程校准器和低端台式数字多用表是专业电子测量工具。这些产品的用户是电子、电力、过程行业（石化、钢铁）等，具有行业专业性，是行业生产过程中的专业工具；这类产品的价格从大几千元（大于三四千元）到几万元，通常属于固定资产，客户一般是通过长期合作的行业经销商采购。由于销售这类专业电子测量工具需要具有一定的专业技术知识，因此是通过行业经销商销售，行业经销商要具备技术支持能力，并且要有一定的现货库存，以备客户急需。这类产品销售通路一般是两层（厂家—行业经销商—用户），用户的采购具有项目的特性，因此商家的利润和客户的折扣空间也是比较大的，厂家给出的产品价格折扣可能控制在30%左右。

五位半以下多功能校准器是企业级的电学校准器，这类仪器是制造业企业计量室和生产线上的专用设备。这类设备是价值十几万到三四十万元的固定资产；这类设备的采购一般是项目型，销售过程需要有较长时间的跟踪推动，采购过程又往往是通过招标或采用分期付款的方式进行，因此经常是由厂家授权的主代理商跟踪和实现最终销售。这类设备对技术支持的要求相对比较高，因此售前和售后的支持是由厂家负责的，虽然也要经过两层的销售通路（厂家—主代理商—用户），但不需要主代理商提前备货，因此，商家的利润和客户折扣空间相对就没有那么大了，厂家给出的产品价格折扣可能控制在20%左右。

八位半数字多用表、高精度数字多用表校准器、6100A功率电能校准器等是专业计量设备，是专业计量实验室和高端制造业的专用设备，这类设备的客户非常明确。由于客户水平高、技术支持要求高、设备价值高（三十万元以上），同时这类设备的立项采购周期长（平均要一年以上）、采购后设备使用周期长（固定资产，一般要八年以上），这"三高两长"的属性就决定了这类产品属于厂家的直销范围。虽然一些项目的"签单"是通过认证主代理商（这主要是由于在项目立项、跟踪和最终分期付款等环节，主代理商做了工作，同时存在用户需要通过其正式认证的经销商代理采购等因素，主代理商有存在的价值），但是从实质上看这种类型的项目还是直销过程，厂家的销售人员从项目开始就参与了技术支持和后续的客户服务工作，厂家的投入是很大的，因此，对于这类销售的整体价格折扣，厂家一般控制在10%左右。

上述四种销售渠道，并不能穷尽各种销售渠道，但是从产品属性、应用场景、技术含量、客户群、价格等要素，具体说明了渠道形成和折扣控制的基本原理，读者可以从中加深对渠道设计和管理的理解。其实在 2000 年前，福禄克（Fluke）公司有两款手持式数字多用表属于高档产品，价格分别是 3,600 元和 2,700 元，用户基本上是航天、航空、电子等领域的科研人员和技术保障人员。在一些场合用过或了解福禄克（Fluke）产品的人都知道其在质量、可靠性、测量不确定度和使用便利性方面的优势，是很多人心仪的电子测量工具，但限于价格因素，一线的电工、电子工程师们对其望而却步，因此销售渠道被限制在专业的电子测量仪器经销商。

在 1999—2000 年，福禄克（中国）专门研究了如何在中国市场有所突破的问题，当时分别在北京的中关村、上海的北京路、深圳的华强北等电子市场做了市场调研，发现同为手持式数字多用表，在中国市场上有众多的品牌，其价位从人民币几十元到四五百元不等。

在调研过程中，还以焦点小组（Focus Group）[1]的形式，组织了两次共五十多位一线电子工程师、电工、学校电子实验室老师参与的调研，了解他们日常使用电子测量工具的情况和对这类工具的一般要求。这两次焦点小组调研的最后环节，是请参加调查的工程师们，在众多现场的样品中选择出他们最心仪品牌的样品。此前我们自认为福禄克（Fluke）是世界知名的数字式万用表品牌，在大家的选择中应在前三位之列，但选择的结果大出我们意料，许多人选择了贴有松下电器标签的样品，排名远远超过了福禄克（Fluke）。调查主持人询问工程师们选择的理由，回答竟然源自当时每天电视里《新闻联播》后的一段著名的广告用语——"松下电器 Panasonic"。这个结果让我们意识到，对于客户广泛、涉及应用面宽的产品，有吸引力的广告是非常重要的。

---

[1] 焦点小组，也称小组访谈（英文：Focus Group），是社会科学研究中常用的质性研究方法。一般由一个经过研究训练的调查者主持，采用半结构方式（即预先设定部分访谈问题的方式），与一组被调查者交谈。小组访谈的主要目的是倾听被调查者对要研究问题的看法。被调查者选自要研究的总体人群。小组访谈的优点在于，研究者常常可以从自由讨论中得到意想不到的发现。——百度百科

随后我们进一步做了市场问卷（如图 3-5 所示）调查，了解在店面购买数字多用表的购买者，对这类工具从功能到指标，再到价位的需求。

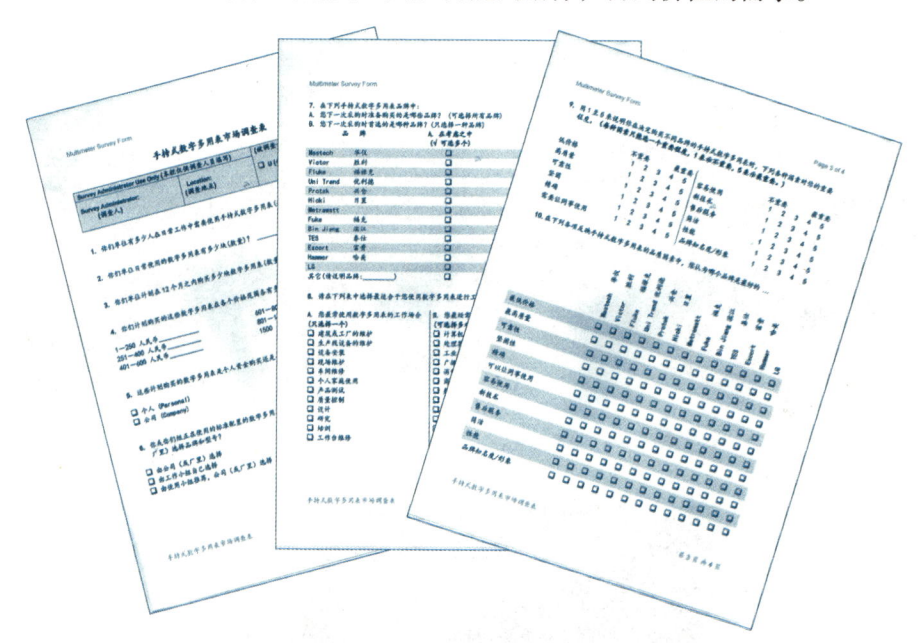

图 3-5　手持式数字多用表市场问卷调查表

最终，我们在 2001 年推出了价格定位在人民币 400~600 元的 F15B/F17B 数字万用表。在发布会后前往工厂参观的大巴上，两位经理的对话，让我至今记忆犹新。当时新加入我们的某电子工具店面经销商的谢姓经理，对我们传统经销商的陈姓经理说：陈经理，你们卖的是仪器设备，可以"买一送一"，买一台仪器就可以送一块这种万用表（指新出的 F15B/F17B）；我们是卖工具的，要是也"买一送一"，可送不起啊！要是真送，也只能送个钥匙扣了……

上述调研过程了解的情况和电子测量工具与电子仪器设备销售的差异性，使我们的团队意识到，一个产品要成功，除了看产品自身的质量、性能以外，适合客户购买习惯的销售渠道，有吸引力的市场推广活动和展示方式，与产品适配的销售团队，等等要素都是必不可少的。因此，我们组建了新的销售团队（店面 –Shop team），聘请有日用快销品销售经验的经理，带入了门店、卖场销售的理念和方法，建立了新的分销体系（平台＋终端店面）和管理方法；学习了商品展示知识和方法（Merchandizing），设计了与公司标志色（黄色）一致的展柜，在全国主要的电子市场设置了二十个门店或专业橱窗（图3-6）；设计了"知名品牌　可望可及"的广告用语和街头平面广告……（图3-7）

图3-6　福禄克（Fluke）专卖店和展柜

图3-7　"知名品牌　可望可及"的广告

经过上述一系列的布局，最终形成了福禄克（Fluke）有特色的销售渠道体系；产品从高质量、高价格、高端人员使用，成功转型为高质量、合理价格、适应不同层次人员使用的体系化的电子测量仪器和工具。在福禄克（Fluke）高端仪器不断出新和覆盖领域不断扩大（从电学扩展到温度、压力、电能质量分析等）的同时，中低端的电子测量工具一直保持着年销售量（台数）六位数的水平。福禄克（Fluke）产品不再是高高在上的世界名牌，真正成为各层次使用者心目中"可望可及"的工作伙伴。

读者可以从福禄克（Fluke）销售渠道体系的解读和店面销售渠道建立的过程中看到，工业品销售渠道的成功绝不是找个代理商或经销商那么简单的事，它是在市场调研、策略制定、产品定位的基础上，建立适配的团队、选择合适的渠道（符合客户的购买习惯和方式）、判断准确的市场定位、配合有力的市场推动、制定合理的价格与折扣体系（兼顾各方利益）等一系列措施组合的结果。建立销售渠道的过程切不可以简单化，遇到销售渠道的问题时，也切不可以简单地直接下结论，问题往往是上述各种因素综合作用的结果，要掌握从不同维度或综合各种因素去分析问题的方法。

先给心仪的伙伴画像，再去找合作伙伴

选择合适的渠道伙伴，是销售渠道成功的关键。经销商所在市场、具有的客户群与产品的符合度、经销商的经营理念、渠道设置的覆盖半径，等等因素都是要考虑的问题。如何全面地考虑有关因素，找到合适的合作伙伴，建立起销售渠道，实现新产品的销售，不仅是销售业绩的问题，甚至可能影响一个新产品的命运。因此，销售渠道的选择，是一款新产品成功与否的关键因素之一。

在日常的工作中常有这种情况：一款新产品出来了，厂家的销售团队很简单地与原有销售渠道中的经销商联络，问他们是否愿意销售新产品，在这种情况下，经销商往往是爽快地表示愿意。从经销商的角度考虑，经销（或代理）的产品越多越好。这种简单化的工作方式，会影响到产品进入市场的顺畅性，甚至成败！

企业甲设计生产了一款具有颠覆性使用方式的新型电测工具，在发布会上不少经销商都表达了经销的意愿。最后，原有的传统经销商获得了经销资质，在电子市场销售这款电测工具。经过一段时间，发现销量并没有达到预期，最终这款产品在市场上销声匿迹了。

一年后，我无意中与代理企业甲竞争对手（企业乙）同类产品的经销商

聊起此事，他们总经理告诉我，企业乙的销售渠道（整体）平均每天能够售出十多台此类电测工具。（尽管我认为他有些夸大，但是企业乙的这款电测工具在市场上的知名度和在电力行业销售得不错，却是不争的事实。）接着我们聊起了造成两者之间差距的原因，他认为是销售渠道和伙伴的选择上有问题。他告诉我：这款产品的最大用户是电力行业，是每个班组的必备工具。电力行业用户的采购有一套严格的流程和系统，一般不会去电子市场采购。企业乙在电力行业深耕多年，有相应的销售渠道和经销商，这些经销商的覆盖面和销售模式、技术能力等是与电子市场的经销商不同的；去电子市场采购这类电测工具的一般是工矿企业的电工、维修人员等少量的用户，只能作为电力主市场的补充……和这位经理交谈后，我先后与一些电力行业的人聊起他们的采购模式等问题，结果印证了导致企业甲这款电测工具产品最终结局的原因，尽管还有多种因素的影响，但销售渠道和伙伴的选择是不可回避的因素之一。

这个案例启发我们，再好的产品走向市场，也要做好销售渠道的定位与销售渠道伙伴的选择，这是非常重要的环节，它将直接影响产品在市场上的成功与否。我非常尊敬的一位小学老师讲过一个故事：她的一个学生，年龄不小了，可一直没有女朋友，别人介绍了几个都不成功。有一天，老师对他说，你要找什么样的给我画个像（这个学生是清华大学建筑系的高材生，当时已是某建筑设计院的高工，有绘画功底），于是这个学生将自己心仪的人画了出来。我的老师看着这张画像，自言自语地说：这不是××吗？（她的一位远房亲戚，也是她的学生）。后来在老师的牵线下，二人喜结良缘。

销售渠道的建立也是一个找到合适伙伴的过程。厂家推出的任何一种产品，在设计之初都确定了面对的市场、应用的场景、使用的群体，这些就决定了销售渠道的定位和寻找销售渠道伙伴的初始条件。关键是厂家要将这些初始条件变成清晰的、可操作的具体内容。建立一份理想销售渠道伙伴评估表就是将这些初始条件变成清晰的、可操作的具体内容的过程。（见表3-1）

表 3-1 理想销售渠道伙伴评估表

评估内容	理想说明	权重	对候选伙伴的评估描述	评估分
服务的市场	在此说明你理想的经销商	预先设定项目权重	在此评估你的候选伙伴情况和差距	
产品线符合度				
地区覆盖				
业务能力				
业务和主管的稳定度				
营销能力				
经营能力				
当地服务				
交易顺畅				
名声				
其他				
			总评分	

表 3-1 中"评估内容"要根据产品进入市场的初始条件和对销售渠道伙伴要考察的内容设定（这里给出的是一个供参考的样本）。与之相关的是"理想说明"，就是要将评估内容具体化描述出来，这样才好对每个备选对象进行有针对性的评估。在实际选择伙伴过程时，每项"评估内容"的重要性是有差异的，因此在"评估内容"和"理想说明"确定后要赋予每项内容在整体（一百分）中的"权重"。因为不可能有各项目都非常完美的经销商，设计之初就确立好"权重"，可以客观、有效地区别出不完美地方的重要程度，有助于对销售渠道伙伴的评估。前三列内容是选择销售渠道伙伴工作开始时要完成的工作，后续对每位候选伙伴有一份评估表，要完成"对候选伙伴的评估描述"和根据项目的"权重"打出"评估分"（比如，某项目的权重分是 10 分，评估后确定该候选伙伴此项目可以得到多少分）。最终汇总后得出总分，可以区分出候选伙伴的差异；在得分相同的情况下，以权重高的项目得分情况加以区分。

对于评估内容说明如下:[①](为保持用词的一致性,对引用内容作了适当修改)

服务的市场。目前服务的客户和客户类型应该要符合你期望的终端用户。这对于独家代理尤其重要,因为你所需要的就是市场接触。要区分市场和活跃的客户。

同时,要确定候选经销商在市场知识上的深浅——包括现有客户和将要发展的新客户所需要的市场知识。候选销售渠道是专精与垂直(行业)或水平市场(地域),还是卖给区域中的所有客户?其业务覆盖是否符合你的战略规划?

产品线符合度。目前所销售产品的类型应该能强化你提供给终端用户的商品,要找互补性的商品(尤其是对业务代表而言)。谁是他们目前的供应商?谁目前有互补产品,且最有可能接触到你的产品希望触及的顾客?

另一方面,许多经销商会卖竞争产品,确认这些产品是否来自主要竞争对手,如果是,就要考虑是否继续找这家候选公司合作。

地区覆盖。将候选经销商的贸易地区和你销售渠道设计中的覆盖缺口进行比较。是否能填补缺口?其他地区是否有所重叠?评估时也应该考虑到是否有地方分支机构,以及其对地区覆盖的冲击。

业务能力。确定候选经销商是否强调事业发展或客户维系。在考虑经销商时,你要审视其业务团队的结构,确认他们是否有销售你产品的技术能力。其内部和外部的业务代表有多少人?这个数据可以给你一些指引,让你了解到被动接单和主动销售的相对比重。业务代表有哪些培训和奖励?这些是否符合产业的期望?

在选择业务代表时,要考虑候选经销商的业务员是否有技术能力和相应知识:需要有工程背景吗?应该具备了哪种业务技能?如果需要有相应的眼界,这些业务员展现出这种能力了吗?是否重视技术资格认证对于销售成功

[①] 琳达·哥乔斯,爱德华·玛瑞恩,查克·韦斯特.渠道管理的第一本书[M].陈瑜清,林宜萱,译.北京:中国财政经济出版社,2005:117-119.

与否的影响？业务员如何面对竞争？陪同进行几次顾客拜访，评估业务员的表现。

业务和主管的稳定度。看看候选经销商过去的表现，尤其要看财务表现，包括准时付款及互补产品的业绩。销售和获利是否有明显的波动？如果是民营企业，是否已经有接班计划？候选渠道公司的成长前景是否符合你的战略规划？员工的流动率高吗？为什么？是否有员工培训计划？

营销能力。你很重视销售渠道对你的产品促销和创造需求的能力吗？候选经销商是否有这些能力？这家公司愿意推动新产品吗？

经营能力。销售你的产品可能需要有某种仓储能力、物流设备、维修和服务能力、电子商务经验、顾客培训课程或其他服务。评估候选经销商的经营能力是否足以满足你在这个领域（地区或行业）的产品销售目标。参观一些工作环境、了解设备情况、考察营业场所，了解候选经销商的营运优缺点。

当地服务。你的产品是否需要（或你的终端用户要求）一些诸如安装、技术支持、信用额度、零件供应、保证、代用产品、立即启用、产品组装或其他当地服务？候选经销商在这些服务上的表现够强吗？订单成交率如何？

交易顺畅。虽然"化学作用"（双方互动）通常不是选择过程中最重要的因素，但可能会影响到和候选经销商交易的顺畅性。你和候选经销商的老板、管理团队和员工相处得如何？候选经销商愿意和你签下绩效合同吗？候选经销商是否真心想接你的产品？你们之间存在着相互信任吗？

名声。要确认候选经销商在顾客、其他制造商和同业间的名声如何。

……

对每个候选经销商都有一份理想销售渠道伙伴评估表，待所有评估内容汇总，可筛选出本地区或行业、现阶段合适的渠道伙伴。这份评估表还有两个作用，一是成为渠道合作伙伴后，可以知道该合作伙伴需要改进的地方，双方配合在哪些地方进行改进；二是作为定期（一年）评估销售渠道伙伴的参考，进行动态管理。

在选择销售渠道伙伴时,有一项重要的参考指标要考虑,就是你的产品在这个候选经销商的整体业务中的占比,这会直接影响经销商对该产品的态度。Frank Lynn 以一个产品线销售额占经销商总销售额的比例,来确定这种产品对经销商的重要性。[①]

占经销商总销售额 10% 以上的一个产品线,是主要产品线。

占经销商总销售额比例比较大(约 2%~10%)的一个产品线,是次要产品线。

占经销商总销售额比例非常低的一个产品线(例如只有 1%),是一般产品线。

这里量化的数字不是一个精确的数字,只是为了说明厂家的产品在经销商整体业务中的重要性,以及经销商的态度和厂家的营销方法。

表 3-2 产品重要性与经销商的配合意愿

	主要产品	次要产品	一般产品
对经销商生意的重要性	高	中	低
经销商配合的意愿	高	中	低
制造商营销的方法	推	推/拉	拉

对于这种量化方法我深有体会。

1999 年我初到广州工作时,某经销商联系到我,希望能成为福禄克(Fluke)产品的经销商。当时我也没有什么销售渠道管理的经验,他的真诚打动了我,他说,无论经销什么产品他都会全力以赴做好。我们当时确定了一款比较老的厂品——彩色电视信号发生器——在珠三角市场推广。拿到这款产品,这个经销商向康佳公司的工程师请教技术和应用场景,找来了一辆面

[①] 琳达·哥乔斯,爱德华·玛瑞恩,查克·韦斯特.渠道管理的第一本书[M].陈瑜清,林宜萱,译.北京:中国财政经济出版社,2005:122-123.

包车，拉着设备，走访了珠三角地区几乎所有生产电视机、VCD、DVD的工厂（当时珠三角地区这类厂家很多）。一年后，他们取得了很好的业绩，我们的老产品也再次恢复了生机；而这家经销商也有了自己的销售队伍、技术人员，并在音视频家电生产市场开拓出了一片天地。尽管后来我们的产品退出了市场，但他们在音视频家电生产市场站稳了脚跟，有系列的产品服务这个市场。

今天，回顾这段往事给我们以启示——不管你的产品的销售额占经销商销售额确切的百分比是多少，如果经销商积极销售，甚至为你的产品改变他们的业务结构，那么你的产品就属于他们的主要产品。选择销售渠道合作伙伴时，我们虽然要重视经销商的实力、代理产品线的丰富程度，但不要忽视了那些初创企业，他们的实力可能还不够强，可他们的努力、他们做事认真的态度、他们全力以赴的投入都值得我们尊重。我曾经用一句通俗的话来形容初创时他们的状况——压上自己的"身家性命"去做一件事。这样的事例，在我多年从事营销工作的过程中遇到过很多，涉及网络测试、电子设备、电子测试工具、医疗测试、生命科学，等等领域，这里既有中国快速发展带来的机遇，也有青年创业者们的努力与担当。我一直非常感恩能够遇上这些合作伙伴，并与之同行。

选择到合适的销售渠道伙伴既要有机缘，也要有一套可行的方法。选择合适的销售渠道伙伴，是销售渠道策略制定和销售渠道设计完成后的第一步工作，也是后续销售渠道运作顺畅的关键一步工作。运用这套方法，可以在选择销售渠道合作伙伴时，尽量避免"看走眼"；即使后续合作中有些问题，也能清楚问题出在哪里，如何去改进。

提升"法人间合作的意识",做到相互尊重

俗话说:店大欺客;俗话又说:客大欺店。这好像是在说两个不同范畴的问题,一个是说商家,一个是说买家,但在日常生活中,二者似乎常被同时提起,无非是想说明商家与买家既有矛盾,又在一定条件下达成统一的关系。

虽然我们一再强调,销售渠道中厂家与商家是合作伙伴的关系,共同的目标是服务好终端客户,但在实际运行过程中,由于各自定位不同,双方之间存在差异性,从某种意义上来讲,销售渠道中厂家与商家的关系带有"店"与"客"的性质。

有一次,一位核心经销商的总经理对我讲:"你要管管你们的销售人员,小×到我办公室对我讲:您还不下单订货,还当不当我们的经销商了?"我当时一愣,一方面为自己的销售人员这种无礼、莽撞的表现感到惭愧;另一方面也在思考:为什么一个工作不到两年,缺乏工作经验的年轻销售人员会有这样的表现?当时为了缓和尴尬的局面,我说:"还是您不对,以后您的办公室应该有助理把门,让这种厂家的一般销售人员去找对等的销售经理谈业务上的事儿,您只见总经理一级的人。"听了这话,我们相视一笑。

还有一位主代理商的总经理经常和我抱怨:你们总催着让订货,我就不

定。可我又经常发现他的订单，而且订单量还不小，只是下订单的时间是在月底最后一天下午临下班的时候。这让我很好奇，于是找机会和他聊起这事儿："你总抱怨催你下单，你就不下，可月底你又下大单……"他说："你没看见你们的销售，为了单子都快给我跪下了，还给大折扣，我还忍心不下单吗？我就选有客户订单的和库存少的订上一些，而且折扣大，今后也好卖……"作为经销商，争取大的折扣绝对合理，只是这种方式让厂家很无奈。

读者可能会觉得，这两个例子太极端了吧！但这是真实的例子，可能我们在销售渠道管理的日常工作中司空见惯，已经不以为然了。这些案例让我一直在思考，为什么在销售渠道中会有这种"店大欺客"和"客大欺店"的情况？回到关于销售渠道的定义，我们会发现出现这种情况往往是因为厂家与商家间忽视了在销售渠道中有各种要素在流动（见图3-2），而这些要素中，订货、物的所有权转移、付款等要素说明这是法人间的关系。既然是法人间的关系，就存在着责、权、利的关系，是具有契约约束的平等关系。在销售渠道管理的实践中往往强调双方间的伙伴关系，而忽略了双方具有法人间的平等关系。

其实，在产品通过销售渠道，转化成商品最终到达终端用户的过程中，厂家与商家有不同的定位和驱动力：厂家有产品、技术、市场推动资源和能力，其驱动力是市场占有率、利润、投资回报率等；而商家具有客户资源和关系，其驱动力是销售额、利润率、资金周转率和客户关系。这种定位和驱动力的不同，是促使厂家与商家得以合作、建立销售渠道的基础；也是双方博弈和产生矛盾的根源。

差异会让经销商感觉，制造商看起来庞大、动作缓慢、过于强调理论、反应不够快，不像经销商每天积极投入顾客关怀行动之中；差异可能会造成双方的误解，在营销规划上无法配合，同时也削弱了彼此的信任。我们指出这些问题，目的是要解决问题，而不是要改变差异（双方间的差异也是改变不了的），应该将这些差异纳入双方的运营规划之中，各自发挥最大的优势。

根据多年的实践，在销售渠道的拓展与管理中，大家往往强调双方是合作伙伴，而忽略了双方之间是法人之间的合作。法人之间的合作首先是契约关系，而不是附属关系，因此，要经常和团队强调，厂家与商家双方无论大小，应该是平等的关系，要相互尊重。在这一点上，厂家更多的是处于主导地位，因此，一些厂家的销售人员往往有一种莫名的优越感，总想支配别人。强调这一点，是希望厂家的管理者在制定渠道策略、选择渠道伙伴、培训内部员工的过程中能够有"法人间合作的意识"，这样去制定销售渠道策略、拓展与选择合作伙伴、管理销售队伍，才能使销售渠道运行更顺畅。这里强调厂家要在团队中建立"法人间合作的意识"，不是说商家的影响不重要，而是因为厂家在销售渠道的策略制定、选择伙伴和管理过程中，一般是占主导地位的，而商家是相对被动的。

在图3-2中的最下端有"情感流"要素在渠道中流动。许多销售渠道初建时，大家的合作还算顺畅，但经过一段时间后，在利益分配、备货、付款等方面逐渐出现问题，此时处理不当，会出现厂家"压"和商家"抗"的局面，这是非常伤害情感的事，商家虽然按厂家要求做，但心里并不舒服。许多销售渠道最后的不愉快结局原因都是出在情感破裂上。

在讨论销售渠道问题时，提升"法人间合作的意识"，做到相互尊重是很重要的。多年的实践让我感觉这种意识不是强调多了，而是强调的还很不够，甚至是被忽略了。虽然确定合作后或每年双方都会签合作协议，规定各自的责、权、利，但这些更多的是经营、业务范畴的内容，是在于形式需要；在执行协议的过程中，往往出现支配与被支配的情况。就在前两天（兔年春节前）和一些商家的总经理谈到我想写"法人之间的合作，需要相互尊重"的命题时，他们都认为有必要。在构思这节内容时，本想写一些案例来说明问题，但由于实在太过敏感只能点到为止，希望读者在自己的实践中，遇到有关销售渠道方面问题时，可以多一个关于"法人之间的合作，需要相互尊重"的维度去思考。

销售渠道管理中增进"情感流"的有效方法

经常遇到这种情况：一个销售人员直销业务做得不够好，被安排去做分销业务，似乎分销工作比直销工作容易，只要催催订单、看看库存、对对账款，就那么简单。这是对销售渠道管理的误解。其实管理销售渠道的渠道经理们，既要管理人，特别是要延伸到管理销售渠道伙伴的人，又要具备协调、管理各种关系的能力，包括企业内部的关系、企业与经销商之间的关系、经销商内部的关系、与终端客户间的关系等等；还要有技术支持能力，培训经销商人员产品知识、应用演示技能，协助解决终端客户遇到的问题；最重要的是要有与经销商高层管理人员交流的能力。当然，销售渠道的管理还需要企业内部团队的协助、配合与支持，只是销售渠道经理们处在一个关键节点上，他们的能力和工作的效果，直接影响销售渠道运行的顺畅性。

在日常工作中，销售渠道经理们有一整套常规工作要做，而且是有形的；其实还有一些属于无形的工作或者说是行为，会关系到每位销售渠道经理在合作伙伴内部的影响力，这种关系往往体现在"情感流"方面（见图3-2最下方），是影响双方合作顺畅性的重要因素。

和厂家一样，在经销商内部也有各个层级的人员，他们各自有对企业、对工作的动机或者说诉求：

销售人员及技术支持人员关注，经销（或代理）的产品质量、销售的难易度、政策执行的连续性、技术支持的力度与薪酬的稳定性；

中层主管关注，经销（或代理）的产品对自己销售人员热忱度和客户稳定性的影响，以及与已有作业系统的相容性；

经销商负责人关注，经销（或代理）的产品获利情况及财务上的保障。

以上各种关注是再正常不过的、最基本的动机和诉求，如何将厂家的经营理念、价值观扩展到经销商那里，是厂家销售团队和销售渠道经理的一项重要工作，因此关键不是销售产品，而是销售制造商的理念和价值观。

某著名手动工具制造商，在中国有近 1,500 家终端销售门店，为将"价值销售"的理念推行到终端经销商，仅 2006 年上半年就培训了近三百名经销商的人员（我曾亲自参与了这些培训，并培训认证了十几位内部讲师，后续培训由他们自己持续进行），并将销售漏斗工具、时间管理的理念和工具应用到经销商的日常销售业务中。在此过程中，他们在经销商中发现、培养了一批该企业的产品专员，并成立了由这些产品专员组成的"价值销售俱乐部"。各区域销售渠道经理定期组织俱乐部成员交流聚会，奖励成绩突出者，有效地推动了销售渠道的建设和区域内终端门店间的合作。

在合作伙伴内部培养你的产品专员

厂家无法说服经销商的每一位员工都去弄清楚自己所销售产品的价值在哪里，厂家需要一个或一批经销商内部的人员来充当主要的联系窗口及业务专家的角色——你的产品专员。

1999 年在广东深圳，我们和另外一家著名电子测试仪器公司（简称 T 公司）同时发展了一家经销商。一年下来，发现 T 公司的业务开展得有声有色，这家经销商通用仪器组的每位销售人员都有一批客户在跟踪中。为此，我到这家经销商了解情况，发现 T 公司的业务经理每周有三天从广州来深圳，在这家经销商办公，遇到问题及时解决，这种情况坚持了近半年。而我们的产品分组很细，这家经销商每次遇到问题，都要打电话到广州，不同产品的问题要找不同产品组的人，如果当时人不在，就要他人转达，再回复。这让一线的销售人员感到效率很低。久而久之，经销商的通用仪器组几乎成了T公司产品的销售团队，遇到客户他们很自然地想到销售T公司的产品。（虽然产品的属性有差异，但这不能成为我们与经销商沟通不畅的理由）

这个案例告诉我们，在经销商内部培养你的产品专员多重要。在改革开放初期，由于历史的原因，经销代理的理念中，代理产品的多少体现经销商的实力，因此经销商的负责人找到许多厂家做产品代理，有些同时代理了五六个厂家（甚至更多），几十种产品。他们希望以产品的"多"而"全"，吸引更多的终端客户，并且让销售人员什么产品都可以销售。在经销商销售人员的集中产品培训现场，我就曾经有过这样的经历：各个厂家的人为了引起经销商人员重视自己的产品，讲得口干舌燥，而经销商的销售人员们，一下接触到那么多厂家的产品，搞得一头雾水。随着改革开放的进程不断推进和销售渠道的发展，经销商和厂家逐渐形成了专业化的合作结构，即使代理多家产品的经销商，也在内部构建了与不同厂家合作的销售团队，这是一种进步。同样的道理，一个经销商的销售团队中不可能所有的人都成为你的产品专员，因为你的产品所需的技术知识、经销商销售团队每个人原有客户与你产品的客户的符合或兼容程度等因素，特别是人与人之间合作的相容性因素，决定了需要选择和培养你的产品专员。

那么，什么人适合被培养成你的产品专员呢？主要是有销售潜质的新人。这里强调新人，是因为一些老人已有自己熟悉的产品和客户群，如果新产品与原有产品兼容性强还好，如果兼容性不强，要他彻底转变成你的产品专员，除非有强力的组织安排，否则难度会比较大。这与前一节Frank Lynn关于产品重要性与经销商的配合意愿所讨论的观点是一致的。

要把你选择的对象培养成你的产品专员，首先需要赢得潜在产品专员的尊重，如何才能赢得潜在产品专员的尊重呢？销售渠道经理们的能力，比如：亲和力、表达能力、技术知识水平、市场判断力和应变能力等，是赢得潜在产品专员尊重的重要因素，特别是在拜访客户时这些能力的表现极为重要。尊重是要双方相互欣赏才行，销售渠道经理们的素质和业务能力是关键。

做厂家产品专员的好处是什么？从前面的案例中可以看到，他们可以获得更多的厂家指导和培训，提高技能、技巧，获得职业生涯所需的经验。我曾经合作过的几家经销商，不少当年的产品专员如今已成长为这些经销商的骨干人员，有些人还去自主创业了。2019年6月，一次聚集了十几位我们曾经的产品专员，现今的经销商骨干和自主创业者的聚会上，他们回忆起当年（十五年前）的往事，感到当年的经历，十几年后仍然有助于他们的经营管理工作。他们各自介绍了自己现时的经营情况，业绩说明所言不虚，不是客套。

销售渠道经理对自己产品专员指导的频率，随着产品专员的成熟度提高，可以逐步降低，但每月不能少于一次。

你的产品专员是否合格，唯一评判标准是业绩。具有潜力和努力的人，业绩会产生跳跃式增长；业绩表现不规律或不稳定的人，说明还要持续指导；而业绩增长缓慢甚至没有增长的人，如果没有特别的客观因素，则表示此人可能无法成为你的产品专员，需要做进一步的评估……

与经销商一些关键岗位上的人员交流

主管销售渠道的高管们一般去经销商那里就是讨论业务情况，往往是与经销商的主要负责人在办公室里一谈就是一天，即便有空余时间也多半是与经销商的销售经理们寒暄。其实在这种拜访的过程中，与经销商一些关键岗位上的人员交流，甚至建立起良好的关系，是一项不可忽略的工作。这些关键岗位包括财务、仓库、生产现场、人事，等等。在与这些岗位的人员交流中，你会发现一些大家在办公室、会议室里得不到的信息。

曾经与几位企业的人事经理交流时了解到，他们在为招聘营销、市场方面的人员发愁。原来这些企业有一个共同特点：由于各地经开区有各项优惠政策，不少企业迁往了经开区，但是当时这里有的是初建，条件还不完备；有的是在市郊，甚至是很远的市郊，虽然这里招收工人成本较低，周围有劳动力资源，但是由于交通不太便利和周围营销与市场方面人才短缺，因此招收营销、市场人员比较困难。面试了在市内居住的一些人员，他们了解了工作环境后，就打退堂鼓了；即便一些应聘者接受了 Offer（录取通知），但最后因交通等原因，要么直接不来了，要么来了以后又辞职了。在和这些企业交流后，我建议他们在市内建立营销部门，这样可以招到合适的营销人员，同时对整体经营影响不大，管理上的问题靠现在的通信技术完全可以解决，只需要管理层的主要负责人多跑一些路。后来，有些企业就是采取了这种措施，兼顾了企业经营与获得劳动力资源的平衡。

又比如，与仓库的人员交流，发现某些产品由于客户的变动产生了库存积压，及时帮他们找到最终客户或其他合作伙伴调出积压的产品，既解决了场地问题，又解决了占用资金的问题。做这件事时，协调好自己销售人员的利益（因为可能会影响自己销售人员做新订单，影响其收入，要安排经销商订新的、有客户需求的产品，以补偿厂家销售人员的业绩。）和与其他合作伙伴间的关系至关重要。

与财务人员的交流，更可以直接了解经销商销售不同产品的毛利率和不同客户的回款状况等，有利于制定价格体系，了解经销商的经营状况和把握市场状况。

……

与经销商一些关键岗位上的人员交流，是销售渠道管理中，厂家赢得经销商各方面人员尊重，与商家建立和谐关系的有效方法。

厂家的高管要有能力担任经销商"顾问"的角色

这里的"顾问"是打引号的，同时强调的是"厂家的高管"，特别是营销的负责人有能力担任这种角色（注意不是要求所有的销售渠道经理去担任这种角色）。这种"顾问"的角色，体现在具备给经销商提供产业的专业知识和与产品决策、财务结果相关的专业意见的能力。尽管这不是真正意义上的顾问，但却是非常有价值的交流。它会强化厂家与经销商之间的关系；同时，厂家在经销商心理层面的重要性可能会高过产品占有率。

在开始与经销商合作时，我更多的是起到业务联络，销售人员培训、辅导的作用，但是后来在一些经销商那里有了微妙的变化，他们愿意拿出经营、企业发展，甚至筹备上市的问题来与我讨论。此时他们已不仅仅把你当成厂家的代表，而是把你当作朋友、老师，甚至是伙伴。这种关系，有可能在你离开营销工作以后还能保持下来，你们可能成为挚友。

当然，能够担任经销商"顾问"的角色，需要具备一定的条件：[1]

需要帮助经销商组织达到其经营发展目标，而不单是将厂家的产品销售给他们而已；

必须具有基本的财务知识，同时具有企业规划和策略制定的能力；

要在其所在产业或行业里有相当的经验；

……

综合上述要实现的目标、具备的能力和经验，有两方面启示：一方面，不是一般的销售渠道经理可以担当这样的角色，需要有一定经历和阅历的高管才能胜任；另一方面，有销售渠道伙伴的企业，其高管特别是负责营销的高管，在自己的工作内容中，应有一个担任经销商"顾问"角色的选项，而不仅仅是负责应酬。

显然，能够担任经销商"顾问"的角色，也是各级销售渠道管理人员的一个努力方向，这不是一项日常标准工作，也很难用语言文字具体地描述出来，但会在你和经销商的交往与合作中，体现出一种和谐的关系，是工作能力、责任感、亲和力和信任感的综合体现。

---

[1] 琳达·哥乔斯，爱德华·玛瑞恩，查克·韦斯特.渠道管理的第一本书［M］.陈瑜清，林宜萱，译.北京：中国财政经济出版社，2005：189.

"情感流"是对销售渠道顺畅性影响很大的一项因素，它除了与前面关于渠道设计、双方心仪、契约精神等的因素有关外，销售渠道经理的能力和素质会直接影响"情感流"和整体合作的顺畅性。这里面涉及销售渠道经理们的销售技能、市场眼光、技术、人际关系、财务知识等方面的业务能力，工作方法、计划性、协调关系等方面的执行力，更有诚信、公正、亲和力等方面的个人素养。培养一名合格的销售渠道经理，需要其个人和营销组织有意识地在实践中历练和提升上述综合素质。

关于销售渠道激励问题的讨论

每次销售渠道管理培训过程中,都有人要求讲讲"销售渠道激励"的问题。在听取大家意见的时候发现,对于为什么要激励,什么是激励,每个人都说不清楚,却都认为没有激励就推动不了经销商业务的开展。分析起来发现有这样几个问题:

将激励与常规的分销政策混淆;

将激励与常规的业务发展混淆;

将激励与常规的市场活动混淆;

……

首先,销售渠道建立与经销商加盟时,一定会有合作协议,制定每年的绩效目标。合作协议,是对签字双方具有约束力的法律文件。在这些协议和目标中,规定了双方的责、权、利,特别会有经销商拿货折扣的计算方法、兑现方式,实现目标的奖励等明确的条款。这些方法、方式和奖励,既是分销政策制定时考虑的整体方案,也已经包含了激励的内容,比如阶梯折扣、年终业绩达标返点,以及其他的业务发展奖励(如配套市场费用),等等。

其次,厂家会根据整体的业务发展规划,制定产品推出或退出计划,每当有这方面安排时,都会对客户订货或经销商备货有一些特别安排。比如,当我们的彩色电视信号发生器退出市场时，就曾经与主营经销商联系，根据中国市场对这款产品的需求还会持续一段时间的实际，可以将全球存量的这款产品集中起来，以一个特别价格，由经销商购买下来，以延长市场的供应时间。这本来是一个厂家、经销商、终端客户三赢的举措，不能简单地将它看成仅仅是对经销商的激励。

再有，市场推广活动是厂家的一项常规工作，这项工作有很强的策略性和目的性。

当年福禄克（Fluke）公司与H公司在数字多用表与数据采集器销售方面的合作终止时，我们的数据采集器销售量已经萎缩到合作前的一半，对此，我们采取了降价的策略，以恢复市场和经销商的信心，把终端客户争取回来。采取这样一个策略，首先反映出来的是利润骤减，在最初的半年里，全球总裁都过问过此事，更不要说每个月的团队点评会上，都要对利润下降做出解释，当时的压力之大可想而知。九个月后，当这款产品的销量比前一年翻了一番时，才让人长舒一口气。

这个案例中从表面看降价、让利带有激励性质，但实质是市场策略，是日常工作的一部分。

销售渠道和经销商的经理们一定要理解，营销日常工作中采取的政策、方案、措施是从整体的市场、产品、客户等因素出发的，其中也包含了对经销商激励的因素，希望销售渠道和经销商的经理们都能了解和理解其中的原由。不要一谈业绩提升就要额外的激励，否则经销商经理们就不做事儿，而销售渠道经理们就不会做事儿了，如果两方面持有这种态度都是不可取的。

谈到销售渠道的激励，有两方面内容：（以下有关内容参考了《渠道激励》[①]一书第一章部分内容）

广义的销售渠道激励——是对所有销售渠道激励的机制与方法，体现在

[①] 盛斌子，吴小林，冯海. 渠道激励[M]. 北京：企业管理出版社，2010.

厂家与各经销商间的代理协议和确定年度业绩目标的协议中。这些激励的机制与方法是明确的，是以合同形式确定下来的，一般来讲，除非发生重大事件，是以年度为周期调整的。销售渠道和经销商经理们的职责是执行有关协议。

狭义的销售渠道激励——是一种"短、平、快"的激励方式，是在代理协议和年度业绩协议以外的厂家与经销商的促销行为，主要表现为销售型激励和营销（市场）型激励两方面。

首先，销售型激励又有针对经销商销售人员个人与团组的销售业绩和针对经销商的日常经营两方面的激励。其中对销售人员个人与团组销售业绩的激励，包括物质和职业技能提升（福利奖励）两种方式，经销商的销售人员对这方面的激励青睐有加，效果也较明显；但是与销售人员欢迎的态度产生鲜明对照的是，经销商的管理者们对这类激励颇有微词，甚至对其中的直接给销售人员物质激励（定向的奖金或实物）是抵制的，许多经销商的管理者要求奖金或实物由他们来重新分配，因此这种激励执行起来有一定难度。如果站在经销商管理者的角度考虑这个问题，他们的不配合也就不难理解了。

经销商的日常经营方面的激励包括：限期提货激励、滞货配额、新货配额等。实物返利、阶段奖励（季度、年度奖励）等，同样属于经销商经营方面的激励，一般在年度协议中有所体现。

其次，营销（市场）型激励一般是配合厂家的市场计划进行的促销活动，它的目标是面向终端市场，经销商是这些市场活动的参与者或执行者。参与这些市场活动，经销商可以跟随厂家，特别是跟随一些知名企业提升在商场上的曝光率或知名度。从这个意义上来讲，经销商积极配合厂家参与或执行促销活动，也体现的是一种激励。

营销（市场）型激励包括：

针对消费者促销（厂家将销售渠道管理费用通过经销商投资于消费者）：礼品促销、抽奖促销、以旧换新促销、会员促销、试用促销、积分促销、联合促销、降价促销、限期抢购促销……

厂家市场费用通过经销商直接投入：广告、市场推广活动……

厂家将一部分日常运营的费用投入到经销商，用于终端建设及后期维护：人员培训、导购员投入……

以上提到的种种营销（市场）型激励，都是在厂家营销和市场部门的统一协调、部署下进行的促销活动，销售渠道经理们是这些活动的关键执行者。

在销售渠道激励方面存在着一些典型问题：

将激励与分销政策混淆：分销政策是以全局为基础考虑的，是一年甚至更长时间（一个时期）要执行的，其中已包括了长期、整体的激励要素，体现在了年度协议中，是广义的激励；而狭义的激励是针对某一特定的情况或时间进行的活动。很多情况下销售渠道中的参与各方都只关注狭义的激励，而忽视了广义的激励，忘了自己首先是广义激励的执行者。

激励针对性不强、目标不明确：订货、发货给点，不是在"深入了解经销商的基本状况，甚至每一个经销商的特点"的基础上，给出针对性强、目的性强的激励，仅仅是为了解决销售阶段中存在的个别问题。

方法欠缺，手段单一：真正的激励应当是无定法的，要根据具体情况与面临的具体问题提出具体的销售渠道激励方法。

销售渠道激励的可操作性较差：规则过于复杂；返利轻松易得或根本得不到；规则不公平或可信度低……

经销商抵触情绪较重：经销商不认可；没有考虑经销商的利益；缺少双赢的思维；摆错了厂家与商家的位置，将市场开拓的基础工作交给商家。

销售渠道激励周期过长或频率过高：销售渠道激励有两个特点，一是时效性（周期性），一般1~3个月；二是战术性，要有具体对象、具体内容、具体时间、具体负责人、具体步骤，不能停留在策略、理念层面。

销售渠道激励集中在发货高峰期：造成经销商库存和付款压力集中发生……

过多的销售渠道返利型促销：短期效果明显，是销售型激励，往往存在突破年度协议的现象，影响了年度协议的严肃性，造成销售渠道经理们和经销商的管理者不把年度协议当回事，每谈业绩，必谈折扣。

……

我们重新回到本节开始时，销售渠道参与者们纷纷要求讨论销售渠道"激励"问题的情况，他们希望通过多学习一些"激励"的案例或方法，可以直接运用到解决实际问题中去。但是透过我们上述讨论，大家可以看到，有关销售渠道的激励问题，需要从日常营销管理中的激励要素、销售渠道激励的类型和内容，以及销售渠道激励易出现的问题等不同视角去思考，判断是激励不到位，还是对激励的理解和运用产生了偏差。只有这样，厂家和商家的销售渠道参与者才能在激励问题上达成共识，而不是工作中一出现问题，就希望采取最简单、最直接的"激励措施"（一般是加大折扣或投入费用等）去解决眼前的问题。那样往往可以在短期内大家达成妥协，解决了一些问题，但也可能会掩盖销售渠道管理中深层次的问题；这种情况多了，就失去了原则性，日积月累，销售渠道可能会出现更大的问题。

销售渠道激励的问题，一直是销售渠道管理中不可回避的问题，希冀通过"激励"解决销售渠道运行中的各种问题是不切实际的。销售渠道管理比起客户管理要复杂得多，一是参与其中的人员更多，有厂家的管理人员、销售人员、市场部门和辅助部门人员；有商家的管理人员、销售人员、市场部门和辅助部门人员；还有客户，在协调人际关系方面要复杂得多。二是涉及的工作内容也更多，日常工作中要面对订货、发货、库存、出货、付款、处理串货、售后服务、维护客户关系、处理客户投诉，等等一系列问题。正是由于销售渠道管理的复杂性，我们在这一篇中讨论的是具有根本性的议题：

从销售渠道设计开始，要从产品属性、客户类别与销售渠道适配性角度考虑问题；

设计了合理的销售渠道，能否找到合适的合作伙伴就是关键；

无论多么好的合作伙伴，合作中一定要守住相互尊重、平等合作的原则；

厂家的销售渠道管理者和经理们的能力、素质与工作方法，会直接影响销售渠道运行的顺畅性和双方之间配合的和谐性，要培养你的产品专员、赢得经销商团队中不可忽视的人的尊重、努力成为经销商管理者事业上的"顾问"；

销售渠道需要"激励"，要从日常营销管理中的激励要素、销售渠道激励的类型和内容以及销售渠道激励易出现的问题等方面全面理解激励。

平时，我们在销售渠道运行中遇到的问题，可能是各种因素综合作用的结果。因此，需要综合运用我们所掌握的知识或经验，去分析，去解决。在这里想到了大禹治水的故事，大禹的父亲鲧（gǔn）也是治水英雄，但他采取的是"堵"的方式，最终失败了；大禹接受了教训，采取"疏"的方式，治水成功了。如今，我们看到李冰父子修建的都江堰已有2200多年的历史，还在发挥作用，就是顺势而为，"疏"的典型。销售通路，称之为渠道，既形象，也说明其中有各种要素像水一样在流动。因此，和治水的道理一样，销售渠道管理宜"疏"不宜"堵"。以此作为此篇的结束语吧！

第四章

人员篇

人员，特别是销售人员的管理是营销日常工作中绕不开的话题。营销团队的能力取决于团队成员的能力和有效发挥团队成员能力两个方面。而这两个方面，都离不开人员管理的议题。多年的实践中，特别是在研究"销售漏斗与销售管理"的过程中，到不同类型的企业实践（有民企、国企和外企，有制造业、商业代理和互联网企业，涉及医疗卫生、环保、电子制造、建筑施工、机械加工和OEM企业，等等），对人员管理，特别在销售人员的能力提升、合理使用、考核培养等方面有了更深入的体验，学到人员管理方面的一些新理念和方法，结合三十多年在营销工作中的实践和学习，记录和整理出了《人员篇》的内容。

　　正如彼得·德鲁克先生所说："管理能力的第一个考验，就是管理者是否有能力让员工在干扰最小的情况下，发挥各自最大的效益。"[1]

---

[1] （美）彼得·德鲁克.管理的实践（珍藏版）[M].齐若兰，译.北京：机械工业出版社，2009：248

开拓型与维护型销售人员分工

三十多年前，刚刚从事销售工作时，就从我的经理那里听到销售人员分型的理论——销售人员可以分为"猎人"和"农夫"两种类型，应该让他们分别从事"开拓"和"维护"的工作。但是，我从事的销售工作是一种项目型的业务，即从发现客户项目，到签单、发货、培训、验收……一个人要跟踪、协调完成，而一个项目结束后，同一客户的下一个项目可能是几年以后的事了。我虽然记住了这个比喻，但体会不到其深刻的含义，因为我们似乎是"猎人"与"农夫"一体的。

2014年以后，我开始研究销售漏斗应用于耗材销售的案例，开始对"开拓"与"维护"的关系有所体会；特别是2016年以后深入到某OEM企业，让我真正理解了"开拓"与"维护"工作分工和人员分类配置的必要性和重要性。首先是营销业务的分工需要，在此基础上才是人员的配置。当营销业务没有这个需要时，单纯以人员性格测试进行分类是没有意义的，因为工作需要的是全能选手，就像当年的我，你只能既"开荒"又"种地"。

给我提供实践机会的这间工厂，是为品牌产品制造商或其OEM生产厂提供配套电池的企业。这种提供配套产品的业务模式，就决定了企业既要不断开发新的客户，又要与已进入的品牌商保持良好、持久的合作关系，才能使企业持续健康成长。我们通过两组数据来看，企业营销工作在客户开拓与维护两方面均衡发展的重要性。

表 4-1　2016 年新客户 2017 年继续成交数据分析

		客户数	2016 年新客户占比	在 2017 年对应成交客户中的占比
2016 年新客户数		53	–	–
2017 年继续成交客户数		33	62%	–
2017 年成交金额	1,000 万元以上	6	11%	18.2%
	100 万~1,000 万元	11	21%	33.3%
	100 万元以下	16	30%	48.5%

第一组数据：2016 年开发的新客户在 2017 年继续成交的数据分析（见表 4-1）。

这组数据反映了两个问题：

第一，新客户的流失相对较高（53 个新客户中流失了 20 个，占 38%）；

第二，新客户采购规模较小（100 万元以下的有 16 家，占 2017 年 33 家成交客户的近 50%）。

对于为品牌商提供配套产品的企业，开发每个客户的过程，都要经过方案设计、审厂、样品打样 / 测试、试产，等等环节；每开发一个新客户几乎要动员企业的各个部门参与，涉及企业的销售、技术、采购、生产、质量、财务各个部门的工作；企业各方面要投入相当大的人力、物力、财力，而且每个新客户的开发投入、工作量几乎是相同的。因此，新客户初次成交后，可以持续成交，并且有较大的成交规模，是新客户开发需要考量的重要问题。虽然不能要求新开发的客户个个成功，也不能要求每个新客户上来就有大的采购量（这是一个渐进的过程），但是，对进入待开发的新客户潜力的前期判断和提升新客户开发的成功率仍然是营销团队（甚至是整个企业）面临的挑战。因为大量的、不确定新项目和新客户开发，会直接影响企业的正常运营。（这里存在客户开发的持续性问题，没有 2016 年开发新客户项目总数的统计，因此缺少新项目成功率的数据;但参考当时新项目获批准进入打样工作的项目数与最终获得正式订单的项目数的统计,可以知道获得正式订单数与获批准进入打样的项目数之比只有20%左右),

第二组数据:(见表4-2)

表4-2 2017年销售收入客户分析

销售收入客户分类	%	对增长的贡献(%)
2017年销售总收入	100%	增长30%
老客户项目(2016年前的客户)销售收入	82%	6%
2016年新客户在2017年产生的销售收入	16%	21%
2017年当年新客户新项目在当年的销售收入	2%	3%

从表4-2中2017年销售收入分析可以看到,2016年的新客户和2017年当年的新客户对2017年的业绩贡献率达到18%,对企业的业绩增长贡献率达到24%;而老客户项目对业绩增长率的贡献只有6%。

这样一组数据说明,企业的增长主要来自新客户、新项目,结合第一组数据可以看到,这是依靠高投入获得的增长;而老客户项目对业绩增长的贡献率是相对比较低的。面对激烈的市场竞争,企业在老客户持续增长和新客户开发两方面都面临着挑战!这就给营销管理提出一个问题——如何平衡新客户开发与老客户持续增长的关系,推动企业的可持续成长。

平衡新客户开发与老客户持续增长的关系,与企业的发展阶段、客户的采购模式、业务规模、技术和产品的复杂程度、客户与供应商之间合作的紧密程度等因素相关。像这种为品牌商提供配套产品的企业,成为一个品牌商的供货商非常不易,一旦进入品牌商的体系,在品牌商某个产品的生命周期内,持续与品牌商的相关部门保持良好的伙伴关系,服务好品牌商就成为一项持续性的工作,这种服务是以年为周期持续进行的。这种良好的伙伴关系,在后续扩大对品牌商的供货量,或者获得该品牌商的新供货项目方面至关重要。透过上述分析可以看到,当OEM企业或耗材供应商的业务达到一定规模的时候，需要对销售业务逐步进行分工管理，分别发挥"猎人"和"农夫"的作用。图 4-1 是这类企业销售工作内容与分工随客户成熟度变化的示意图。

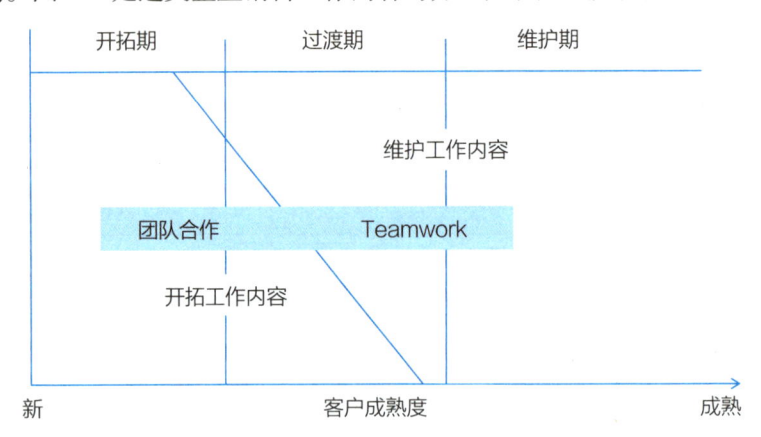

图 4-1　销售工作内容与分工随客户成熟度变化示意图

我们总希望一个销售人员既可以是"猎人"，又可以当好"农夫"，这样的人有，但实践中两者兼优的人不多。更重要的是，OEM 企业和耗材供应商的业务属性决定了两种工作之间的跨度很大，思考的问题不同，经常出现相互干扰、顾此失彼的现象。同时，不同的工作内容对销售人员的技能、知识、沟通能力、心理素质等方面的要求，也有很大的差异。如何发挥团队的力量，让不同能力、性格的人去做专业的事，是组织的重要工作。

图 4-2 以图的形式，对开拓与维护工作内容进行了对照，读者可以从中看到二者工作内容的差异和对销售人员能力的要求。

结合图 4-2 和图 4-3 可以看到，不同工作内容需要匹配不同的销售人员去承担相应的工作，换句话讲，每位销售人员的能力、工作经验甚至性格和选择某种工作岗位的意愿，都与工作岗位之间存在着适配性的问题。销售人员甲对任职开拓工作岗位序列愿意强烈，在能力评定方面由于其工作年限过短（大学毕业生招聘，入职企业时间仅半年），考评组建议他下一年度再申请，在这一年期间让他协助副总经理跟踪几个项目，从中了解企业内部运作情况和积累客户拜访的经验。第二年他顺利任职开拓工作岗位序列，并在后续工作取得了良好的成绩。而销售人员乙，考评组认为她适合从事客户开拓工作，但考虑到家庭负担，不能经常出差，她自己的意愿并不强烈，最终她任职维护工作岗位序列，工作同样很出色。可见，在组织销售队伍的过程中，岗位适配性是很重要的。

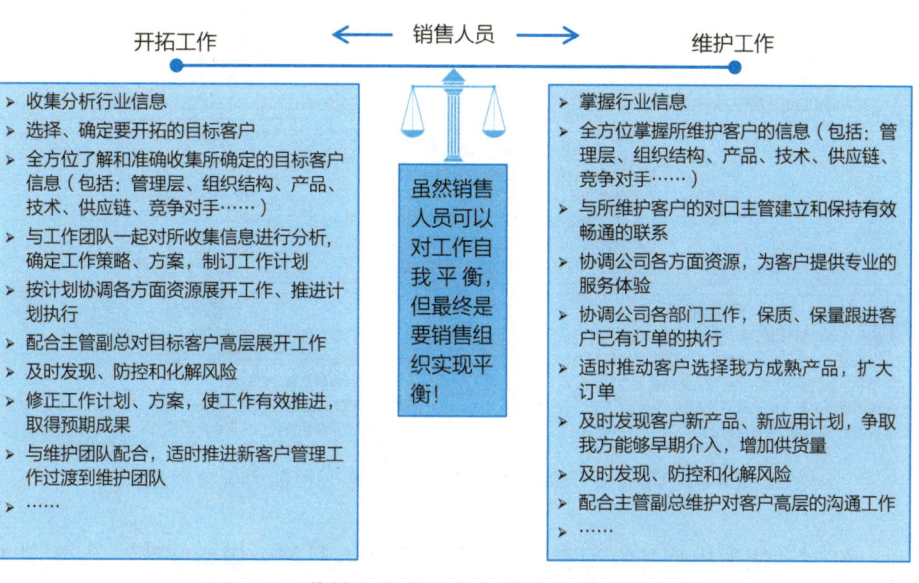

开拓工作　←　销售人员　→　维护工作

开拓工作
- 收集分析行业信息
- 选择、确定要开拓的目标客户
- 全方位了解和准确收集所确定的目标客户信息（包括：管理层、组织结构、产品、技术、供应链、竞争对手……）
- 与工作团队一起对所收集信息进行分析，确定工作策略、方案，制订工作计划
- 按计划协调各方面资源展开工作、推进计划执行
- 配合主管副总对目标客户高层展开工作
- 及时发现、防控和化解风险
- 修正工作计划、方案，使工作有效推进，取得预期成果
- 与维护团队配合，适时推进新客户管理工作过渡到维护团队
- ……

中间
虽然销售人员可以对工作自我平衡，但最终是要销售组织实现平衡！

维护工作
- 掌握行业信息
- 全方位掌握所维护客户的信息（包括：管理层、组织结构、产品、技术、供应链、竞争对手……）
- 与所维护客户的对口主管建立和保持有效畅通的联系
- 协调公司各方面资源，为客户提供专业的服务体验
- 协调公司各部门工作，保质、保量跟进客户已有订单的执行
- 适时推动客户选择我方成熟产品，扩大订单
- 及时发现客户新产品、新应用计划，争取我方能够早期介入，增加供货量
- 及时发现、防控和化解风险
- 配合主管副总维护对客户高层的沟通工作
- ……

图 4-2　营销组织在开拓与维护工作中的平衡

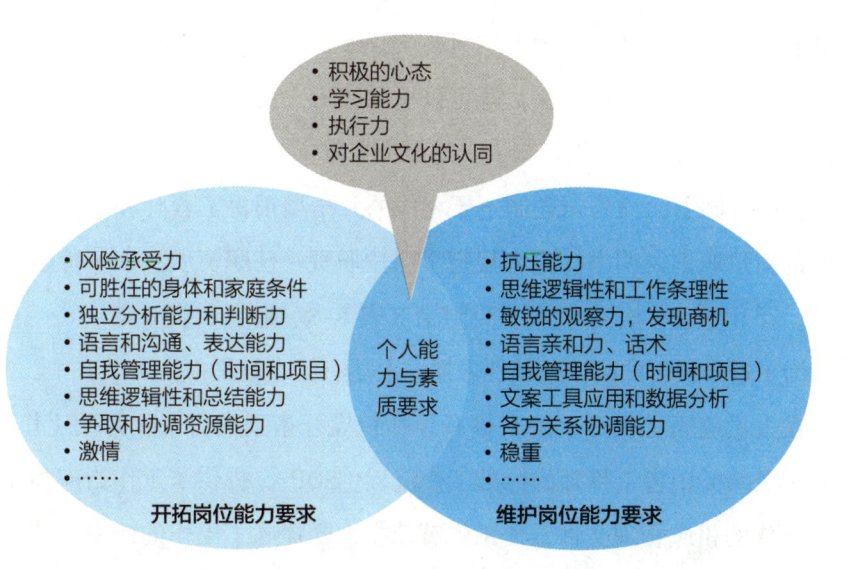

个人能力与素质要求（共同）
- 积极的心态
- 学习能力
- 执行力
- 对企业文化的认同

开拓岗位能力要求
- 风险承受力
- 可胜任的身体和家庭条件
- 独立分析能力和判断力
- 语言和沟通、表达能力
- 自我管理能力（时间和项目）
- 思维逻辑性和总结能力
- 争取和协调资源能力
- 激情
- ……

维护岗位能力要求
- 抗压能力
- 思维逻辑性和工作条理性
- 敏锐的观察力，发现商机
- 语言亲和力、话术
- 自我管理能力（时间和项目）
- 文案工具应用和数据分析
- 各方关系协调能力
- 稳重
- ……

图 4-3　营销组织的开拓与维护工作岗位对人员能力的要求

该企业在选聘开拓工作岗位人员的过程中，建立了一套开拓型销售人员的能力模型，供应聘人员自己自我评定和考评组评定之用，见图 4-4。

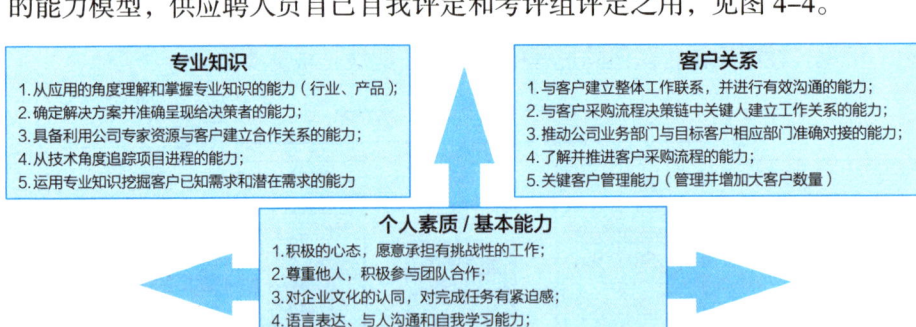

专业知识
1. 从应用的角度理解和掌握专业知识的能力（行业、产品）；
2. 确定解决方案并准确呈现给决策者的能力；
3. 具备利用公司专家资源与客户建立合作关系的能力；
4. 从技术角度追踪项目进程的能力；
5. 运用专业知识挖掘客户已知需求和潜在需求的能力

客户关系
1. 与客户建立整体工作联系，并进行有效沟通的能力；
2. 与客户采购流程决策链中关键人建立工作关系的能力；
3. 推动公司业务部门与目标客户相应部门准确对接的能力；
4. 了解并推进客户采购流程的能力；
5. 关键客户管理能力（管理并增加大客户数量）

个人素质/基本能力
1. 积极的心态，愿意承担有挑战性的工作；
2. 尊重他人，积极参与团队合作；
3. 对企业文化的认同，对完成任务有紧迫感；
4. 语言表达、与人沟通和自我学习能力；
5. 基本办公工具应用和数据分析能力

商务技能
1. 运用市场分析数据发掘新客户（或项目）的能力；
2. 准确定义、全面分析及合理规划业务机会的能力；
3. 市场竞争分析及制定产品定位策略的能力；
4. 撰写项目书和工作简报的能力；
5. 公司内部资源的协调与利用的能力

执行力
1. 制订项目营销计划和客户营销计划的能力；
2. 使用销售漏斗工具管理业务的能力；
3. 时间有效性管理的能力；
4. 对销售趋势进行预测、分析的能力；
5. 营销渠道管理和与伙伴合作的能力

图 4-4 某企业选聘开拓工作岗位销售人员能力要求模型

针对此能力模型还有配套的"开拓型销售人员能力模型解读"（见附录 B 表 B-1）和"开拓岗位销售人员能力评估表"（见附录 B 表 B-2）。特别是附录 B 表 B-2 给销售人员自身和管理层提供了一个客观、量化能力评估的过程与方法。使用这个评估方法，既可以看到销售人员能力的短板，知道努力的方向，又可以跟踪、考核销售人员的能力变化。

在此基础上，该公司还制定了相应的开拓型销售工程师和维护型销售工程师的岗位职责说明书，详细规定了岗位职责、任职资质、工资待遇、培训机制、晋升通道等相关内容。（见附录 B 表 B-3、附录 B 表 B-4）

为了适合读者的阅读连续性习惯，上述有关表格集中在附录 B 中。

在人员应聘上岗后，除安排有导师指导开拓型销售工程师的工作以外，还制定了两类销售工程师的标准工作流程（SOP），提供了工作指南和在不同阶段工作的相应管理文件，使工作有依据，既提高了工作的效率，又保证了工作的规范。（图 4-5 是有关 SOP 的截图）

第四章 人员篇

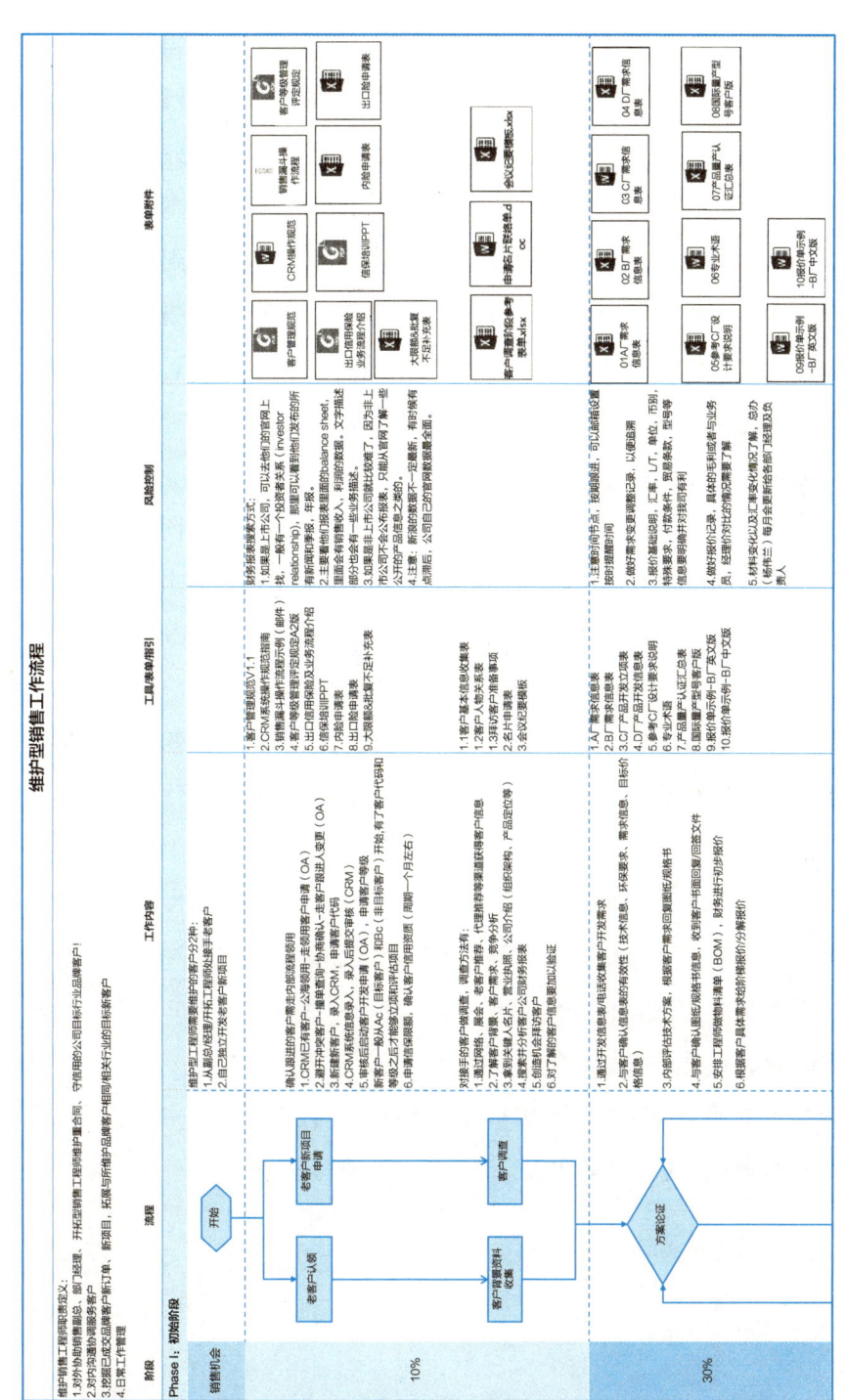

图 4-5 维护型销售工程师标准工作流程（SOP）截图

薪酬是不同岗位任职涉及的一项重要内容，因为工作内容和所面对的风险的差异，薪酬也要有所区别。相比较而言，如果同样以销售业绩计算薪酬，开拓型岗位销售工程师的工作风险和不确定性是较高的，考虑到这些因素，在岗位薪酬设计时，不同岗位的底薪做了差异化设计，适当提高了开拓岗位的底薪。当然，对此也有相应的考核体系，如果两年之内达不到相应的业绩指标，就要调岗、调底薪，这些都在岗位任职文件中明确规定下来。

在进行上述工作的同时，对应聘的销售人员的任职能力进行了专业测评，给出任职资质建议，在此基础上完成了销售人员分型上岗的工作。

实行销售人员分型上岗的第二年（2019年），在市场、技术、生产、质量等各方面的共同努力下，2019年销售业绩比2017年增长44%；同时（当年和前一年开发的）新客户的销售业绩，从2017年占全年销售额的18%，提升到2019年新客户（2018年和2019年开发的新客户）的销售业绩占全年销售额的24%，对企业2019年的业绩增长，贡献率达到35%；而老客户项目对业绩增长率的贡献，从2017年的6%提升到9%。这说明企业在新客户拓展与老客户维护两方面都有了长足的进步，为后续的业绩持续增长打下了基础。

让销售人员的能力与岗位相匹配，把合适的人放到合适的岗位上是销售人员管理的一项永远的话题，每个团队都曾做过尝试。从这个实践案例中可以看到，销售岗位的设计和人员适配的工作是一项系统工作，它不是一次简单的人员调配，而是要根据具体业务特点，对岗位做出合理的分工安排，对岗位任职能力有明确的要求，对任职资格要有测评，要建立工作规程，还要有相应的薪酬支撑，考核体系和人员进、退的调整机制……

销售人员的时间有效性管理

在做销售和销售管理的二十多年间，我一直在探讨销售人员的时间管理问题，做"价值销售"培训时的第一项内容就是讨论在销售过程中要"提高效率"和"追求效果"。后来去过很多企业，也和许多营销管理者，甚至企业的负责人交流，他们都希望我在销售人员时间管理方面，给企业或营销团队以帮助。

在实践中观察到，销售团队的经理们都非常关注销售人员的工作时间安排和使用情况，这个问题甚至会引起企业高层的重视。很多企业引入一些工具，特别是一些软件APP，安排了一系列会议（日会、周会、月会），布置了一系列的报告（日报、周报、月报），甚至（跟踪）记录销售人员每天的工作行程，至于工作内容则由销售人员填写完成。这一切都是为了了解销售人员工作时间的安排和使用情况，希望他们管理好自己的时间。至于软件、会议、报告的内容，管理者是否真的看了，是否根据了解到的有关情况，对销售人员的工作给与指导了，就不得而知了！

为什么会出现这种现象？回答这个问题，我们不得不先讨论销售职业或销售人员工作的特点。销售工作的特点是不确定性，这种不确定性体现在：

时间空间的多变性——销售人员工作的时间、地点都要以客户的时间、地点为准。因此，工作计划总是相对被动的。

客户情况的差异性——没有两个客户的情况会是完全相同的，因此工作重复性不高。

项目因素的多样性——每个项目的影响因素有很多，具有不可预测性和突发性的特点。

思维判断的自我性——对于客户关系、项目进展、影响因素，等等的判断，带有销售人员的主观性，与销售人员的能力、阅历、工作经验、客户关系……有关，因此，同样具有很大不确定性。

这种工作内容和过程的"不确定性"，决定了销售人员的工作是收集信息、利用信息，通过独立地思考与工作，用不同的方法和技术来解决问题，并有权决定用什么工作方法来完成他们不同的工作任务。销售人员的注意力是集中在精神上的，而不仅仅是体力上，这需要创造力和自制力，最终是以取得的绩效或成果来衡量其成功与否。

面对这种不确定性，一方面管理层希望能更多地掌握销售人员的工作情况；另一方面销售人员需要有很好的自我管理能力。影响销售业绩的因素是多重的，比如市场情况、产品竞争因素、营销策略、销售组织结构等外部因素。而销售人员的能力是影响销售业绩的重要的内在因素，这些能力包括责任感、学习能力、专业知识、交往能力、综合分析问题的能力、判断力，等等不一而足。实践中常常有这种情况：同一团队中，成员之间业绩相差甚远。观察每个员工的工作状态、时间安排、工作计划、客户拜访情况、拜访后的总结、数据分析工具的使用……可以发现其中的差异就在于其自我管理的能力。

在知识型组织中，许多成员都是单独作战的，技术型销售人员的工作就是如此。虽然在通常情况下他们没有下属，但他们仍然是"管理者"。这种管理的核心就是管理好自己，管理好自己的业绩目标、市场规划、时间分配、项目进程、与绩效或成果相关的各种数据的收集、分析和运用……

在《卓有成效的管理者》一书中，彼得·德鲁克先生指出，"卓有成效"是可以学会的，而卓有成效表现在五个方面：

掌握自己的时间——自我管理；

我能贡献什么——责任；

如何发挥人的长处——素养；

工作中要事优先——工作规划；

有效的决策——判断力与担当。

这五个方面概括了一个成功管理者应有的使命感、素养、自我管理能力和担当精神。而"掌握自己的时间"和"工作中要事优先"是密不可分的，我们不妨将之称为知识型员工的"自我管理"，而知识型员工这方面的能力就是"自我管理能力"。

如何使自己在实践中卓有成效呢？

"时间是最稀有的资源。若不将时间管理好，要想管理好其他事情就只是空谈。而分析自己的时间，也是系统地分析自己的工作，鉴别工作重要性的一种方法。"[①]

"有效的管理者并不是一开始就着手工作，他们往往会从时间安排上着手。他们并不以计划为起点，认识清楚自己时间用在什么地方才是起点。"[②]

在知识型员工的职业生涯中，管理好自己的时间，是使自己卓有成效和取得理想绩效的起点，并贯穿职业生涯的始终。在信息爆炸和时间被碎片化的当下，管理好自己的时间就显得尤为重要。有形的浪费容易被察觉，并及时克服；无形的浪费容易被忽略，更难以及时纠正。这就像生活中的水、电，人们容易发现有形的浪费，而忽略了跑、冒、滴、漏。我们工作中容易发现纸张、场地、设备上的浪费，而往往忽略了在时间这个无形财富上的浪费。时间管理是自我管理的过程，别人只能给予帮助、提醒。因此，管理好自己

---

① （美）彼得·德鲁克.卓有成效的管理者（珍藏版）[M].许是祥，译.北京：机械工业出版社，2009：50.

② （美）彼得·德鲁克.卓有成效的管理者（珍藏版）[M].许是祥，译.北京：机械工业出版社，2009：24.

的时间是卓有成效的核心和基础。

彼得·德鲁克先生上述论述说明，知识型员工在职场上的自我管理能力就体现在"时间管理"（掌控自己的时间）与"工作管理"（要事优先）两方面。

讲时间管理，一定是以工作管理为重心；

讲工作管理，一定是以时间管理为载体。

这两者之间互为依托。如果讲时间管理不与工作管理结合，时间管理就成了没有重点的流水账；同样道理，如果讲工作管理，离开了时间管理，也就失去了计划性和时效性。

由此，我们也就不难理解为何企业的管理者如此关注销售人员的工作时间安排了。关注销售人员工作时间安排的目的是帮助销售人员有效利用工作时间，帮助其提升自我管理的能力。而对于自我管理能力的提升，外界只能是帮助、提醒，关键是每个人要意识到，自我管理是伴随每个人一生的过程，只是每个阶段重点不同而已。

根据多年的实践，营销组织在销售人员的时间有效性管理方面有两点要注意：

一是，销售人员时间有效性不仅仅是销售人员个人的事；

二是，管理者要关注销售工作中"产生成果的活动"。

销售人员时间有效性不仅仅是销售人员个人的事

在一次培训过程中，某公司的营销团队中的销售人员反映工作内容太多，忙不过来，有时甚至周末都要用上。于是，我们当场做调查，他们列举了很多工作内容，但每项工作内容的重要性、具体占用时间都说不清楚，只是感觉太忙了，大家的疑问就像歌中唱的那样——"时间都去哪儿了？"。

于是他们决定销售团队做一次时间记录，看看时间都去哪儿了。

根据大家的讨论，首先列出了销售人员平时包括休假在内的时间占用内容，并归类分为四种情况：

一、对销售业绩来讲直接产生效益的工作——"Yes"，比如拜访客户、做科室交流会、参加展会、商务谈判等；

二、对销售业绩来讲并不直接产生效益的工作——"No"，比如出差路上时间、参加培训以及协调公司内部关系、处理客户投诉、管理订单/发货、报销等事务性工作；

三、不像前面两项那样好区分的工作——"NA"（不好说、不确定），比如开会、员工带教/团队建设、售后服务等，这些工作销售人员要做，但花费时间很多，就是问题了。比如售后服务，客户在第一时间找到销售人员是合理的，但问题得不到解决，后续不断联系销售人员，就要研究售后服务系统哪里有问题了；

四、公休/休假——正常情况下，员工的公休和休假应该得到保障。

内容设定后，作为试点，该公司选择了一个区域的销售团队填写、记录了25天时间占用情况，最终统计后得到销售人员个人、地区全员的时间有效性分析。图4-6、图4-7、图4-8是这次时间有效性调查中选取的该公司西区10名销售人员25天的时间有效性分析。（由于是第一次填写，有人没有填写完整8小时工作时间的内容。根据要求10人25天应填写2,000小时，收集上来的数据是1,981.5小时，误差是在可接受的范围内的。）

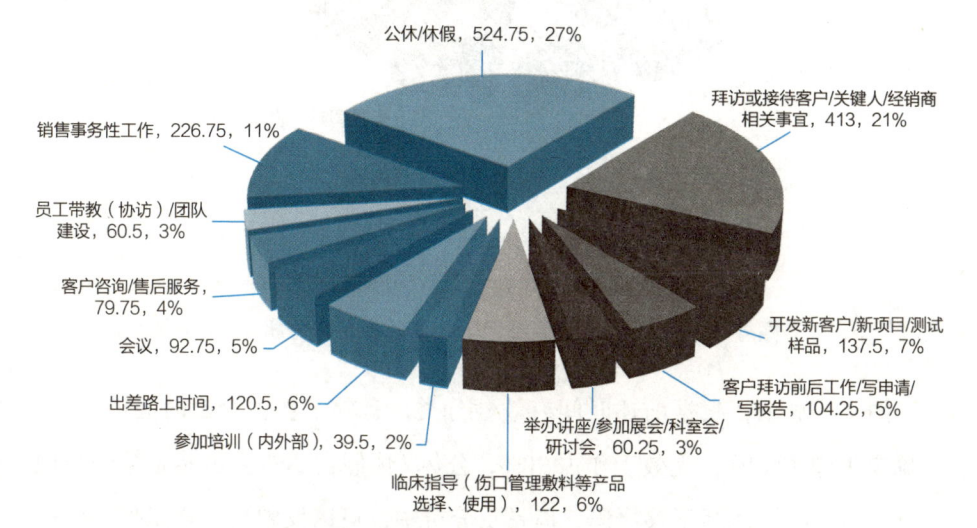

XXX公司西区销售10人25天（2018/11/17-12/11）
总计记录时间1981.5小时统计分布

图4-6 ×××公司西区销售团队时间有效性调查统计分布（一）

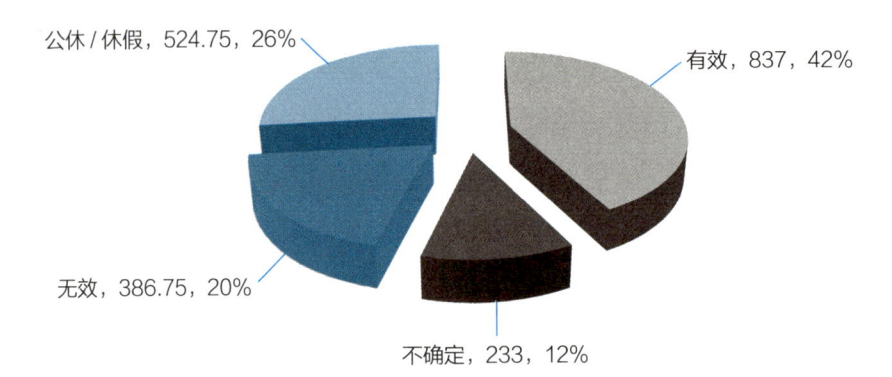

公休/休假，524.75，26%

有效，837，42%

无效，386.75，20%

不确定，233，12%

XXX 公司西区销售 10 人 25 天（2018/11/17-12/11）
总计记录时间 1981.5 小时时间有效性分析

图 4-7　xxx 公司西区销售团队时间有效性分析（一）

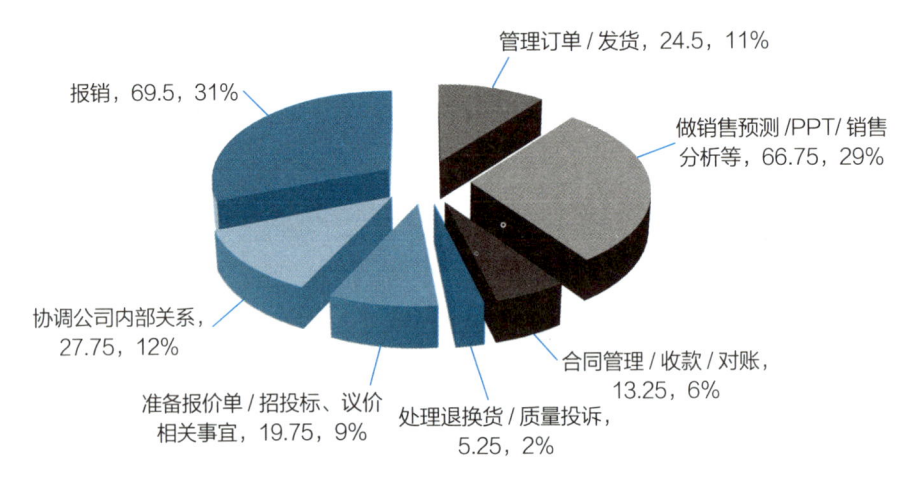

管理订单/发货，24.5，11%

报销，69.5，31%

做销售预测/PPT/销售分析等，66.75，29%

协调公司内部关系，27.75，12%

准备报价单/招投标、议价相关事宜，19.75，9%

处理退换货/质量投诉，5.25，2%

合同管理/收款/对账，13.25，6%

XXX 公司西区销售 10 人 25 天（2018/11/17-12/11）
总计记录事务性工作时间 226.75 小时统计分布

图 4-8　xxx 公司西区销售团队事务性工作分析（一）

图 4-7 显示，根据前述时间有效性分类，有效工作占全部时间的 42%，不确定工作占 12%，无效工作占 20%，公休/休假占 26%。虽然是第一次做统计，有一些人填写不够严谨，但是从分析中也可以反映出日常工作中的一些问题。

占总时间 20% 的无效时间中主要是出差路上时间、参加内外部培训、事务性工作三项；事务性工作占到了全部统计时间的11%（227小时），其中报销、协调内部关系、管理订单发货三项又占到了50%以上。分析公休日工作中的无效工作发现，很多人是在做"报销"，有20小时。

在25天周期中有8个公休日，以每天8小时10人计算，公休时数是640小时；统计数据上显示实际公休/休假时间是524.75小时，相差115小时。统计显示，除具有医疗行业特点的一些活动需要在周六、日进行（如技术交流会等），占用了66个小时，是有效工作外，其他周末的出差路上时间、参加培训、事务性工作等无效工作和属于不确定有效性的会议、团建等工作，占用了77.5小时（这里包括了"出差路上"27小时，"报销"20小时，做"销售预测/PPT/销售分析"等文案工作大约有19小时）。两项相加达到了143.5小时，超过了115小时的差值，这说明有人在休息日工作时间甚至超过8小时。这可能就是所有销售人员感觉"忙不过来，有时甚至周末都要用上"的原因吧！

在分析无效时间的基础上，该公司选择了"报销流程"和"内部信息共享"两个主要问题进行改善。

第一，报销流程改善。过去该公司的报销流程是纸质报销表格和单据，随报销审批流程顺序走，审评过程是串联过程，一级传递一级地进行。对于发票审核等步骤是报销流程最终到达财务部门时由专业人员完成，此时如果发现问题，前面的流程全部要重来。在这个传递过程中，发票遗失的情况时有发生。整个报销过程反复和报销到账时间长，成为销售人员抱怨的焦点问题。针对这种情况，该公司上线了新的报销系统，系统中设置了自动提示功能，对填写有误或超标情况实时提示，可立即进行修改或提前拿到特别审批签字；所有票据扫描，随报销表格上传到内网上，财务人员可以及时审核给出意见；各级管理者根据财务人员的审核结果，及时审批；报销表格和单据直接寄给财务部门，避免了单据传递过程中的遗失。

第二，分析销售人员事务性工作时发现"协调公司内部关系""管理订单/发货""合同管理""处理退换货"等工作都存在公司内部信息不畅的问题。

比如，销售人员在一线与客户沟通过程中，涉及货期的问题，需要联系仓库，了解库存；如果没有库存，则要联系运营，了解货期……这一系列的操作占用了销售人员许多时间和精力。对此，该公司上线了产品信息查询系统，有关库存、货期、合同进程、退换货等内容，销售人员可以随时在一个系统中查询和沟通，大大提升了工作效率。

第三，将销售人员需要填写的众多报告、分析表单、不同部门要求的报表进行了清理，将有关联关系的合并、简化；将意义不大、可要可不要的报表取消；从出差申请，到汇报，再到报销，形成一个文件，便于销售人员管理，也有利于管理人员全面了解情况。

实施上述三项措施半年后，该公司再次做了销售人员工作时间记录和时间有效性分析。这次对全体销售人员的数据进行了采集。为探究改善措施的有效性，这里仍旧以西区销售团队为样本，仍然是10人25天占用时间有效性分析；由于人事变动，第二次10人中有两人做了调整，也就是说，两次调查中80%是相同的人和工作内容。因此，这样的数据是可以采用，并能说明问题的。第二次的结果采取与第一次结果相同维度示于图4-9、图4-10、图4-11。

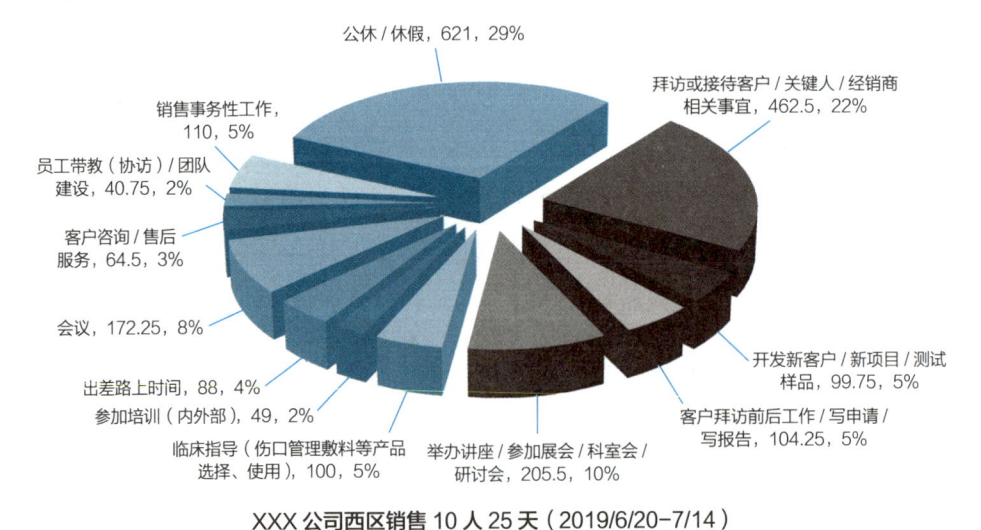

XXX公司西区销售10人25天（2019/6/20-7/14）
总计记录时间2117.5小时统计分布

图4-9 ×××公司西区销售团队时间有效性调查统计分布（二）

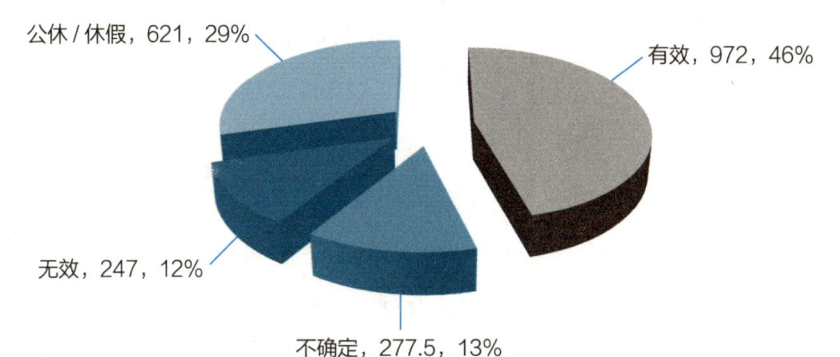

公休/休假，621，29%

有效，972，46%

无效，247，12%

不确定，277.5，13%

XXX 公司西区销售 10 人 25 天（2019/6/20-7/14）
总计记录时间 2117.5 小时时间有效性分析

图 4-10　xxx 公司西区销售团队时间有效性分析（二）

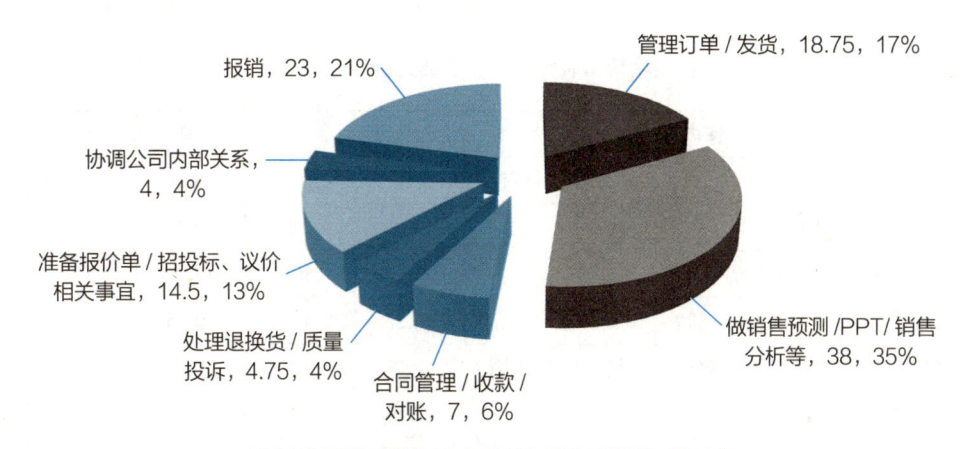

报销，23，21%

管理订单/发货，18.75，17%

协调公司内部关系，4，4%

准备报价单/招投标、议价相关事宜，14.5，13%

处理退换货/质量投诉，4.75，4%

合同管理/收款/对账，7，6%

做销售预测/PPT/销售分析等，38，35%

XXX 公司西区销售 10 人 25 天（2019/6/20-7/14）
总计记录事务性工作时间 110 小时统计分布

图 4-11　xxx 公司西区销售团队事务性工作分析（二）

根据要求 10 人 25 天应填写 2,000 小时，收集上来的数据是 2,117.5 小时，说明是有加班情况。

从展示时间有效性分类的图 4-10 可以看到：

有效工作占全部时间的比例从第一次统计的 42%（837 小时），到第二次的 46%（972 小时），提升了 4 个百分点，不要小看这 4 个百分点，实际增加了 135 小时；无效工作占比从 20%（387 小时）下降到了 12%（247 小时），减少了 140 小时。这两者的一升一降能够说明工作时间有效性的变化。

不确定工作占 13%，多了 1 个百分点（增加了大约 44 小时）；而公休/休假从 525 小时占 26%，提升到 621 小时，占 29%，多了 96 小时，除了周六、日休息日安排工作明显减少外，不少人还安排了休假（这里面不排除有季节性原因）。统计显示，除具有医疗行业特点的一些活动需要在周六、日进行（如技术交流会等）的有效工作，仍然占用了 66 个小时外；其他周末出差路上、参加培训、事务性工作等无效工作和属于不确定有效性的会议、团建等工作，只有 33 小时，下降了 44.5 小时；特别是利用周末的时间处理报销事务的时间，从第一次的 24 小时减少到 2 小时，变化是非常明显的。

表 4-3 是 2018 年改善前与 2019 年改善后的数据对比（供读者参考）。

表 4-3　×××公司西区销售团队时间有效性调查统计分布对比（2018 vs 2019）

工作内容	2018 年	%	2019 年	%
拜访或接待客户/关键人/经销商相关事宜	413	21%	462.5	22%
开发新客户/新项目/测试样品	137.5	7%	99.75	5%
客户拜访前后工作/写申请/写报告	104.25	5%	104.25	5%
举办讲座/参加展会/科室会/研讨会	60.25	3%	205.5	10%
临床指导（伤口管理敷料等产品选择、使用）	122	6%	100	5%
参加培训（内外部）	39.5	2%	49	2%
出差路上时间	120.5	6%	88	4%
会议	92.75	5%	172.25	8%
客户咨询/售后服务	79.75	4%	64.5	3%
员工带教（协访）/团队建设	60.5	3%	40.75	2%
销售事务性工作	226.75	11%	110	5%
公休/休假	524.75	26%	621	29%
总值（小时）：	1,981.5	100%	2,117.5	100%

这次统计的时间比第一次多 136 小时，这 136 小时主要就分布在公休/休假和不确定有效性的工作中。公休/休假的时间之所以增加了近 100 小时，一

方面是周末处理一些无效工作的时间减少了（8个休息日中有4天是没有安排任何工作的），另一方面休假增加了；而属于不确定有效性的会议、团建等工作时间增加了44.5小时，主要是会议增加得多，从93小时增加到172小时，增加了79小时，因此需要进一步分析会议的有效性（这是后续的问题）。

表4–4 ×××公司西区销售团队事务性工作分析对比（2018 vs 2019）

销售事务性工作	2018年	%	2019年	%
管理订单/发货	24.5	11%	18.75	17%
做销售预测/PPT/销售分析等	66.75	29%	38	35%
合同管理/收款/对账	13.25	6%	7	6%
处理退换货/质量投诉	5.25	2%	4.75	4%
准备报价单/招投标、议价相关事宜	19.75	9%	14.5	13%
协调公司内部关系	27.75	12%	4	4%
报销	69.5	31%	23	21%
总计（小时）：	226.75	100%	110	100%

在表4–4中可以看到事务性工作变化很大，从227小时下降到110小时，从分布来看，协调公司内部关系、合同管理、报销等工作内容占用时间变化明显，正是该公司进行报销流程改善、公司内部信息系统建立、报表文案清理等一系列工作的成效体现。

进行时间有效性统计分析，除了要有一个简单实用、便于填写的分析工具（一般是一些专门编辑的小程序）外，在程序中可以根据自身业务的实际，设定不同类型的工作有效性分类是至关重要的。上述案例中，就是营销团队汇总了销售人员日常的各种工作，做了归纳、概括，最终分成有效、无效、不确定和公休/休假四大类。

（一）"有效"的工作归纳、概括为五项：

1. 拜访或接待客户/关键人/经销商相关事宜；

2. 开发新客户/新项目/测试样品；

3. 客户拜访前后工作／写申请／写报告；

4. 举办讲座／参加展会／科室会／研讨会；

5. 临床指导（伤口管理敷料等产品选择、使用）。

（二）"无效"的工作归纳、概括为三项：

1. 参加培训（内外部）；

2. 出差路上时间；

3. 销售事务性工作，而这一项又细分为：

（1）管理订单／发货；

（2）做销售预测／PPT／销售分析等；

（3）合同管理／收款／对账；

（4）处理退换货／质量投诉；

（5）准备报价单／招投标、议价相关事宜；

（6）协调公司内部关系；

（7）报销。

（三）"不确定"的工作归纳、概括为三项：

1. 会议；

2. 客户咨询／售后服务；

3. 员工带教（协助拜访）／团队建设。

（四）最后是公休／休假。

上述分类和归纳、概括是否合理这里不做讨论，只是希望通过这个实例，向读者介绍时间有效性分析的内在逻辑。

案例对我们的启示有三点：

首先，销售人员在日常工作中会面临各种不同类型的工作，强调时间有效性管理，就是要求销售人员聚焦有效的工作。销售人员要合理安排自己的时间，但合理安排自己的时间不仅仅是销售人员个人的事。不合理的管理流程、大量的内部协调、众多管理部门要求的报表，等等工作都会影响销售人员工作的有效性。因此，适时地做销售人员时间有效性统计、分析，并针对发现的问题，不断改进工作流程和方法（不断迭代工具的性能，提高效率），让销售人员可以聚焦于"产生成果的活动"，是提升销售人员时间有效性的重要途径。

其次，做销售人员时间有效性管理，不是要让销售人员不做任何不确定和无效的工作，这些工作也是销售人员工作的一部分，关键是我们如何把这些工作控制在一个合理的水平。有些企业一提让销售人员聚焦销售活动，就是增加销售助理去处理事务性工作，结果人浮于事，背离了我们做这项工作的初衷，没有达到应有的效果。

另外，在长期的实践中发现，在时间管理方面会经常出现反复甚至退步，这是销售工作的不确定性引起的。因为销售团队总是在面对新情况、新挑战，这种变化都要求我们不断在时间有效性统计分析中发现新问题，并加以改进。因此，适当的时候，比如，一年做一次时间有效性统计分析或分不同团队做时间有效性统计分析，查找团队或个人时间管理中的问题是必要的。

管理者要关注销售工作中"产生成果的活动"

销售人员由于工作的不确定性，不能像企业中的文员那样坐班，各级管理者都希望了解销售人员工作时间在做什么，工作时间管理得如何，因此，日报、周报等各种形式的报表或管理软件就应运而生了。各级管理者强调，要求销售人员填写这些报表是为了推动销售人员管理好自己的工作时间，问题是：推动销售人员管理好自己工作时间的目的是什么和时间要用到哪里？我曾经与一些管理者讨论过这个问题，实践中也遇到一些案例，搞清楚这个问题真的很重要。

某企业的销售经理，领导着分布在华北、山东、河南等地三十多人的销售团队，这个团队有一个不成文的要求：每天晚上八点左右，要将一天的工作情况和明天的大体安排（相当于日报），发给这位经理；这位经理会逐一看汇报，并与他认为需要沟通的人进行交流。他告诉我，经常要搞到十一二点，感觉很累。我们对此进行了交流，他之所以这样做，原因一是感觉自己责任大，要对公司的业绩负责；二是人员分散，不知道大家在干什么，同时也想帮到大家。他的出发点和愿望都是很好的，但是他忽略了营销团队的管理是落实到业绩成果上的，推动销售人员管理好自己工作时间的目的，是要帮助他们达成业绩目标；而要达成业绩目标，则是要在有限的工作时间内提升工作的效率和有效性。因此，管理者的责任不是盯着销售人员看时间排得满不满，而是要看他们的工作是否有效，并对达成业绩有帮助。否则的话，一定是事倍功半，自己也很累。

另一个案例是关于销售漏斗使用过程中反映的问题。

在辅导某公司使用销售漏斗工具过程中，想了解一下销售人员是如何安排"销售活动"的。在"明天、下周（未来）"的"销售活动"安排中，没有任何信息；但是选择"昨天、上周（过去）"的"销售活动"安排，发现里面信息满满，当时我感到非常困惑。进入具体的、过去的"销售活动"栏目中发现了问题，系统记录的每条活动的录入时间都是在当天晚上 20:00-22:00 左右。

问题一下就清楚了，原来这个销售团队都是事后（每晚）填写活动，来说明"我的时间安排得很满"，以应付管理层的查看，也是通过这种方式告诉管理者"我很努力"。

我们不反对事后记录工作情况，但我们更强调要根据每个项目的进程，主动地思考、安排相应的"销售活动"，这才是我们关注"销售人员在做什么？"的本意。我们更希望看到的是销售人员努力的结果（有效性）！

上述两个案例，一个从管理者的角度，一个从销售人员的角度反映了填写日报、周报中存在的问题；让我们看到无论日报、周报，还是其他什么软件系统，我们的目的不是要知道销售人员每时每刻在做什么（这也是管不住的），我们是要引导销售团队和销售人员，时刻围绕着"产生成果的活动"展开工作。

什么是"产生成果的活动"呢？

彼得·德鲁克先生在《管理：使命、责任、实践（实践篇）》一书中用大量篇幅论述了一般企业日常工作中的四类"关键活动"[①]，篇幅所限，归纳如下：

第一是"产生成果的活动"：

（a）可以直接带来收入的活动；（成果产生）

（b）虽然并不产生收入，但与整个企业或者产生主要收入部门的成果直接相关的活动；（成果贡献）

（c）信息活动，信息本身不能产生任何收入，信息只是收入与成本中心的"补给品"。

第二是"辅助活动"：辅助活动本身不生产"产品"，而是对其他活动进行"投入"；有时也可被视为"成果贡献活动"的一部分（采购、生产、物流等）；

第三是"内务工作"：人事、后勤、办公室……

第四是"高层管理活动"：使命、组织、战略……

在销售工作中，"关键活动"是那些"产生成果的活动"，最终达成销售业绩目标。日报、周报和销售漏斗中的活动，不是要流水账式地记录工作，成为工作日志，而是通过不断地对"产生成果的活动"进行规划、执行和结果分析，推动销售项目逐步实现"签单"（结单）。

通过营销例会和对销售漏斗是否健康的检视与业绩反馈，检查日常工作中销售团队和销售人员进行的活动，是否主要落实到"产生成果的活动"的关键活动之上了，为什么，怎样改进。

指导过我的一位资深经理曾经和我探讨过"推动销售人员管理好自己工作时间的目的是什么和时间要用到哪里？"的问题，他始终围绕着业绩达成情况和销售漏斗中反映的未来业绩情况，去看一个销售团队和每个销售人员。

[①] （美）彼得·德鲁克.管理：使命、责任、实践（实践篇）[M].陈驯，译.北京：机械工业出版社，2019：190-203.

他对销售团队和销售人员提出,希望在交流和汇报时了解四方面的情况:

1. 在你(们)管理的范围(地域、行业、客户等)内,有什么销售机会?你(们)的行动计划和预期的成果是什么?

2. 在你(们)管理的范围(地域、行业、客户等)内,竞争对手在做什么?你(们)采取的对策是什么?

3. 在你(们)管理的范围(地域、行业、客户等)内,合作伙伴(代理商、经销商等)经营正常吗?合作顺畅吗?你(们)如何协调和解决出现的问题?

4. 这也是最重要的——你(们)需要我帮你(们)做什么?

上述四条看起来很简单,但这四条抓住了销售团队和销售人员日常工作的关键活动,特别是将营销工作中"产生成果的活动"具体化了,回答起来并不容易,尤其是第四条。他通过这四项要求,引导销售团队和销售人员将日常管理聚焦到与实现业绩相关的"产生成果的活动"中去。

我们并不否认日报、周报在营销工作中的作用,而是希望营销团队和营销工作的管理者认识到,通过确定营销工作中"产生成果的活动",将管理的重心聚焦于推动销售团队和销售人员不断地对"产生成果的活动"进行规划、执行和结果分析之上,从而推动营销业绩的成长。这就是我们对前面"推动销售人员管理好自己工作时间的目的是什么和时间要用到哪里?"问题的回答。

"和所有的固定资产一样,管理层首先要知道时间的生产力,尤其是有多少应该用来工作的时间实际上未能用于工作,以及为什么会这样(例如,因为销售人员用了 2/3 的时间来填写各种文书,而没有用于销售)。"[①]

本节讨论的是销售人员工作时间有效性管理的问题,重点是两个议题,一个介绍了销售人员时间有效性的评估方法,另一个则讨论营销管理要聚

---

① (美)彼得·德鲁克. 人与绩效:德鲁克管理精华. 闫佳,译. 北京:机械工业出版社,2014.12: 147.

焦"产生成果的活动"。两个议题看似各有侧重，但联系起来可以看到一个主线——销售人员工作时间的有效性管理就是要确定什么是"产生成果的活动"，如何引导销售人员聚焦"产生成果的活动"，实现销售业绩的提升，而不是单纯地关注时间安排得满不满。

确定了"产生成果的活动"，也就区分出了工作时间都用到哪里了——是用在了有效的工作中了？还是无效，或是不确定有效性的工作中了？它们的各自占比如何？如何减少无效的工作？让销售人员的时间精力尽量投入到有效的工作中，这是销售管理者要时时思考和关注的问题。

做销售人员时间有效性统计、分析和要求管理者聚焦"产生成果的活动"，都说明一个问题：销售人员工作时间的有效性管理，不仅仅是销售人员个人的问题，而是与营销团队内部的工作流程、内部关系的协调、文件报表的设立和管理者关注的内容（例如，是关注销售人员工作时间安排得满吗？还是聚焦"产生成果的活动"？），等等问题相关联的，是营销团队管理水平的问题。

我们讨论时间有效性管理和日报、周报等管理措施的实施，其核心就是要让管理的干扰减到最小，让销售人员工作时间发挥最大的效益。

绩效考核与能力/素质考评

在管理实践中，经常遇到在营销团队中某位销售人员业绩很好，可当对他（她）表彰时，却得不到团队中大多数人认同的情况。我曾试图找到问题的症结，通过对多个案例的观察与分析，发现不能简单地以不服气、运气、市场差异、个人努力、人际关系等因素下结论。产生这种现象的每个案例其背景或因素各不相同，需要从管理和团队建设的角度去思考、检视问题。作为团队成员，每位销售人员都处于集体之中，每个人的能力、素质，甚至性格都会对团队的运作产生影响。既然是工作在团队之中，除了需要每个参与者自身做到"掌握自己的时间""工作中要事优先"和"有效的决策"以外，还要思考在团队内"我能贡献什么"和"如何发挥人（包括自己和别人）的长处"。彼得·德鲁克先生认为这五项是管理者卓有成效的要素，是必须在思想上养成的习惯。[1]

在实践中，业绩考核相对简单、直接，因此每个营销团队都有一整套考核的方法和数据支撑，这是硬指标；虽然大家对人员的能力和素质都很重视，但苦于难以量化，无法形成一套行之有效的考核方法。关于能力/素质考核，

---

[1] （美）彼得·德鲁克.卓有成效的管理者（珍藏版）[M].许是祥，译.北京：机械工业出版社，2009：22-23.

一些大企业和咨询公司都有整套的体系和方法，有专业的团队去研究；我们在这里只是根据营销管理的实践，探讨绩效考核与能力/素质考核两者的关系，简单介绍能力/素质考核的方法，有兴趣的读者还是应该去读专业的书籍或向专业团队咨询。

短期阶段性与长期连续性的关系

业绩考核一般是以一年为周期，每个周期内，企业与员工都会对业绩目标、考核方法、员工薪酬等内容进行交流与确认，并以契约的形式固定下来；最终在考核周期结束时，都会根据业绩兑现契约的规定。

而能力/素质考核更确切地讲，是一种评定，是对照企业愿景、使命、核心价值观对员工能力/素质要求的要素，由员工进行的自我评定和其直接领导对该员工进行的评定，是年度例行的双维度评定，因此称之为"能力/素质考评"更确切（以下就用"能力/素质考评"一词取代"能力/素质考核"）。这种评定关注的是员工的长期发展，具有连续性的特点。能力/素质考评也具有相对的阶段性，比如一名员工从普通销售人员晋升为销售主管，其能力要求是有变化的，其起点是新职位的最低点。这种相对阶段性，是置于连续性之中的。

即时兑现与长远发展的关系

员工绩效薪酬是与业绩考核直接相关的，是对应考核周期即时兑现的。

而能力/素质考评，关系员工在本企业的发展前景，影响员工获得培训、晋升和基础收入（薪资）的变化。由于能力/素质考评具有连续性，员工个人和企业可以从中看到一名员工在本企业成长或发展的轨迹。员工成长的轨迹，往往成为员工晋升的依据之一。

个人能力与团队需要的关系

业绩考核更多的是展示员工的工作能力。而能力/素质考评则侧重的是员工与企业或团队全面需求的适配性，同时也给员工和管理者指出了该员工的优、缺点和需要改进的内容。

其实，业绩也是能力/素质考评内容的一部分。正如我们前面指出的，业绩反映了员工的能力，而且还是很重要的能力，在以往我经历的能力/素质考评中都有业绩总结，其权重占到了能力/素质考评的 30%~40%，区别在于能力/素质考评中的业绩总结看的是整体业绩状况，不像业绩考核那样细化，并与业绩绩效收入直接挂钩。对于二者的关系，用一个不见得恰当的比喻就是，像图像分析中整体图像（能力/素质考评）与局部放大图像（业绩考核）间的关系。

那么能力/素质考评如何进行呢？

这里，根据我自己在企业中进行的二十多年（次）自我考评和对下属几十人次的考评，做一个简单的介绍。因为这些考评持续了二十年左右，每次考评的内容有所不同，我将存档、有记录的多份文档总结出一份《年度业绩总结与能力/素质考评表》（以下简称《考评表》），供读者——特别是中小企业管理者——直观地了解能力/素质考评，并据此进一步讨论能力/素质考评的实施过程和当中容易出现的问题。该《考评表》的标准表和模拟填写表作为附录 C 附于书后。至于具体实施，还请人事部门加以研究，或咨询有关人士、有关咨询公司。

从附录 C 表 C–1 中可以看到《考评表》中除前面的被考评人的信息、总考评分等基本信息（见表 4-5）外，包括了六部分内容，下面结合模拟填写《考评表》，逐项做解读：（表内的考评数据是为便于读者理解，而模拟主管打的分数。）

表 4–5 《考评表》基本信息

20×× 年度业绩总结与能力/素质考评表				
职工姓名：	主管人姓名：		任当前职务的时间： 年 个月	
职务：	总结日期：		考评周期从： 年 月到 年 月	
	总考评分：	4.00		

年度工作总结

《考评表》第一部分是年度业绩总结，是对前一年度总结时（或新担任某项工作时）订立的目标的总结。这一部分中除了有具体的业绩目标，比如，销售目标、利润（率）目标、新客户增长量、销售漏斗中销售机会值等与营销直接相关的目标达成情况外，还有前一年度考评时，确定的能力/素质提升的具体目标执行情况的总结，比如，参加哪些培训、参加多少次改善活动、取得什么资格证书，等等与能力/素质提升有关的目标达成情况。后一部分内容（能力/素质提升目标的执行情况总结，本模拟表中的第4、5项目标）是能力/素质考评中的业绩总结与员工的业绩考核的不同之处。

表 4-6 《考评表》年度工作总结

（一）20×× 年度工作总结									
对考评周期内应达成目标和已取得的成绩进行小结，并根据此前确定的各项目标的权重进行评分。									
目标1：销售额（万）	81	执行结果1：	77	达成率1：	95%	目标1权重：	30%	目标1得分：	11.41
目标2：利润额（万）	20	执行结果2：	20	达成率2：	100%	目标2权重：	30%	目标2得分：	12.00
目标3：新客户（个）	24	执行结果3：	21	达成率3：	88%	目标3权重：	20%	目标3得分：	7.00
目标4：改善（次）	10	执行结果4：	9	达成率4：	90%	目标4权重：	10%	目标4得分：	3.60
目标5：业余时间参加领导力培训		执行结果5：完成、获证书		达成率5：	100%	目标5权重：	10%	目标5得分：	4.00
年度业绩综合考评分：（占总考评权重40%，满分40分）						40	业绩总分：		38.01

如表4-6所示，如果一位基层管理人员的业绩总结满分是40分，该员工本年度五项目标达成率分别是：

销售目标：达成率=95%，权重=30%，销售目标得分=40*95%*30%=11.41；

利润目标：达成率=100%，权重=30%，利润目标得分=40*100%*30%=12；

新客户开发目标：达成率=88%，权重=20%，新客户开发目标得分=40*88%*20%=7.00；

开展改善活动目标：达成=90%，权重=10%，开展改善活动目标得分=40*90%*10%=3.60；

业余时间参加领导力培训：完成，获得证书，权重=10%，得分=4；

其年度业绩总结得分=11.41+12+7.00+3.60+4=38.01。

能力/素质考评

表 4-7 《考评表》员工基本能力/素质要求考评

（二）员工基本能力/素质的年度考评 若评定为 1.9 以下或 4 以上，请给出实例，评定者可根据自己的判断举例。如果该项目不适合该员工，请标上"不适用"，"不适用"项目数不可多于五项。	员工评定	主管评定
1. 质量第一：计划性强，能准确、全面、按时、可靠地执行，能把诚信放在首位。 举例：		3.5
2. 影响力：通过工作努力，积极参与公司的各项活动，并影响他人。 举例：		3.5
3. 尊重他人：能友好地与各种不同的人接触、交往。理解尊重不同经验、不同级别、不同教育程度、不同背景、不同性别及持不同意见的人。从行为上是否表现出，他/她意识到员工是公司最有价值的资源。 举例：		3.5
4. 以事实为依据地处理问题：为得到合理的，以事实为依据的结论，要事先搜集，分析总结数据。 举例：		3.6
5. 团队配合：为达到双赢，能与所有级别的同事、公司的客户、供应商/经销商合作。保持和睦的工作氛围，着眼于解决问题而不是争辩谁是谁非。 举例：		3.3
6. 紧迫感：能及时发现问题或机会，并采取相应的行动。 举例：		3.7
7. 以客户为中心：（不论外部还是内部）以发现和满足客户需求为动力而开展工作。 举例：		3.6
8. 以结果为导向：有动力和能力达到所承担的短期和长期目标，取得工作成绩。 举例：		3.7
9. 适应变化的能力：能够在变动中的、有不确定因素的以及不明朗的环境中迅速适应，开展工作。 举例：		3.8

续表

（二）员工基本能力/素质的年度考评 若评定为1.9以下或4以上，请给出实例，评定者可根据自己的判断举例。如果该项目不适合该员工，请标上"不适用"，"不适用"项目数不可多于五项。	员工评定	主管评定
10. 技术优秀：在工作专业深度和广度方面，善于运用和发挥自己技术方面的知识。 举例：		3.1
11. 沟通：能在公司中有效地与他人广泛沟通。 举例：		3.3
12. 为企业大目标努力：作为公司整体组织的一部分，愿意为公司的需要、重点和目标而努力。 举例：		3.5
13. 职业精神：对现状提出问题，愿意并且能够主动地接受新的、困难的挑战；能够承担挑战有可能出现的风险。 举例：		3.4
14. 远见卓识：能够为了公司远景主动、积极地进行沟通及寻求支持。 举例：		不适用
15. 为公司培养和发掘人才：致力于员工长期的培养与人才开发，特别注重员工才能的使用，以满足公司目前和长远的业务需求。 举例：		3.7
16. 战略实施能力：针对发展策略，做出切合实际的工作计划，落实计划并最终达到战略目标。 举例：		不适用
17. 积极参与公司的多样性：积极支持实行员工机会平等和公司组织的多样性。[多样性指的是企业的人员构成多样化，在个人特质（如性别、年龄、种族、性取向、宗教信仰等）以及职业特征（如擅长技能、语言水平、教育背景、工作经验、思维模式等）上的差异程度。] 举例：		不适用
18. 其他：（并举例）		
员工基本能力/素质年度综合评定分：（占总考评权重40%，满分40分） 40	0	49.2

	评定项目总数	17	不适用项目数	3	综合能力/素质分	28.11

表 4-8 《考评表》管理人员管理能力考评

（三）若被考评人还有下属员工，请继续做以下6项评定：	员工评定	主管评定
1. 采用公开的和一致的态度，与员工定期交流，可以是一对一的或其他形式。		3.5
2. 准确且诚实地评价员工及其工作。		3.3
3. 对公司具有重要价值，并一贯表现很好。		3.8
4. 能够承担责任，培养领导者的素质。		3.3
5. 愿为其他员工花费大量时间。		3.2
6. 鼓励员工进入新领域，向新的工作挑战。		3.6
管理工作年度综合评定分：（占总考评权重20%，满分20分）	20	0	20.7
	管理能力分：	13.80

第二部分（见表4-7）是每位员工都要参与的基本能力/素质要求考评。

第三部分（见表4-8）是有带领团队职务的人员在领导力方面的考评。没有带领团队职务的员工不参与此部分考评。

这两部分是"能力/素质考评"中真正"考评"的部分，也是"能力/素质考评"中的关键点。

首先，对照《考评表》第一部分考评内容，可以看到年度业绩总结是围绕业绩目标要素进行的，是相对硬性的指标；而第二、三部分是围绕企业愿景、使命、核心价值观等方面，对员工的能力/素质要求的要素进行的考评。这里特别强调，第二、三部分列出的"基本能力/素质要求"和"领导能力要求"的考评各项要素，是《考评表》的核心内容，体现了在企业的愿景、使命、核心价值观等方面对员工能力/素质的具体要求，也是对人员的能力和素质要求进行量化评定的第一步。有了这一步，才能对照这些要素进行自我评定和主管评定；否则评定是凭感觉打印象分，也就谈不上有统一标准内容的评定。这里给出的只是参考样本，各企业须要根据自己的情况，从企业的愿景、使命、核心价值观要求出发，确定企业对员工基本能力/素质要求的具体要素（也就是考评项），并对这些要素进行定义和解读，后续才能展开能力/素质考评。这其实也是企业文化建设过程中的一项重要内容。

其次，如果以百分制考核，《考评表》的第一、二、三部分内容合起来是100分，因此要设定权重，比如：（为了与绩效考核区分，这里业绩部分用"业绩总结"表述）

一般销售人员业绩总结和能力/素质考评的比重可以是4∶6；就是40分来自业绩总结，60分来自能力/素质考评；

一般基层管理人员业绩总结、能力/素质考评和领导力考评的比重是4∶4∶2，同理，即40分来自业绩总结，40分来自基础能力/素质考评，20分来自领导力考评；

而中层以上的管理人员业绩总结、能力/素质考评与领导力考评比重是3∶4∶3，与之对应，30分来自业绩总结，40分来自基础能力/素质考评，30分来自领导力考评；

……

总之，这是一个可以根据不同职务和职责要求调整的考评比重分配，但所有同一职级的人员应该采用的是统一的一个考评比重标准。

再次，与第一部分业绩总结不同，第二、三部分是以评定打分的方式进行，因此操作起来就存在比较大的差异性。就像体育比赛，计时、计距、计重、计分的项目争议就比较少（如田径、游泳、举重、球类等），而由裁判评定打分的项目争议就会比较大（如体操、跳水等）。对于第二、三部分评定打分的有关问题和实施过程，需要做进一步的讨论：

（1）评定打分的规则。如果确定能力/素质要求的考评要素是第一步，那么确定评定打分的规则，则是进行能力/素质考评的关键一步，只有具备了评定打分规则，能力/素质考评才能按规则进行下去。表4-9就是《考评表》有关评定打分的参考标准。（该评定说明参考了几年前我在福禄克工作时的考评表。）

表 4-9 《年度业绩总结与考评表》评定说明

评定说明：(* 所有评定仅适用于评定当年)
4.6~5.0= 卓越的： 这一级是很少的。仅适于在本职工作中某方面的表现得到大家公认的、出类拔萃的员工。**总评得到这一级的员工，应是全面或几乎所有方面都表现卓越的员工，是极少的。**
3.6~4.5= 优秀的： 表现超过一般要求。这一级适用在本职工作中表现超出一般标准的员工。
2.6~3.5= 符合要求的： 完全符合工作要求。这一级别适于那些通常能完成定额目标并能取得到高标准结果的员工。
2.0~2.5= 基本达标的： 能满足最低工作要求。这一级别适于接近期望值但需要改进的员工。
1.0~1.9= 不能接受的： 员工业绩明显不能达到期望值。该员工要有重大改进，否则短期内调离现工作岗位。改进的实施计划应马上执行。

表 4-9 很明确地给出了打分区间，分别是：

4.6~5.0 分是"卓越的"；

3.6~4.5 分是"优秀的"；

2.6~3.5 分是"符合要求的"；

2.0~2.5 分是"基本达标的"；

1.0~1.9 分是"不能接受的"。

对每个区间对应的标准都有相应的具体描述，便于评定者理解。

每个区间又可分出若干分数，可以体现出同一档次中的程度差异，便于评定者操作。

这里要特别说明的是，这种分级的方法是以 2.5 为区分点，这是在人事管理、市场调研中常用的方法，与平时学习时的 5 分制打分是不同的（通常用 5 分制打分时三分才及格，二点几分是不及格），因此，许多参加考评的员工对评定为 2.6~3.5 分耿耿于怀，普遍出现打分比较高的现象。其实每位员工加入新的企业，或担任新的职务，其起始点都是"符合要求"，否则不会被录用或委任新职务。因此其评定的起点也就是 2.6，经过一段时间的实践，其能力有可能向"上"或"下"两个方向发展，无论向"上"还是向"下"，都是具有连续性和渐变性的；发生跳变的情况也有，但不会大面积出现，比如，不符合任职要求，或大大超过任此职务的要求，那是在任职之初，对该员工的了解与判断出了问题，需要及时总结反思，并给予纠正。对于评定标准的理解，特别需要在评定开始前，就第二、三部分考评时如何把控，与所有参与者，包括员工、管理人员、人事部门人员进行沟通，做必要的说明和培训，甚至做试评打分，以使评定过程有序、平稳进行。

（2）在表4-9中特别说明——"所有评定仅适用于评定当年"，这是明确告诉每位评定参与者，评定是对过去一年本职工作表现的总结和检视，总结和检视的过程是要找出新年度改进的内容和方向。从连续几年的考评记录中，可以看到员工的成长与进步。

（3）总评4.6~5.0分——总评得到这一级的员工，应是全面或几乎所有方面都表现卓越、得到大家公认的员工，是极少的。

（4）在《考评表》中有这样一段说明"若评定为1.9以下或4以上，请给出实例，评定者可根据自己的判断举例"。这表明评定是以事实为依据的，一方面引导每位员工，注意在自己本职工作和团队之中要有符合企业要求的表现与贡献。另一方面，让考评者和被考评者将考评建立在事实的基础之上，特别是在涉及很敏感的考评分数时（1.9以下或4以上），双方可以在以事实为基础的分析中沟通。

（5）第二、三部分考评有"员工评定"和"主管评定"两部分，首先是"员工评定"过程，员工评定完成后提交给主管，主管再进行评定，最终是以"主管评定"作为最终结果计入总考评的。"员工评定"与"主管评定"有差异是正常的，这个过程可以让主管了解员工的自我认知，有利于后期交流。

（6）第二、三部分考评估分数计算。因为每项的满分是五分，总考评估项目满分就是项目数乘以5，这样每部分用实际评定总分，除以相应部分评定项目的满分分数，就得到该部分评定得分比例，再乘权重分数值，就得到该考评部分的分值。以上述表4-8管理人员管理能力（领导力）的模拟考评分为例：

管理能力（领导力）分 = 权重分 ×（评定总积分 / 该部分评定项满分）

其中，权重分 =20；评定总积分 =20.7；该部分评定项满分 =30（6 项，每项 5 分）。

管理能力（领导力）分 =20 ×（20.7/30）=13.8 分

同理，表 4–7 员工基本能力 / 素质分也是按上述方法计算。这里要注意的是，由于有"不适用"项，项目总数是有变化的，要减去"不适用"项目数。在表 4–7 案例中，总体 17 个项目，有 3 项是"不适用"项，实际评定项是 14 项，满分是 70 分。

基础能力/素质分 =40 ×（49.2/70）=28.11 分。

（7）总评分的展示。至此，该模拟考评的第一、二、三部分的业绩总结、基本能力 / 素质和领导力考评都有了具体分数，分别是：

业绩总结 =38.01 分；基本能力 / 素质 =28.11 分；管理能力（领导力）=13.80 分。

总考评分是三项之和，总考评分 =38.01+28.11+13.80=79.92 分。

这是以百分制的方法展示的考评得分，用百分制方法的好处是，在同一区间的考评可以做出细分，可以体现出员工间细微的差别；不足的地方是，与前面的 5 分制考评有差别，让人感觉不一致。这个问题的解决方法很简单，只要将总分除以 20 即可（因为 5 分制变成百分制是放大了 20 倍，现在同比例缩小即可）。上述总评换算成 5 分制为 3.99 分（≈ 4 分），在 3.6~4.5 分之间，处于"优秀的"中值，可能比 79.92 分让人的感觉上要好些。

考评分数以两种不同的呈现方式，分别列在表 4–5 中表头部分总评分与第六部分"主管总评与员工意见"总评分中，分别是 3.99（≈ 4 分）与 79.92，实际是同一个结果的两种不同的表达方式而已。这既有利于主管细分员工的差异（百分制），又保持了考评过程中评分与总分呈现标准的一致性（5 分制）。

主管对员工的年度评价和建议

《考评表》第四部分是根据第一、二、三部分的总结与考评，上一级管理者对被考评员工优点的肯定和发展的建议。如表 4–10 所示，主管对员工年度优点 / 长处和需改进方面的具体描述，是确保考评**以积极的方式、在和谐的氛围中进行**的重要一步。同时，这部分内容是要求管理者要关注员工的发展与成长，这是管理者的职责所在，也是管理水平的体现。正如杰克·韦尔奇先生所讲：

在你成为领导以前，成功只同自己的成长有关。

在你成为领导以后，成功都同别人的成长有关。[①]

表 4-10　主管对员工的年度评价和建议

（四）主管列出该员工的优点/长处与需要改进的方面	
优点/长处 列出该员工主要优点/长处（至少三点）	需要改进的方面 列出该员工最需要改进的三个方面
* **有很强的销售意识和能力**：在销售方面有进取精神，能够根据客户的实际情况开展工作。	* 学习管理知识，敢于管理，在实际工作中提高管理的水平，不断积累管理经验。加快从一个销售人员到地区主管的角色转换。
* **与客户，特别是重点客户保持着良好的联系**：能够急客户所急，为客户解决问题，得到客户的信任。	* 提高对工作压力的承受能力，保持稳定的工作情绪和精神状态。
* **工作有责任心，有计划地培养新人**：过去一年培养新人是面临的挑战；新人培训有计划，有落实，分阶段，可考核。	* 提高对公司各项工作和其他同事工作的理解。在与同事沟通时，要注意讲究方式、方法，使主观愿望与客观效果达到一致。
* **有很好的专业基础知识和培训经验**：运用自己的经验，帮助其他办事处同事，为客户提供各种解决方案。	*
*	*

员工下一年度业绩目标与能力提升的行动规划

第五部分是下一年度业绩目标与能力提升的行动规划（表 4-11）。

表 4-11　员工下一年度业绩目标与能力提升的行动规划

（五）下一年度（20××年）工作目标					
目标 1：		目标 1 描述		目标 1 权重	
目标 2：		目标 2 描述		目标 2 权重	
目标 3：		目标 3 描述		目标 3 权重	
目标 4：		目标 4 描述		目标 4 权重	
目标 5：		目标 5 描述		目标 5 权重	

---

① 杰克·韦尔奇，苏茜·韦尔奇.赢[M].余江，玉书，译.北京：中信出版社，2005：51.

对照《考评表》的第一部分可以发现这里的"下一年度（20××年）工作目标"是下一年度考评的第一项内容的基础，这是企业和员工间每年都要进行的一项重要工作。具体实施过程中，经常出现业绩目标最终确认、下达与考评时间不同步，往往是考评在前（因为要涉及薪酬变化、预算等一系列工作），业绩目标最终确认、下达在后（因为要反复几次才能确定）。因此，这一部分一般是先确认需改进目标（包括参加培训、改善活动、取得某种任职资质等），将可以确定的内容先确定下来；具体业绩目标待确认、下达后再填写上去，最终完成全部考评。

考评结果确认与总评

第六部分是考评人与被考评人，在充分交流的基础上，对前面五项考评内容最终结果的确认和总评。

表 4-12　考评结果确认与总评

（六）主管总评与员工意见	
主管总评	**员工意见**
过去一年，面对管理地区业务的新挑战，在培养新人方面，做到有计划，有考核，帮助新人取得了很大的进步，使他们可以承担起相应的工作。 同时，销售工作面临巨大的挑战，销售额和新客户开发没有达标，虽有客观原因，但暴露出市场开发深度不够的问题。 在新的一年里，要在继续培养新人的基础上，建立长远的市场开发计划。有计划、有步骤地开发市场，使销售业务稳步发展。	
	总评　79.92

建议这部分先在轻松环境中，双方进行沟通，然后完成有关内容。一般情况下是主管先做总结，双方交流沟通，在听取员工意见的基础上，主管适当做出修改，员工发表意见，当然可以包括不同意见的说明。所谓轻松的环境，往往是在咖啡厅或茶室中，双方心平气和地交流，最终完成主管与员工间的年度考评交流过程。

纵观《考评表》上述六部分内容，可以看到其中的逻辑关系，体现了考评过程的出发点和落脚点——从企业的愿景、使命、核心价值观要求出发，对照具体化的对员工要求要素，以事实为依据，通过每年一度的考评，起到不断提升员工的能力/素质、提升团队的凝聚力和执行力，最终实现企业的发展目标的作用。

在《考评表》的最后有一系列的签字，这是上一级管理者和人事部门的监督过程。在实践中，上一级管理者和人事部门可以了解有关进程，通过数据对主管的管理能力、执行公平性原则、与员工关系等情况有所了解。比如，对员工的评价有偏差时，可以提出意见和建议；又比如，一些主管喜欢做"老好人"，管理的下属评分都差不多，不能形成枣核型分布（最好和较差的人是少数，处于两尖端部分，也就5%~10%左右；大多数人虽不在两端，但也应有一个合理分布）。这既是上一级管理者对下级管理者进行考核的一部分，也是人事部门对各级管理者综合考评和管理的依据。

实践中对于打分的公正性也有不少质疑，这是不可回避的问题，特别是不同部门间存在差异性，是客观事实。对于这个问题，由于是主管打分决定最终结果，在实践中关注主管的内容主要有两点：一是不能要求所有主管打分都一致（也做不到），但要求他们在自己管理的团队内部打分基本是一致的，这样就保证在团队内部是相对公平的。二是对团队主管打分进行培训，尽量取得评定一致性；但更重要的是对过程进行监督，正如上一项签字解读中所说，与人事部门配合，将对下属的考核评定过程，作为对各级主管管理能力（领导力）考评的重要内容，纳入到后续对主管的考评之中。

"能力/素质考评"是营销团队人员管理过程中一项重要的工作，如何进行"能力/素质考评"，是在实践中普遍遇到的问题之一，问题的关键在于如何设置"能力/素质考评"的要素和量化标准。这里介绍的方法，是联系企业的愿景、使命，践行企业的核心价值观，将员工应具备的基本能力/素质要素具体化，并建立一套具有可操作性的量化方法，最终全面实现员工的"能力/素质考评"。读者可以从中对有关"能力/素质考评"的方式、方法多一些了解，也可以作为企业建立全面"能力/素质考评"方法或制度过程中的参考。有这方面需求的企业，还请咨询专业人士或机构。

这次整理过去工作记录的过程，也是一次再学习的过程。参加过多次、多版本的能力/素质考评，也对员工做过多人次的考评，但从没有像这次这样对"能力/素质考评"的方法和过程有了比较系统的认知，理解了其中的逻辑关系、考评要素设定和考评量化的方法。随着人才管理理论的不断发展，"能力/素质考评"的方式、方法也会不断更新、迭代和发展。需要营销管理者与人事部门配合，不断学习、研究，并建立适合自己团队的员工"能力/素质考评"的方式和方法。

员工的自我学习能力与营销主管的伙伴教练作用

许多公司每年都做员工满意度调查，而"培训"是员工呼声最高的议题之一。但是，让人事或培训部门困惑的是，统计下来一年的培训项目、人次、投入时间和经费都不少，可为什么满意度还是不高呢？

曾经与一些员工进行交流，问他们需要什么培训，每个人回答虽有不同，但有一点是相同的——是培训就行，技术培训、办公工具使用培训、客户拜访培训、日常交往培训……林林总总，不一而足。而与一些管理人员交流，问他们希望给员工安排哪些培训时，他们往往是抱怨下属的能力不够，希望人事、技术、运营部门能安排多一些能力培训，并举出一些工作中遇到的问题或现象做例子，比如产品应用不熟悉、执行内部工作流程出问题、会议纪要不会写，等等，确实是能力问题。可负责培训的部门也很为难，无论员工还是管理人员要求的培训都做过啊！比如很多企业有校招人员 3~6 个月的培训、新员工培训、新经理培训、新产品培训，还有诸如"关键对话""时间管理""客户管理""销售渠道管理"等一系列专项培训，这些都涉及了上述员工和管理人员所要求的培训，可为什么大家还在要求更多的培训？

这当中有两个问题：一是企业要倡导员工终身学习，养成自我学习的习惯；二是管理者要成为员工的伙伴教练。上述两方面是企业对员工能力/素质要求的重要内容。

员工的自我学习能力

彼得·德鲁克先生在《创新与企业家精神》一书中阐明了如下观点："每个人在成年以后还将学习新知识（这样的学习也许还不止一次）。而且，5~10年以后，一个人在21岁以前所学的知识就会逐渐过时，因此，人们应该通过掌握新学问、新技能、新知识，替代或至少是更新以前所学的内容。"[①]

彼得·德鲁克先生的观点告诉我们，无论你现在身处何种位置，无论你掌握了多少知识，当下自己所拥有的，都只是起点。人们在小学、中学、大学阶段学习的知识都是对思维逻辑、分析解决问题基本能力的培养；当你走上职业道路以后，要学习专业技能；而随着时间的推进，你还要不断更新已有的知识或技能，要向深度或广度发展。此时的学习已不再是课堂上、按照教科书进行的学习，而是在实践中的学习；不再是别人给你安排的学习，而是你自己根据职业或生活需要安排的学习；这种学习伴随工作、生活的每时每刻，关键是你有没有要从中学习的意识和在每项工作中发现可以学习的东西的敏感性，这就是自我学习和终身学习过程。图4-12就是员工个人在日常工作中学习及发展方法的示意图。

从图4-12中可以看到每项工作中都有可学习、提高的内容，是人们掌握新学问、新技能、新知识的有效路径。记得走入营销工作之初（1989年4月），当时的经理将英文版《产品样本》和《选购指南》，以及一份英文版的《报价本》放在我面前，要我在一个月内熟悉有关内容。面对这些自己完全不了解的（计量、校准）知识、根本没见过的产品和从未经历过的商业工作，我也希望能得到一些培训和有一个适应的过程，但我是办事处第一名销售工程师，办事处只有四人（两位外籍人士、一位秘书和我），能给我的就是面前的两本样本和一本报价本，我只能靠自己。于是我先从《选购指南》入手，边读边

[①] 彼得·德鲁克.创新与企业家精神（珍藏版）[M].蔡文燕，译.北京：机械工业出版社，2009：228.

员工个人能力提升与发展

经验交流	企业文化学习	职业指导	部门交流
项目管理	技术交流会	在线学习	自学
新工作	团队建设	继续教育	研讨会
职业技能培训	入职培训	企业内部培训	工作中学习

图 4-12　员工个人在日常工作中学习、能力提升与发展路径示意图

翻译成中文，有了中文对照再看报价，将深入了解计量、校准知识和产品性能、操作方法放在第二步。在一个月结束时，我编辑了中文版的《选购指南》和《简易报价表》；以后又请教维修站的同事和计量院的专家，先后编辑了中文产品介绍，从几百张幻灯片中编辑出介绍公司产品的幻灯集锦。最近，在准备撰写这一节内容时，看到了当年的手稿和编辑稿（见图 4-13），真是感慨万千。

图 4-13　入职后编辑的《选购指南》和产品简介手稿（图片）

现在回顾当年学习的经历和后续不断学习的过程，培养了自己的写作能力、编辑能力、演讲能力、办公工具使用能力、财务知识、团队管理能力、数据分析能力甚至软件编程等一系列能力，看起来每种知识的学习和能力的具备都是一个点，但累积下来才发现是综合能力得到了提升。这里想和大家分享的体会是：身处竞争日益加剧的大环境，只有持续学习和提高才能保持竞争力，确保生存和胜出，这里更强调的是能力提升。我们上学的课堂学习也就十五六年，课堂学习主要是知识的积累和基础能力培养的过程；若加上读研也不过二十年，读研也是要结合实际课题进行的，是知识与能力培养相结合的学习过程。此后的四五十年，甚至更长的时间里，我们的知识和能力更多的是来自实践，来自工作、生活的需要，是在实践中学习的过程，侧重的是能力的不断提升，因此养成终身学习的习惯是可以让人受益一生的。在实践中不断发现需要提升的能力，抓住学习的机会，找到可学习的东西，总结学习的收获，在实践中应用学习的收获、巩固学习的成果，这就是我们日常工作中学习及发展的方法，是不断循环的过程。

显然，企业为员工提供的培训，始终是围绕着企业对其所需的、员工应具备的能力进行的，校招生培训、新员工培训、新经理培训、产品培训、面试培训、办公工具培训，等等，无一不是围绕着企业对不同水平员工的能力需要进行的。企业的人事、培训部门和各级管理者，除了要给员工提供企业所需的能力培训以外，在工作中应该针对培养员工自我学习意识，提升员工自我学习的意愿和认同感，交流员工自我学习的方法和经验等方面，做更多的引导与帮助。这与企业为员工提供培训是相辅相成的，也是目前企业培训方面需要加强的。

除了员工需要养成终身学习的习惯以外，为什么员工总是感到培训不够，需要更多的培训呢？

传统的培训只限于对员工的"教"，没有带领员工进行"练"；只停留在基本技能、相关知识的灌输上，没有真正起到让员工提升独立工作的能力、提高工作绩效的作用。员工知道了不等于明白了，明白了不等于会用了，会用了不等于熟练了。[①]

图 4-14[②] 中的左图，指出了我们目前存在的一种现象——重培训，轻教练（辅导）。现在的培训很多（暂且不谈是否符合实际需要），培训时大家赞扬声不断，随后安排了一些行动计划，有一些改进，但经过一段时间大家又恢复到原有的行为习惯做事，从长期看，其结果没有达到预期的效果。于是大家又要求更多的培训，如此循环往复。

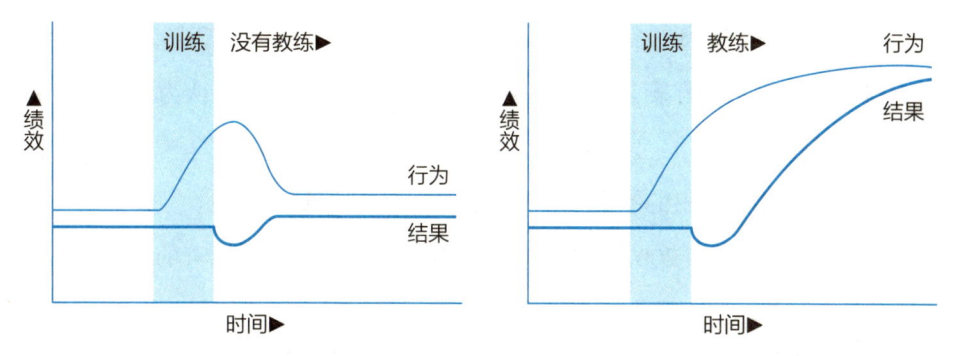

图 4-14　有新技能后，没有教练协助和有教练协助情况下员工行为的变化和结果

世界著名质量管理专家威廉·爱德华兹·戴明（W.Edwards Deming）讲过："个人若没有改变，什么都不会发生。"

因为员工个人的行为习惯没有改变，因此，虽然培训不少，但预期的结果不会发生。图 4-14 中的右图说明，在培训的基础上，再有教练（辅导），人们的行为习惯改变了，结果也就不同了。谁是教练呢？所有管理者都应该担当起这个责任，而第一线的营销主管们则是最直接的伙伴教练。

[①]（英）萨拉·索普，杰基·克利福德.企业教练［M］.黄德海，周媛，陈新中，译.北京：北京大学出版社，2005：封底.

[②] 托马斯·克莱恩.伙伴教练：转化团队高效能的关键力量［M］.郭敏珣，潘婉茹，译，北京：北京时代华文书局，2016.

营销主管的伙伴教练作用

我曾经和一位同事（张少华老师）每次为企业举办"伙伴教练"培训前，都要在该企业做一项关于经理职责的问卷调查，分别对普通员工、基层经理和高层经理提出以下两个问题：

问题一，针对不同层级人员的同一个问题：

对普通员工：作为一个团队/项目的成员，你认为你的团队/项目经理应承担哪些职责？

对基层经理：作为一个团队/项目的经理，你认为你应承担哪些职责？

对高层经理：你的某个下属是一个团队/项目的经理，你认为他/她应承担哪些职责？

问题二，在你给出的答案中，请列出你认为最重要的三项。

在 2006 年 11 月 –2007 年 2 月期间，其中三个企业问卷调查的结果如下：

表 4–13　关于经理职责调查数据汇总

企业	回复问卷	将对员工指导、培养发展列入经理职责		列入经理职责前三项	
企业一	总人数	人数	占比	人数	占比
普通员工	23	15	65%	12	52%
中层管理	22	20	91%	12	55%
高层管理	7	6	86%	6	86%

企业二	总人数	人数	占比	人数	占比
普通员工	49	26	53%	23	47%
中层管理	24	14	58%	9	38%
高层管理	5	3	60%	3	60%

企业三	总人数	人数	占比	人数	占比
普通员工	34	23	68%	20	59%
中层管理	15	10	67%	8	53%
高层管理	5	3	60%	3	60%

从表 4-13 的数据中可以看到：

大约三分之二的员工将对员工指导、培养发展列入经理职责，而列入经理职责前三项工作的则低于这个数字；

在基层直接管理业务的中层经理中将对员工指导、培养发展列入经理职责，特别是列入自己工作前三项的比例就比较低，大约为 50%；

在高管中两项比例在 60% 以上；

三家企业虽有些差异，但这组数据说明，第一线的营销主管们的业绩压力比较大，他们认为自己的工作重点就是保证实现业绩目标，因此，一切工作都要围绕着实现业绩目标进行，要以直接可以达成业绩目标的工作为主；另外，他们大多是从一线的优秀员工提升上来的，对管理的理解还有待提升。

管理是一个涉及各个层级管理者的问题，但是各个层级的管理者大多有从第一线管理者做起的经历，而这段经历是每个管理者从事管理工作必不可少又非常重要的经历。

管理者特别是员工的直接领导，其主要工作职责是什么？著名的哈佛商学院教授克莱顿·克里斯坦森在《哈佛最后一课：你要如何衡量你的人生》中有这样一番精彩的论述：

"弗雷德里克·赫茨伯格（Frederick Herzberg）的幸福论认为，人生中最有力的激励因素不是金钱，而是那些学习的机会、在责任中成长的机会、为他人做贡献的机会以及成就被认可的机会。

……

"我的结论是：如果做得好，管理就是最崇高的职业。其他任何职业都不可能提供这么多的方式，来帮助别人学习和成长，来承担责任，并因为成就而被认可，以及为团队的成功做出贡献。"

杰克·韦尔奇先生在《赢》中也有同样的论述："在你成为领导以前，成功只同自己的成长有关。在你成为领导以后，成功都同别人的成长有关。"[1]

---

[1] 杰克·韦尔奇，苏茜·韦尔奇. 赢[M]. 余江，玉书，译. 北京：中信出版社，2005.

大多数管理者都有怀揣梦想投入最初工作的经历。在成长的道路上，有时代的机遇，有自身的努力，也有当时的管理者的帮助与扶持。今天，当自己成为一名管理者的时候，应如何去做呢？

第一线的营销主管们在销售管理体系中起到承上启下的作用。他们大多从优秀的销售人员中产生，在日常工作中又直接与销售人员工作在一起。他们的风格和能力决定着一个团队的风格和能力，因此这个岗位上的人，是一个团队是否有战斗力、成功与否的关键。

过去二十多年，网络技术特别是移动网络技术的发展与应用，大数据时代的到来，深深地影响并改变着人们的生活方式、交流方式、行为方式、思维方式和聚集方式。这些变化同样已经进入和影响到商业模式与营销管理模式。

当今，第一线的销售人员很多是网络时代成长起来的年轻人，是一个有鲜明特点的群体。在观察思考方面，他们视野更加开阔，信息搜集能力更强，他们喜欢独立地观察、认识和思考问题。在判断能力方面，他们独立判断事物的能力越来越强，评判事物的标准更加多元，尊重利益的多样化，反对任何不加思考就接受来自外界的强加的说教，渴望与长辈和其他人具有平等的话语权、表达权。面对竞争激烈的工作环境和生活压力，他们勤于思考、愿意接受新事物，但是更关注个人价值实现。同时，他们崇尚自我，有务实的个人发展意识和职业生涯规划设计，也存在责任意识较弱、缺乏自我反省等问题。当前，几乎所有管理者都遇到的最头疼、最典型的问题是——在信息爆炸的时代，人们面对的挑战，失败的原因，已经不再是信息缺乏，而是丧失了专注的能力，因为他们的时间和精力往往被碎片化了。

"为了创造高效能团队，我们必须使用创新的方法，例如教练与沟通，来取代监督、检查与控制这类传统的管理方式。"[1]

---

[1] 托马斯·克莱恩. 伙伴教练: 转化团队高效能的关键力量 [M]. 郭敏珣, 潘婉茹, 译, 北京: 北京时代华文书局, 2016.

贝尔大西洋公司（Bell Atlantic）执行总裁雷·史密斯（Ray Smith）先生的上述论述，表达了作为一线管理者当好员工的伙伴教练的重要性。企业在倡导员工终身学习，养成自我学习的习惯的同时，还要引导管理者成为员工的伙伴教练。这两方面应该是企业文化建设的重要内容。

伙伴教练的主要形式有两种：

一是日常工作过程中的指导。这种指导是在工作过程中进行的。

作为一个团队的管理者，应该对每位团队成员的优缺点有所了解，并且在实际工作中，在一个工作阶段，针对某一位（或一组）团队成员的某一方面问题（或工作）给与指导（可以同时针对不同的团队成员、不同的问题分别给与指导）。这种指导是在讨论工作、制订计划、研究项目、市场分析、业绩考核，等等实时工作过程中进行的；是一种潜移默化的过程；是一种非常自然的交流过程；更是可以在一项工作阶段性结束时总结、考核的。前一节中关于每年进行一次的"能力/素质考评"，就是团队管理者对团队成员进行指导的最重要的方式之一。

例如，在日常工作中使用销售漏斗工具指导销售人员工作，特别是每次通过销售漏斗检视销售人员的工作，都是对销售人员进行指导的时机与过程。在和销售人员的交流中，他们对销售漏斗的看法各式各样，典型的消极看法是"自己给自己挖的坑"，而积极看法是"工作伙伴，天天见"。这些第一线销售人员心中不同的感受就说明，同样的数据在不同的管理理念下会起到不同的作用，销售人员会采取不同的应对行为，最终也就决定了销售漏斗这个工具使用的成功与否。

因此，在使用销售漏斗这个工具时，要有正确的管理理念定位。作为伙伴关系的管理者与团队成员，可以通过大数据看清问题和制定"改善"的方案，改变了传统的以"感觉""印象"解决问题的模式。由于有数据做依据，我们也可以看到"改善"的结果，并及时做出调整。这种"结果导向"的管理模式和方法，帮助每个团队成员提升自我管理的能力，最终将有效地提升团队的业绩。

二是正式的工作指导，这是管理者进行指导教练的另一种有效形式。针对被教练者（团队成员）的工作绩效考核中存在的问题（或要提升的某些技能），聘请对被教练者的问题有经验的教练员（包括经理本人），确定正式工作指导内容，进行指导。这是教练员与被教练者之间，选择与绩效考核有关的某一项技能，制定指导目标、指导方式、指导时间、考核标准，共同完成的。这种正式工作指导可能是人事部门参与，是针对人员培养计划进行的。最终的工作指导总结会存入被教练者的技能档案，成为安排新工作、担任新职务的依据。（以下有关内容参考和使用了当年与张少华老师合作做《指导》培训时的有关教材内容。）

正式工作指导内容涉及了员工能力提升的各个方面，包括：

扩大个人的工作能力范围（例如，掌握数据分析技能）；

克服个人的弱点（例如，不擅长在公共场合讲话）；

通过不断学习来充分发掘自己的潜能（例如，掌握更有效的提问技巧来发掘客户需求，缩短销售周期）；

掌握新的技能、增强自我竞争能力，从而工作起来更富有成效（例如，以"销售漏斗"为基本工具，对团队销售活动进行分析，制定更有效的销售策略）；

为担负新的岗位职责做好准备（例如，掌握担任领导者的技能和指导技巧）；

自我管理（例如，学会怎样更有效地利用时间）；

明确工作绩效目标，并为实现该目标努力（例如，学会怎样制订更切合实际的目标和行动计划）；

……

强调正式的工作指导表明这是一次项目管理的过程，因此要有准备、计划、进行、总结的过程：

1.教练员与被教练者之间进行交流，对被教练者的现状达成共识。

2. 教练员与被教练者之间就工作指导内容、指导方式、指导时间和考核标准达成一致，并以文字方式记录下来，形成"指导协议"。

3. 根据"指导协议"，被教练者学习有关知识。

4. 根据"指导协议"，被教练者在实际工作中实践（或模拟场景中演练）；教练员观察，并详细记录被教练者的表现。

5. 教练员与被教练者就实践（或演练）进行交流。教练员倾听被教练者对实践（或演练）中表现的出发点、感受、自我评价的阐述；在被教练者阐述完毕后，教练员提出自己的看法，与被教练者讨论；双方对某些要继续改进的问题达成一致。

6. 教练员以文字的形式就前一次实践（或演练）进行总结（人事部门应设计"指导表格"供填写），并交与被教练者。

7. 教练员与被教练者之间就下一步指导过程达成一致。

8. 重复第3~7步骤，直到双方认为已达到设立的考核目标，再转向下一步骤。

9. 教练员与被教练者共同根据"指导协议"中的考核标准，总结指导过程，并由教练员将"指导表格"填写完成；同时被教练者可以对指导过程和教练员的评价发表意见。

10. 部门经理和人事经理审核有关指导文件，对此次指导给与评价，并对被教练者进一步的培训、指导内容做出安排。

上述指导的全过程，分得比较细，看似比较复杂实际过程中这些步骤是融合在一起的，我曾经在一些企业开展过这种正式工作指导，并取得了理想的效果。这里介绍一个我对一位员工进行指导的小案例。

我有一位下属，在做销售漏斗检视（Review）的过程中，发现其销售机会不足以支撑他实现销售业绩，但观察他的工作记录，拜访客户等工作都是安排得满满的，那么他是如何拜访客户的，有什么可以改进的地方呢？我们之间就一起去做一次客户拜访达成一致，我作为观察员，只观察，不干预他的工作过程。出发前，我们对整个过程进行了讨论，对要拜访对象的情况、拜访的内容、最终要达到的目的做了交流：

这次拜访的对象是某省计量院主管技术的副院长；

这次拜访的内容是介绍我们最新的（世界首台、新概念）电能质量校准器；

这次拜访的目的是希望将此设备列入该院新年度的采购计划。

在此之前，公司已对这台设备的技术理论、性能指标、应用范围、操作演示、客户问题应答等做了培训，该销售人员也通过了培训考试。

到达客户现场，我一直观察他与副院长的交流过程，并简要记录了一些情况。拜访结束后，我们进行了过程复盘。首先看：这次拜访的目的达到了吗？

他说：好像没达到，因为副院长没怎么听。

我问：那副院长在做什么？

他说：在翻看我给的资料。

我问：那你为什么一见面就递上资料呢？

他说：我心里对新产品还是没底，感觉对照资料讲解心里踏实。

我说：那你发现没有，由于你见面就递上资料，副院长以翻看资料来掩饰他对你介绍的内容不感兴趣。你在交谈中，听到他说，他是负责行政技术的副院长吗？他主管的是计量人员考核、实验室认证等，具体技术论证由专业处室负责，他只参与最后审批。这虽有推脱之意，但应是内部管理的实际情况。

如果你改变一种方式，上来先简单介绍一下新产品的大致用途，然后征询副院长的意见，问清楚这样一个新概念的产品应该归属哪个计量业务范围，可以找谁做深入交流；得到他的指点后，你再留下资料，感谢他的帮助，去拜访他指定的联系人，并请他对后续项目进展给予关注，效果会怎样呢？

……

总结这次拜访过程，该销售人员与我在三个需要改进的问题上达成共识：

一、拜访高层领导是必要的，但高层只能在项目进展到拍板的时刻才起到关键作用，前期的技术性工作还是要基层专业处室做论证，因此拜访高层领导，重点是了解该项业务分属哪个部门和人员负责，通过高层与基层建立起联系，会比较顺畅（当然也要注意这样可能会引起下级的逆反心理，需要掌握分寸），并让高层知晓项目的概况。

二、拜访前，对拜访客户的组织结构和具体拜访人的信息了解得越清楚，拜访就越顺畅；拜访过程中，何时递上有关资料虽然只是个细节，但会直接影响与被访者的交流互动和拜访效果；拜访过程中要抓住一些关键信息，提升应变能力，比如知道副院长不负责具体的选型等技术性工作，就应该转入请他推荐关键人去拜访的议题，而不要继续一味介绍产品了。

三、在产品技术的基础知识方面还要进一步提高，特别是要锻炼与客户交流的能力，增强与客户交流的信心。

通过这次拜访指导过程，让我对这名销售人员的能力有了更全面的了解，也对他的工作提供了具体的指导意见。我们之间就拜访客户前的准备，拜访过程中的技能、技巧、应变能力和专业技术知识储备等方面需要提升达成了共识；在后续几年的工作中，持续进行交流，可以看到他的能力有全面提升，其职业生涯得到很好的发展。

那么，营销管理者如何做好伙伴教练工作呢？

营销主管起到伙伴教练作用的关键是掌握指导教练的技巧——通过听、看、说、做，启迪心智、发现事实和实施有效行为，协助个人或（和）组织达成目标，最终实现：

工作满意度提高，员工的工作动机加强；

经理与直接下属之间的工作关系改善；

工作团队更富有创造力；

组织资源的利用更加有效；

员工流失率降低；

……

杰克·韦尔奇先生曾经讲过：哪些不能做好辅导作用的人员，在未来将得不到提升。他还预言说，管理者发挥辅导作用将成为一种标准。[①]

　　提升员工的自我学习能力和发挥营销主管的伙伴教练作用，是企业提升员工能力，适应企业需求的两条有效途径，是企业文化构成的重要内容。企业要改变重培训、轻自学，重培训、轻辅导的倾向。自学与辅导都是企业需要倡导的，首先要培养员工自我学习的意识和意愿，掌握在实践中学习的方法；在此基础上，再加以管理者的伙伴教练作用，在实践中帮助员工在能力上提升。二者相辅相成，缺一不可。

　　培训已成为历史，现今，我们需要的是辅导！[②]

---

　　① （美）戴夫·洛根，约翰·金.教头革命［M］.赵宏涛，张春明，译.北京：中央编译出版社，2004：绪论第2页.
　　② （美）戴夫·洛根，约翰·金.教头革命［M］.赵宏涛，张春明，译.北京：中央编译出版社，2004：封底.

开展正式日常工作项目，进行教练指导

与上一节介绍的"正式工作指导"有所不同，开展"正式日常工作项目"是管理者进行教练指导的另一种有效形式。这种项目指导是小型的项目管理实践，是企业培养潜在领导人才的一种有效路径。在实践中曾经做过两类项目指导：

一类是为担负新岗位职责做准备，培养储备人才的培训过程中，设立若干团队项目实践环节，让参加培训的人在项目实施过程中学习管理方法、培养团队意识、提升领导力，同时也帮公司解决营销工作中的问题（比如，跨部门销售、资源共享……）或对前瞻性的工作进行探索（比如，开拓某个新的市场，该如何组建团队、用什么销售渠道……），这些问题往往是业务团队在日常工作中顾及不到，但又对公司的整体发展十分重要的。

另一类是根据企业亟待解决的专项问题组成若干项目小组，大家从不同的需求出发，探讨可以推广复制的工作方法和管理流程（比如，每个企业都非常关心大客户营销的问题，可提出这个问题后，不同部门有不同部门的关注点，谁是大客户？如何定义和判断大客户？全球大客户在具体地域内如何管理？名头大的客户就一定是我们的大客户吗？内部强垂直管理类型的大客户与内部松散管理类型的大客户，该如何构建相应管理模式和激励机制？……），这些问题是大客户中的老生常谈的问题，大家都知道解决这些问题的重要性，但做起来又往往不得要领。

上述两种模式，都是通过设定正式的项目和项目小组的方式，由有经验的管理者对项目小组进行指导，最终实现让参与者学习管理方法、培养团队意识、提升领导力，同时也帮公司解决营销工作中问题的目的。

讨论通过正式项目进行教练指导，就需要对项目管理做简单的介绍。[①]

什么是项目？项目是为达到特定的目的，使用一定的资源，在确定的期间内，为特定发起人提供独特的产品、服务或成果而进行的一系列相互关联的活动的集合。或者用一种简单的描述：项目是为创造独特的产品、服务或成果，所进行的临时任务，其特点是有开始，也有结束；项目都要受到时间、成本、质量三要素的范围控制和风险管控。因此，项目具有如下特点：

一次性——所有项目都有明确的开始和结尾，并以实现特定的目标为宗旨，而这个目标也构成了衡量项目成败的客观标准。

独特性——项目的可交付成果（产品或服务）具有非重复性的特点。

渐进性——项目的实施过程体现为一个项目推进的过程。

不确定性——导致项目非重复性的主要原因是其外部条件以及实施过程的不确定性，这说明人们对事物的认识具有局限性。

根据项目的上述定义和特点，从大的方面说，像奥运会、航空航天、高铁建设……都是项目；而我们日常生活、工作中同样有大量的项目，比如，买房、买车；发展一个新客户、与客户签订一个合同、对大客户的定义和分类管理、营销渠道的设计与拓展……也都是项目。

正是由于项目的广泛存在，人们开展了对项目管理（PMP—Project Management Program）理念的研究，项目管理是在系统工程和优选法两大理论体系的基础上诞生的；企业界首先应用是在土建管理上。如今，项目管理（PMP）有一整套完整的理论和经理人考核、认证的体系，它与工商管理

[①] 参考书目：《项目管理融会贯通（彩图本）》，房西苑、周蓉翌著，机械工业出版社，2010年出版；《项目管理精华：给非职业项目经理人的项目管理书》，科丽·科歌昂、叙泽特·布莱克莫尔、詹姆士·伍德著，张月佳译，中国青年出版社，2016年出版；百度图片等。

（MBA）、公共管理（MPA）被称为管理理论的3M。但是项目管理（PMP）与其他两项有着本质的区别：

公共管理（MPA）和工商管理（MBA）是学历教育；项目管理（PMP）是资历教育；

公共管理（MPA）和工商管理（MBA）有较强的理论色彩；项目管理（PMP）更侧重解决问题的方法和实践意义；

公共管理（MPA）和工商管理（MBA）政、企有别，而项目管理（PMP）政、企均适用。

图4-15是公共管理（MPA）、工商管理（MBA）和项目管理（PMP）关系的示意图。

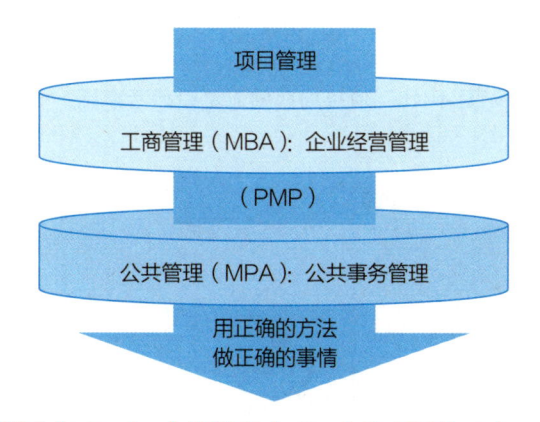

图4-15　工商管理（MBA）、公共管理（MPA）和项目管理（PMP）关系示意图

从图4-15可以看到，项目管理存在于日常工作当中，其核心是：用正确的方法做正确的事情。正是由于项目管理在日常工作管理中无处不在，因此，许多企业都创造条件让更多的有潜质的员工学习项目管理的知识，并取得资质认证。我深入的某企业，就出资让二三十名营销人员参加了正式的项目管理培训和资质考试认证。实践中许多学习了项目管理课程，并参加了认证考试的人，虽然取得了不错的成绩，但真正成为职业项目管理经理人或有机会参与项目管理实践的却不多。一方面认识到项目管理的重要，努力学习项目管理知识；另一方面又缺少在解决实际工作问题中去实践所学知识的机会。这

种看似矛盾的现象，是实践中非常普遍的，因此，正式的项目指导，是解决这种看似矛盾的现象和管理者对员工进行指导教练的一种有效形式与过程。

项目管理一般会经历五个阶段，有三大约束条件，涉及九大知识领域，我们用示意图的方式[①]，对项目管理，做一个简单、形象的介绍，有兴趣的读者还请阅读有关专著。

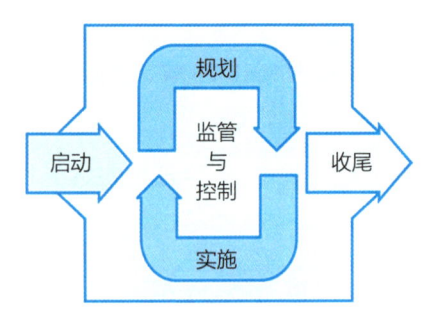

图 4-16　项目周期的五个阶段示意图

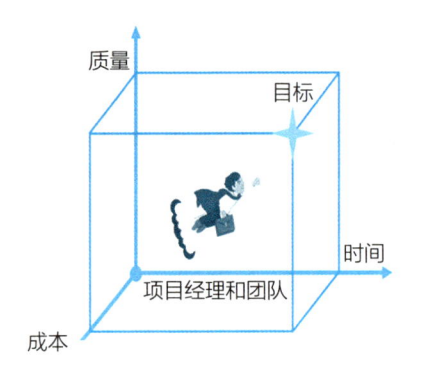

图 4-17　项目的三个约束条件示意图

从图 4-16 可以看到一般项目都要经历"启动—规划—实施—收尾"的过程，其中"监管与控制"贯穿始终。而图 4-17 则告诉我们，项目管理始终受到"质量、成本、时间"三个条件的约束，因此，项目管理理论的精髓，

[①] 参考书目：《项目管理融会贯通（彩图本）》，房西苑、周蓉翌著，机械工业出版社，2010 年出版；《项目管理精华：给非职业项目经理人的项目管理书》，科丽·科歌昂、叙泽特·布莱克莫尔、詹姆士·伍德著，张月佳译，中国青年出版社，2016 年出版；百度图片等。

不在目标，而在于约束，就是要在约束条件下去完成。项目管理三个约束条件是三角形关系，彼此关联，相辅相成，因此项目管理者要平衡三者之间的关系。一般来讲，质量是刚性约束条件，在保证质量的前提下调整时间与成本。在这三个约束条件中，时间的特殊意义表现在两个方面：每个项目都必须有交期，从启动到收尾，就是一个项目的生命周期；每个阶段的管理活动都要围绕着时间坐标进行，都是一个过程，这些过程之间又具有相互作用。图 4-18 展示了在一个项目的生命周期中，五个过程间的相互作用的关系。

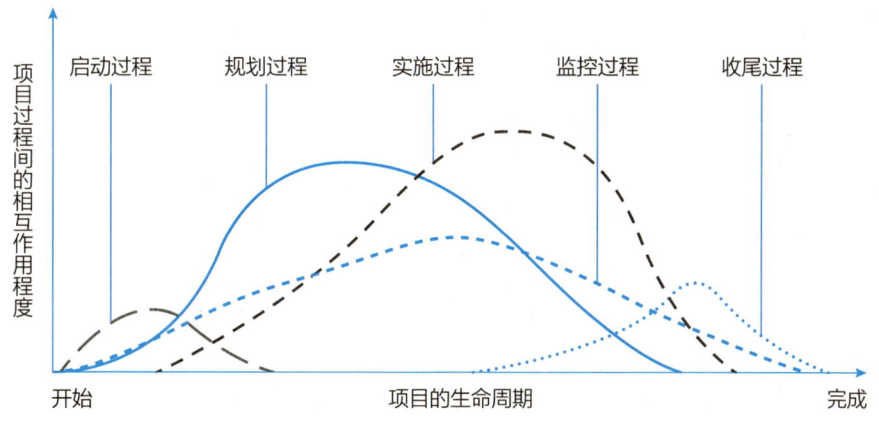

图 4-18　一个项目的生命周期中，过程间相互作用程度的示意图[①]

在项目的进行过程中，会涉及许多领域的知识，这些知识可以分为九大知识领域——集成管理、范围管理、时间管理、成本管理、质量管理、人力资源管理、沟通管理、采购管理、风险管理。图 4-19 直观地展现了在不同项目进展阶段涉及并需要运用的知识。

在这九大知识领域中，范围管理是项目管理的基础；时间管理、成本管理、质量管理三者构成了项目管理的核心部分；沟通管理与风险管理是项目管理的辅助管理；采购管理是质量管理、成本管理、时间管理的支持；人力资源管理是相对独立的支持性管理；而集成管理是对项目的综合计划、进程控制，是对

[①] 参阅：天下小粮仓. 项目管理 -5 大过程组 -10 大知识领域 -47 过程 [EB/OL].（2017-02-21）[2023-07-31]. http://www.360doc.com/content/17/0221/20/410279_630925636.shtml.

实现项目质量、进度、成本三大目标的保障。

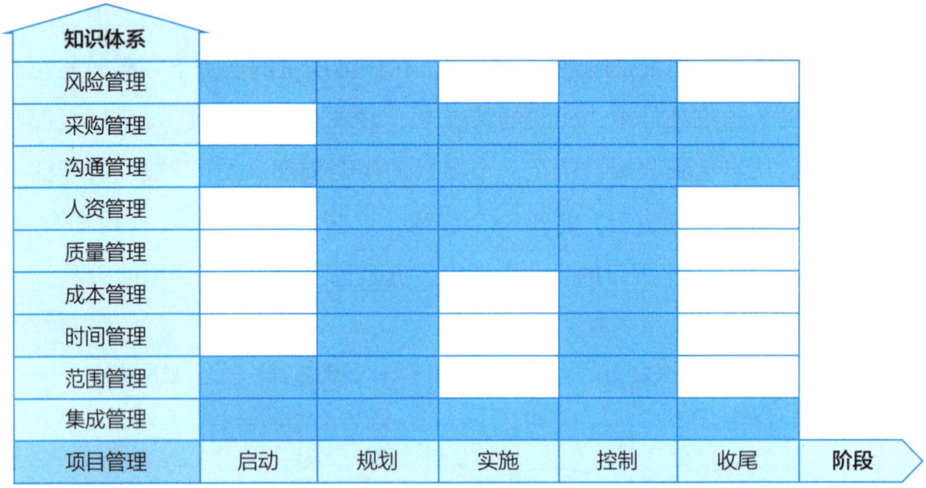

图 4-19　项目管理涉及的九大知识领域与五个阶段关系示意图

项目启动阶段——主要任务是决策立项，涉及的领域首先是项目范围。范围的核心问题是决定做什么、不做什么，这也是立项的最基本决策。

项目规划阶段——项目规划阶段贯穿九大知识领域，由此可以看出它是整个项目管理中最重要的环节。在项目管理知识体系中，唯一可以通过理论学习掌握的技能只有规划，而其他无论决策还是控制，都需要在实践中感悟，单凭知识是不够的。

项目实施阶段——虽然在大多数项目的实际进程中，项目实施阶段占有最长的时间和最多的资源，但是这个阶段的知识含量却相对较低。

项目控制阶段——项目控制阶段在时间坐标上与实施阶段同步；控制的对象是实际绩效相对于计划的偏差，因此控制涵盖了规划所涉及的所有领域。

项目收尾阶段——项目收尾阶段主要体现在合同或项目章程的交付结果上。

不是所有人都有机会参与大型项目的管理，但日常工作中有许多小型项目，组织实施这些小型项目，是学习和实践项目管理的知识，推动团队建设和提升人员能力的有益实践：

参加小型项目管理实践有利于提升参与人的管理能力；

参与小型项目管理实践是学习有关知识的有效途径；

组织开展小型项目可以帮助企业对日常工作中的一些重点工作进行探索，并培养企业管理人才。

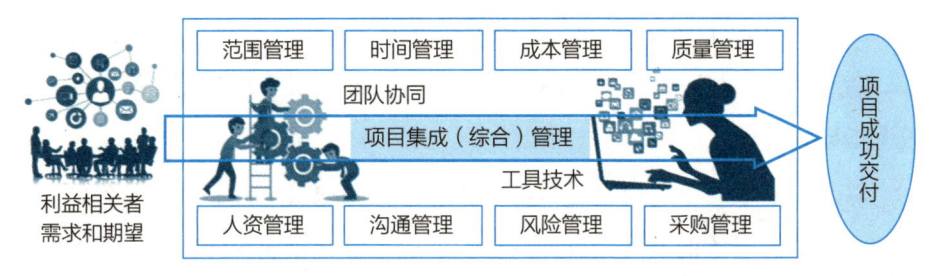

图 4-20 参与小型项目管理实践是学习有关知识的有效途径示意图

因此，企业通过组织开展正式的项目指导，是企业管理者对员工进行教练指导的有效途径和方法。虽然是小型的项目，但开展项目的过程仍然是进行项目管理的完整过程。

第一，要立项，管理团队确立具体开展的项目，这些项目对营销工作有比较重要影响，是营销工作中需要重点解决的问题。

第二，要确定参与的人员，一般由项目涉及的直接团队负责人担任项目小组负责人，与该项目相关部门的人员，如，技术支持、销售人员、售后服务，等等，四五人组成项目小组；提出该项目的经理，也就是项目发起人应该参与和引导项目小组的工作。

第三，项目小组成立之后，要首先对项目的目的、涉及范围、目标要求、时间周期、经费安排、交付内容、风险影响等与相关方人员（干系人）进行交流，最终完成《项目章程》。这是一个反复完善的过程，有时项目进行了一段时间，发现对项目范围的理解还不够清晰，要和项目发起人或干系人再次沟通交流，调整项目范围或目标。这也正是如图 4-18 中项目规划过程会持续很长时间甚至在实施过程中还在修正的原因。

第四，项目小组成员是临时组成的，他们还有日常工作要做，在项目实施期间他们要有在项目小组内的明确分工，做好自己负责的工作（比如，数据分析、信息收集、关键客户拜访……）。项目小组定期进行交流，检查项目进程，布置下一步工作；对每一次项目小组的会议都要有记录。

第五，总结、交付成果，在全体汇报会上（各项目小组和管理层参加），在规定时间内项目小组每位成员参与汇报成果和收获。

在上述每一步，管理人员或顾问要全程对各项目小组给与指导，这正是教练指导的过程。

以上只是最简单地介绍了营销团队内部小型项目展开的过程与方法，初次实施应请有经验的顾问做教练，逐步形成一整套企业内部项目管理的组织流程与实施方法，这些内容正是在企业内部推行"非职业项目经理人的项目管理"培训的重要实践环节。在整个实践环节还有很多工具和文件，比如，立项申请表、项目范围说明书、干系人表、项目风险预测评估表、项目小组成员分工表……在综合上述各项工作的基础上，最终形成《项目章程》。在《项目章程》被批准前的所有工作都是项目的启动阶段和部分规划过程，实践中《项目章程》的形成会有多次反复，因为团队对项目目的的理解和对项目范围的认识会有一个过程，会在实施过程中做适当的调整。

我曾经指导过H公司一个持续八个月的项目，其《项目章程》从项目启动开始用了大约三个月的时间，修改和审批了三次才最终确定下来，因为在实施过程中发现项目的目标与最初的设想相差很远。具体案例是这样的：

D公司是H公司的全球战略大客户，全球业务金额达到八位数人民币的数量级；而在中国市场，H公司每年在D公司在华企业的销售额只占全球总销售额的2%左右，是六位数人民币的数量级。这样的销售额差距，让H公司总部的管理人员非常不解，他们认为，D公司也是将中国作为发展的重点，这样的业务量与中国的经济总量不匹配，即使做不到千万级的生意，百万级还是应该有的。因此，每年都会提出H公司战略客户在中国业务发展的议题，其中就包括了D公司的问题。

在H公司中国部开展大客户管理培训时，有关D公司在中国的业务发展的问题自然成为研讨的项目之一。由于项目团队成员以技术人员为主，项目开始时大家都着眼于具体的D公司在华企业采用的技术方案，讨论设备与耗材的使用情况，该项目的目的和范围是"关于D公司在华业务管理的问题"。他们以工艺技术为切入点，访问了D公司在中国的几家有代表性的企业，考察了他们的设备、工艺，以此为基础测算D公司在华企业与H公司的业务量，其正常的采购量应该是四倍于目前的采购量；即使是修正设备的适用性等因素，也应该有两倍于目前的采购量。此时项目小组产生了疑问：这么大的差距，仅仅是工艺技术的问题吗？于是项目小组调整思路和工作方向，收集全球业务数据，与中国业务数据做了对比分析，发现D公司在全球的业务有三大板块，其中S业务占比48%、Z业务占比31%、Y业务占比21%；而在中国基本只有Y业务。

这可以部分解释业绩差距的问题，因为D公司在华业务的分布与全球有很大的差异，这是D公司发展策略决定的，现在要考虑的是D公司在华的Y业务发展是否与全球同步，此时项目范围已经发生了改变，成为"D公司在华发展策略与H公司业绩提升"的问题。

D公司在生产Y产品的过程中，有三部分需要应用H公司的仪器和耗材，分别为前端水净化、中间体生产过程和后端排放水净化处理。但考察下来发现D公司在华企业基本上就是中间体生产过程中需要采购H公司的耗材，原来前端净化水的供给和后端的排放水净化处理，大部分是由企业所在开发区作为服务项目统一提供了，D公司在华企业只要购买服务即可。

至此，这个大客户管理项目的内容和范围确定下来——"企业全球战略客户在具体地域的管理"，要研究本企业全球战略客户在具体地域发展的策略和具体地域的招商引资政策，以及这些策略和政策对本企业全球战略客户在华业务的影响，并制定相应的管理策略与管理模式。

这个项目从最初的技术层面考虑问题，到从战略客户的业务分布考虑问题，再到最终从战略客户地域策略和具体地域的营商环境综合去研究问题，用了近三个月的时间，三易其稿，才确定《项目章程》。后续在大家的努力下，这个项目研究了一整套企业全球战略客户落实到具体地域本地化的管理方法和流程，他们正尝试用这套方法研究其他全球战略客户在华企业的管理。同时，项目团队用数据和总部相关部门沟通，从而解决了长期以来困扰双方的全球战略客户在地区业务中定位的问题。这个项目的成果，成为H公司在面对全球战略客户地区业务管理时，可复制的工作模式。

从这个案例可以看到制定《项目章程》的重要性，这也是图4-18中显示的，规划过程与启动和实施过程是有很多重叠的。表4-14是一份企业内部开展小型项目的简易《项目章程》模板，仅供读者参考！

这里要强调，《项目章程》是在分项做好立项申请表、项目范围说明书、干系人表、项目风险预测评估表、项目小组成员分工表……一系列文件的基础上的最后集成，它将成为后续实施过程的遵循和进行监控的依据。在实施过程中会发现新的问题，需要进行修改时，要做项目修改申请，并获得批准，同时要保存所有文件，做到项目过程文件的完整性。相关内容这里不再赘述，请参阅有关资料或咨询专业顾问。

为了帮助读者了解《项目章程》的重要性，将《项目章程》说明和K公司的《ISN项目章程》（内容修改稿）作为附录D附于本书后，供有兴趣的读者参考。虽然案例中有一些不足之处，但读者从中还是可以了解《项目章程》的有关内容，并对ISN项目有大致的了解。该项目做出了很好的成绩，下面对这个项目做一简要介绍：

这个项目小组有五位成员：

组长是ISN项目的业务负责人，她负责这个项目的统筹与日常销售工作的衔接；

另外四位成员分别来自财务部门、技术研发部门、运营部门和人事部门：

来自财务部门的成员，负责项目经费和产品定价政策；

表 4-14　企业内部开展小型项目的简易《项目章程》模板

项　目　章　程		
项目参与者		
项目名称：		
项目发起人：		项目经理：
项目参与者		
项目团队成员	本项目临时成员	本项目顾问
a.	a.	a.
b.	b.	b.
…	…	…
项目描述		
项目（商业）背景		
项目范围（具体到哪些内容在本项目范围内，哪些不在本项目范围内）		
项目目标（用业务术语）		
项目预计交付成果	成果分项描述及占总项目成果的权重	
项目的约束条件		
假设（本项目面临的风险和无法进行的情况）		
经项目小组成员讨论制定本章程，申请批准实施。	本《项目章程》设定的范围和目标是合理的，可实行；同意本项目的组织、计划、交付成果和风险判断，可以开始执行本项目。	
项目经理	项目发起人	上级经理
签字： 日期：	签字： 日期：	签字： 日期：

来自技术研发部门的成员，负责服务器的建立和运维，以及与总部技术部门的联络；

来自运营部门的成员，负责订货、通关和与总部运营部门的联络；

来自人事部门的成员，负责对ISN产品营销团队的人员组成、能力要求适配性进行调研分析，协助项目经理完成人员招聘和团队组建。

在项目实施期间，他们进行了市场调研、关键客户拜访、技术实施验证、运营流程改善、人员能力调研分析等工作，项目小组每周进行一次项目进程分析（大约一小时），每月进行一次工作小结和部署（大约两小时）。我参加了他们每月的工作小结和部署，和他们一起解决项目进程中的问题，把握项目推进的方向，当然也分享项目每一步推进的喜悦。

经过一年的努力，ISN项目取得了超过预期的成果。在总结参加项目的收获时，他们记录了项目的每一步，分别总结了自己的工作以及参加项目实施的收获和体会。他们将这些工作记录、收获、体会整理编辑成一本册子，作为一年来参加项目管理学习的纪念。由于我参加了他们项目的全过程，因此也写了一篇感言，加到他们的册子里，也是我对正式日常工作项目进行教练指导工作的一个总结。以下就是这篇感言。

由《ISN项目》想到的

收到ISN项目的报告，我并不感到惊奇，因为整个项目周期的每个进程和他们所做的工作都历历在目。对于报告本身的内容，我不是专家，不便做评价，但这个项目的过程，有许多东西值得总结，可以为做好后续的正式日常工作项目所借鉴。

在做项目管理培训时，项目管理涉及的基础知识，可以总结为三、五、九：

项目管理有三个约束边界——时间、成本、质量；

项目管理要经历五个阶段——启动、计划、实施、控制、收尾；

项目管理涉及九大知识体系——集成管理、范围管理、时间管理、成本管理、质量管理、人资管理、沟通管理、采购管理、风险管理。

从项目管理的基础知识出发，结合ISN项目的整个进程，有几点成功的经验值得总结。

第一，在项目启动阶段一定要做好项目范围管理，要根据三个约束边界对项目做出清晰的定义。在实践中这是最费时间和精力的阶段。

ISN 项目在启动阶段遇到的问题是，弄清项目与日常工作的区别。如果以日常工作作为项目，项目小组就沦为了业务团队的附属，工作也就失去了项目的前瞻性、开拓性和探索性。项目小组的成员对这个问题的认识经历了一个过程，直到第一次汇报时，才逐步意识到这种不同的重要性。2018 年 5 月，他们调整了项目的范围，从关注 ISN 团队的销售业绩，转变为对成本/价格体系、物流、技术方案本地化和 ISN 团队业务人才储备等四个方面进行探索。实践证明他们的工作助力了 ISN 团队的业绩成长，也为 ISN 项目和后续的项目做了有益的探索。这也是《ISN 项目章程》中的项目范围产生的背景。

针对正式的、日常工作的这种"小"项目（时间限定一年、人员五六位），在这一阶段还要避免概念化、大而空的情况。这种情况是由于知识面不够和对客户需求理解不深等因素造成的。项目范围过于宽泛，在三个约束边界下无法实施。这在以往的实践中屡有发生，也是造成项目受挫的重要原因。

第二，项目进程中，人资管理是非常重要的。这里的人资管理是指项目小组成员的构成。

一个项目小组的成员构成，应该注意性格类型的互补。一个小组要有思想活跃的，也要有深思熟虑的，还要有善于归纳总结的……这样开会时大家思想会很活跃，各抒己见，有民主也有集中。

以往的小组成员组成还有两种典型情况，一种是成员都比较"闷"，合作中都是"听者"；还有一种是小组成员大多数是思维"活跃"的，合作中都是"说者"。这两种情况都不利于项目的进展。在项目小组组建之初就注意进行思维和性格搭配，这是正式项目选人与组建项目团队时要考虑的问题。

第三，项目小组成员的工作互补性、知识水平相对一致性很重要，它涉及沟通管理（当然也有人资管理的因素）。

这一点在 ISN 项目中体现得尤为突出。他们分别来自物流、财务、研发、人事，而且水平也相当。这为他们讨论问题，开展后续探索提供了良好的条件。

在过往某些项目小组的组成上，出现知识结构或水平差距太大的问题，这样一些人在项目实施过程中被边缘化，他们在项目过程中基本上发挥不了作用。当然，我们要求每个人在项目过程中主动学习，尽快融入项目之中，做出贡献。但不可否认，在这么短的时间内要完成项目，根据知识结构和水平，适当调整安排团队成员是必要的。

第四，正式日常工作项目组长的关键作用。项目小组的组长往往是具体业务的负责人。在项目起始阶段，他的责任是将项目所涉及的业务介绍清楚，带领项目团队尽快熟悉业务；到项目进行过程中，他要逐步从"台前"走向"幕后"，适当将具体业务与项目区隔，因为他的思维容易带领项目团队沿着具体业务方向发展，而忽略了项目团队助力业务团队做好前瞻性、开拓性、探索性工作的目的。这方面在 ISN 项目的进程中得到了很好的体现，使得销售业务与项目探索既各自有方向，又相互补充，为业务的长远发展发挥了各自的优势。当然项目中各种工作的最终决定权还是在项目组长。

……

以上是从《ISN 项目》所想到的，也算是自己对 2017 届正式日常工作项目工作的总结吧！

2019 年 5 月 23 日　于北京

从 H 公司和 K 公司的两个案例中，读者可以对企业开展正式日常工作项目的过程与方法有所了解，两家企业通过上述正式项目指导，培养了一批有潜质的员工。在最近几年，一些参加过正式日常工作项目的学员，先后走上了销售副总监、总监的岗位，还有人担任了产品部的总经理。当然这些人的晋升与参加项目管理培训指导没有必然联系，但参加项目培训的经历，使他们得到管理知识，在管理和领导能力方面到了指导、训练和实践的机会；在后续的工作中，如果能够继续实践和运用参加正式日常工作项目学到的理念、知识、方法，使得管理和领导能力不断提升，对他们的工作业绩和获得职业提升机会都是有助益的。

开展正式日常工作项目（也可称为小型项目）是进行教练指导的有效方法。培训自身并不能释放员工和管理者的潜力。培训往往不能使我们"看到"自己的潜力，"说出"我们将要采取的行动，并使我们对自己的承诺负责，从而"说到做到"。[1] 正式的日常工作项目实施过程，是推动管理者和员工从"教"到"练"，从而释放双方潜能的过程。

这里一再强调"正式日常工作项目"，"正式"两字表明，这是从项目立项启动，到组建项目团队、确定项目范围、完成项目章程、项目组织实施、项目风险管控和项目成果交付，严格按照项目管理的模式进行的正式项目，以示区别日常工作中的一般项目。其中理解项目的意义、确定项目范围、最终完成《项目章程》，是实施小型项目管理指导的关键环节。开展这种正式项目的意义侧重于对参与者的指导、训练和创造一个实践平台，最终落实到综合能力的提升。

通过参加"正式日常工作项目"，项目组的成员在组织管理知识、协作担当精神、风险管控意识、领导决策能力等方面得到综合训练和提升，同时帮助企业解决一些亟待解决的问题。因此，许多企业将开展项目管理培训，实施"正式日常工作项目"列入领导力和后备领导人才的培训计划，就是让有潜质的员工从项目指导、训练和实践中，得到组织和管理能力的提升。

---

[1]（美）戴夫·洛根，约翰·金.教头革命[M].赵宏涛，张春明，译.北京：中央编译出版社，2004：2.

后　记

今天完成了书稿的第三次审阅、校对，回看"前言"，差十天就过去半年了。在三次审阅、校对过程中，一审是最困难的，因为内容纷杂，图表众多，我自己读完，都怀疑：这是一本书吗？我给两位编辑老师找了多少麻烦啊！但事已至此，必须硬着头皮往前走，谁让你选择了做这件事……

当看到二审稿时，才感觉有点儿像是一本书了。

在二审完成，交付了校对稿，等待新排版期间，我去了西藏。这确实是一次非常难忘，和以往不同的旅行。因为做营销工作，我去过中国几乎所有地方（包括港澳台地区），唯独缺少西藏。我曾认为自己有高原反应，又到了这把年纪，去西藏就别想了……可能这是一辈子的遗憾。

没想到在朋友的力邀下，最终还是踏上了去西藏的旅程。在做出决定后，我听到的劝阻和担心远远多于鼓励。这很容易理解，因为在去到那片净土之前，西藏在人们的心中有很强的神秘感。当我把去西藏的决定告知出版社的于老师，得到了他的祝福，并相约返京后完成最后的定稿。

记得是从纳木措（湖区）返回拉萨的路上，在翻越了这次上到的最高海拔5190米的那根拉山口后，来到京藏高速念青唐古拉山脚下的服务区休息时，收到于老师微信转来的二次审阅、校对后调改完的书稿。当时，已经是在西藏的第八天（后天就要返回北京）了，走了这一路，感受的是蓝天、白云、碧水，看到的是飞流直泻的瀑布、青翠的林海、神秘的雪山，置身于庄严、肃穆的寺庙和虔诚的僧侣、信众之中，心灵受到极大的震撼……当然，这一路也有强烈的高原反应和疲惫，甚至被紫外线灼伤皮肤的经历。而此时、此地，在服务区的观景平台上，面对云间白雪覆盖山顶的念青唐古拉山和美丽的藏北草原，收到即将定稿的书稿，让人有一种奇妙的感觉，我情不自禁地自问：这是巧合吗？……

回到北京，我就迫不及待地开始第三遍审阅、校对工作。由于有了前两次校对和调整，这次读起来顺利了许多！写这本书的初衷是，总结自己从事营销工作时的一些小事；写作过程中查阅了许多当年的工作记录、文稿和日记，也读了很多书。过去总是在营销一线忙，没有时间总结和反思；疫情期间，我有了近两年的集中读书、总结、思考的时间。写书的过程，除了读书、总结以外，更多的是反思。这个过程让我有机会重新审视当年对一些人和事的看法、想法。比如，"关注客户中的'守门员'"一节中，我原来在培训时是从销售人员的直观感受出发，将某院校设备处长的案例当作一种反面的案例来展示的，想说明客户的不合作；这次写书时，我进行了换位思考，对"职责所在"有了新的认识，从而比较客观地做了分析。又比如，"销售人员薪酬激励的有效性"一节中的案例10，是我曾经参与过的工作，由于当时自己对OEM生产企业的了解甚少，因此对方案理解也很肤浅，没有给予更多的支持与帮助。这次将方案拿出来重读，发现——这不是与我们曾经用过的《数学用表》类似吗？今天回想此事，对当时一起工作的伙伴们有一种深深的愧疚！

这本书总结了我近三十五年从事营销工作的方方面面，有快乐，有感动，有美好的回忆，也有遗憾，但更多的是对岁月、对同行人的感恩与感谢！我曾经是一个从事半导体生产、研究二十年的工人、教师，没有专门学习过营销，是时代把我推向了这个职业。在从事这个职业的过程中，虽然有各种酸、甜、苦、辣，但更多的是感受到生活的充实与快乐：

这里有不断学习、获得新知识的快乐！因为销售工作每时每刻都要面对新事物，可以促使人不断地研究新事物、不断地学习与进步。

还有看到客户、合作伙伴、同事因我的工作，而取得成功时的快乐！因为从事销售职业和作为管理者，是可以将成功与快乐带给别人的。

今天审阅、校对完最后一个字，合上书稿！它记录了一个新中国同龄人，经历了蹉跎岁月，在四十岁的时候，跟年轻人一起去探索、走过的营销工作之路！

2023 年 7 月 26 日　于北京

修改于 2023 年 8 月 6 日

附录 A

(注：本附录表中数据部分浅蓝色代表实际中的绿色，深蓝色代表实际中的红色。业绩达到或超过目标，单元格背景填绿色；业绩低于目标，单元格背景填红色，同时字体改成白色，并加粗。)

表 A–1 总销售任务分解到地区的保龄图实例

×××公司营销总目标进度表（2020）

更新时间：2020 年 4 月 3 日　　★保密资料★　　￥单位：万元

公司总任务（陈××）	起点（前一年业绩）	目标/业绩/达成率	YTD（目前状况）	1月	2月	3月	4月	5月	6月	7月	8月	9月	10月	11月	12月	202x年 TOTAL
	53,650	2020年目标	9,672	3,636	1,627	4,409	4,027	4,364	5,326	5,788	6,250	6,511	5,366	7,135	8,090	62,529
	53,150	2020年业绩	9,768	3,545	1,850	4,373										9,768
	99%	季度业绩达成率%	101%			101%			0%			0%			0%	16%

团队 A 营销目标进度表（202x）

更新时间：2020 年 4 月 3 日　　★保密资料★　　￥单位：万元

团队北区总任务（李x）	起点（前一年业绩）	目标/业绩/达成率	YTD（目前状况）	1月	2月	3月	4月	5月	6月	7月	8月	9月	10月	11月	12月	202x年 TOTAL
	29,508	202x年目标	5,416	2,036	911	2,469	2,255	2,444	2,983	3,241	3,500	3,646	3,005	3,996	4,530	35,016
	29,764	202x年业绩	5,462	2,021	1,036	2,405										5,462
	101%	季度业绩达成率%	101%			101%			0%			0%			0%	16%

……

表 A-2　总销售任务分解到产品的保龄图实例

×××公司营销总目标进度表（202×）

业绩达到或超过目标，单元格背景填绿色；业绩低于目标，单元格背景填红色，同时字体改成白色，并加粗。

￥单位：万元　　更新时间：202×年×月×日　　★保密资料★

	起点（前一年业绩）	YTD（目前状况）	目标/业绩/达成率	1月	2月	3月	4月	5月	6月	7月	8月	9月	10月	11月	12月	202×年 TOTAL
公司总任务（负责人）			202×年目标													
			202×年业绩													
			季度业绩达成率%													

×××公司产品团队营销目标进度表（202×）

业绩达到或超过目标，单元格背景填绿色；业绩低于目标，单元格背景填红色，同时字体改成白色，并加粗。

￥单位：万元　　更新时间：202×年×月×日　　★保密资料★

	起点（前一年业绩）	YTD（目前状况）	目标/业绩/达成率	1月	2月	3月	4月	5月	6月	7月	8月	9月	10月	11月	12月	202×年 TOTAL
A产品任务（负责人）			202×年目标													
			202×年业绩													
			季度业绩达成率%													

……

表 A-3　总销售任务分解到不同行业市场的保龄图实例

×××公司营销总目标进度表（202×）

业绩达到或超过目标，单元格背景填绿色；业绩低于目标，单元格背景填红色，同时字体改成白色，并加粗。
Y单单位：万元　　更新时间：202×年 × 月 × 日　　★保密资料★

起点（前一年业绩）	目标/业绩/达成率	YTD（目前状况）	1月	2月	3月	4月	5月	6月	7月	8月	9月	10月	11月	12月	202×年 TOTAL
公司总任务（负责人）	202×年目标														
	202×年业绩														
	季度业绩达成率%														

×××公司（行业）市场团队营销目标进度表（202×）

业绩达到或超过目标，单元格背景填绿色；业绩低于目标，单元格背景填红色，同时字体改成白色，并加粗。
Y单单位：万元　　更新时间：202×年 × 月 × 日　　★保密资料★

团队	起点（前一年业绩）	目标/业绩/达成率	YTD（目前状况）	1月	2月	3月	4月	5月	6月	7月	8月	9月	10月	11月	12月	202×年 TOTAL
A市场任务（负责人）		202×年目标														
		202×年业绩														
		季度业绩达成率%														

……

表 A-4 某企业回款与订单考核（分解到销售人员）的保龄图实例

xxx 公司回款 - 订单预测与达成统计表（202x）

预测/达成达到或超过目标，单元格背景填绿色；预测/达成低于目标，单元格背景填红色，同时字体改成白色，并加粗。
更新时间：202x年x月x日　★保密资料★
￥单位：万元

团队	公司总任务（负责人）			1月	2月	3月	4月	5月	6月	7月	8月	9月	10月	11月	12月	202x年TOTAL
	目标/回款预测/订单预测		YTD（目前状况）													
		目标														
		回款预测	回款预测													
			回款达成													
			回款达成率%													
		订单预测	订单预测													
			订单达成													
			订单准确率%													

团队 A 回款 - 订单预测与达成统计表（202x）

预测/达成达到或超过目标，单元格背景填绿色；预测/达成低于目标，单元格背景填红色，同时字体改成白色，并加粗。
更新时间：202x年x月x日　★保密资料★
￥单位：万元

团队	目标/回款预测/订单预测		1月	2月	3月	4月	5月	6月	7月	8月	9月	10月	11月	12月	202x年TOTAL
		YTD（目前状况）													
	目标														

附录 A | 253

续表

团队A任务（负责人）	回款预测											
	回款达成											
	回款达成率%											
	订单预测											
	订单达成											
	订单准确率%											

团队A—销售a	目标											
	回款预测											
	回款达成											
	回款达成率%											
	订单预测											
	订单达成											
	订单准确率%											

表 A-5 某企业不同管理部门的年度业绩考核的保龄图实例

××公司—运营相关—保龄图（2019）

业绩达到或超过目标，单元格背景填绿色；业绩低于目标，单元格背景填红色，同时字体改成白色，并加粗。
★保密资料★
更新时间：2020年2月4日
又单位：万元

	目标	负责人	起点		2019累计	1月	2月	3月	4月	5月	6月	7月	8月	9月	10月	11月	12月	
1	累计解决100个安全隐患	冯××	0	计划	10	10	15	20	25	30	40	50	60	70	80	90	100	
				达成	10	10												
2	备货超期6个月以上库存下降30%	王××	740	计划	740	740	740	740	696	696	696	652	652	652	608	608	608	*样机300万，豁免
				达成	725	725												
3	最后一天迟交货金额（转成天数）	胡×	暂无	计划	10	10	10	10	10	10	10	10	10	10	10	10	10	*10亿/300
				达成	44	44												
4	超期应收账款占比	石××	46%	计划	45%	45%	43%	41%	41%	39%	37%	37%	35%	33%	33%	31%	30%	*过去2年超期占总应收比例
				达成	47%	47%												
5	全年做24个改善（TPI）	金××	0	计划	2	2	2	2	2	2	2	2	2	2	2	2	2	
				达成	3	3												
6	改善覆盖240人次	金××	0	计划	30	30	10	20	20	20	20	20	20	20	20	20	20	
				达成	36	36												
7	主动离职率	冯×	11%	计划	1.0%	1.0%	2.0%	3.0%	4.0%	5.0%	6.0%	6.5%	7.0%	7.5%	8.0%	8.5%	9.0%	
				达成	0.0%	0.0%												

*【2019累计】指截止到当月的累计计划及达成，需手动填写

附录 B

表 B-1 开拓型销售人员能力模型解读

能力	能力描述	能力解读
个人素质/基本能力	1. 积极的心态，愿意承担有挑战性的工作	面对压力积极主动地工作，愿意承担有挑战性的工作。
	2. 尊重他人，积极参与团队合作	1. 能友好地与各种不同的人接触、交往。理解尊重不同经验、不同级别、不同教育程度、不同背景、不同性别及持不同意见的人； 2. 为达到双赢，能与所有级别的同事、公司的客户、供应商合作。保持和睦的工作氛围，着眼于解决问题而不是争辩谁是谁非。
	3. 对企业文化的认同，对完成任务有紧迫感	1. 作为公司整体组织的一部分，愿意为公司的需要、重点和目标而努力； 2. 能及时发现问题或机会，并及时采取行动。
	4. 语言表达、与人沟通和自我学习的能力	不论哪种语言，都要有良好的表达能力，真正能够聆听，会提问。认清自己需要的提高方向，制订近期的具体学习计划（包括读书、参加培训、研讨、主动请导师辅导），并加以执行。
	5. 基本办公工具应用和数据分析的能力	熟练应用基本办公工具（Excel、Word、PPT）提升办事效率；运用办公管理工具（CRM、销售漏斗、OA、ERP 等）对业务做数据分析。
专业知识	1. 从应用的角度理解和掌握专业知识的能力（行业、产品）	1. 熟悉行业的政策、技术标准； 2. 了解客户的工艺流程、技术应用要求和原理； 3. 熟悉主要产品的技术特点以及和对手产品的优劣势比较； 4. 在遭遇技术困难时，知道如何快速地寻求公司其他部门的支持。
	2. 确定解决方案并准确呈现给决策者的能力	1. 针对客户的特点、动态和需求发展，（在其他部门支持下）制定出优质的解决方案； 2. 能准确判断客户内部的需求层级，将解决方案呈现给有决策能力的客户层级。

续表

能力	能力描述	能力解读
专业知识	3. 具备利用公司专家资源与客户建立合作关系的能力	1. 关注公司各技术支持部门的各类知识分享，了解最新动态； 2. 在遭遇技术困难时，知道如何快速地找到合适的专家支持资源； 3. 及时和上级、团队沟通项目情况，组织支持资源或成立合作小组，共同帮助客户解决疑问。
	4. 从技术角度追踪项目进程的能力	能正确地把握项目的轻重缓急，合理分配时间。
	5. 运用专业知识挖掘客户已知需求和潜在需求的能力	快速响应市场的动态，追随政策要求和资金走向，挖掘出客户远、中、近期的项目，列入 Funnel 管理。进行客户痛点分析，深入挖掘出客户的表面需求和潜在需求。
客户关系	1. 与客户建立整体工作联系，并进行有效沟通的能力	1. 了解客户的"决策层""关键层""执行层"情况； 2. 协助建立公司"决策层"与客户"决策层"的关系，并了解客户"决策层"对我公司的定位； 3. 根据客户"决策层"对我公司的定位，与客户"关键层""执行层"建立良好的工作关系。
	2. 与客户采购流程决策链中关键人建立工作关系的能力	1. 了解客户采购流程和决策链； 2. 获得客户组织架构信息，找到决策人、执行人和关键人及联系方式； 3. 准备有针对性的产品应用方案与客户沟通进行产品技术推广，了解并创造需求。
	3. 推动公司业务部门与目标客户相应部门准确对接的能力	1. 掌握客户的组织架构，及时协调双方对接部门，解决合作中的问题，推动合作顺畅进行； 2. 通过审厂/试用、技术交流会、技术培训、典型案例参观、行业会议等活动，提升客户的黏度。
	4. 了解并推进客户采购流程的能力	1. 选择合适的销售模式（直销、代工厂）及方案； 2. 了解项目进度，清楚接单时间（结单周期、成功率）。
	5. 关键客户管理能力（管理并增加大客户数量）	1. 了解关键客户组织关系以及公司决策流程； 2. 定期拜访关键客户，了解客户需求、产品使用、客户满意度、产品占有率等信息； 3. 提供定期技术培训以及产品试用等支持； 4. 利用公司资源，推动关键客户项目的进程。
商务技能	1. 运用市场分析数据发掘新客户（或项目）的能力	能够运用市场部门提供的政策信息、市场分析数据、企业发展数据和成功案例，有计划地发掘新客户、新项目。

续表

能力	能力描述	能力解读
商务技能	2. 准确定义、全面分析及合理规划业务机会的能力	1. 针对已确定的目标行业、目标客户，做出有说服力的考核目标和行动计划，并加以执行； 2. 根据实际情况，及时分析工作进程，作出必要的调整。
	3. 市场竞争分析及制定产品定位策略的能力	通过市场政策调研，收集和反馈竞争对手信息，如产品、价格、特点制定 POD 表（差异化分析表），并对公司产品与客户进行分类匹配。
	4. 撰写项目书和工作简报的能力	思维具有逻辑性，语言表达准确，问题阐述清晰，行动方向明确。撰写项目书，供公司各部门审批和执行；通过工作简报让公司各部门了解重点项目工作情况。
	5. 公司内部资源的协调与利用的能力	定期组织项目相关部门的沟通、交流会议，或发出项目简报，通报项目进程；及时发现和解决项目进程中的问题。
执行力	1. 制订项目营销计划和客户营销计划的能力	1. 具备市场分析能力，对所处市场（区域、行业）进行分析，以便合理配置销售资源； 2. 关键客户筛选（客户清单）；定制化解决方案（定制化的方案文档）；对竞争对手了解及优劣势比较（FAB/POD等销售工具的运用）； 3. 制定年度重点与非重点项目的任务分配（每月检视执行情况）。
	2. 使用销售漏斗工具管理业务的能力	1. 熟悉销售漏斗工具，并在实践中使用，具备数据分析的能力； 2. 销售漏斗中管理的业务总量和新增客户量，保持与业务发展相匹配； 3. 提高转换率及签单率。
	3. 时间有效性管理的能力	1. 合理规划时间，统筹各项工作有序进行； 2. 提高工作效率，追求工作效果。
	4. 对销售趋势进行预测、分析的能力	对所负责业务进行预测，以帮助自己或团队管理业务：经理，具有判断团队预测真实性的能力； 普通销售，具有对项目进度把控的能力。
	5. 营销渠道管理和与伙伴合作的能力	1. 对厂家指定的代工厂等合作伙伴的状况有全面了解（包括与厂家的关系、经营状况、关键人等）。对合作伙伴的价值做出准确定位； 2. 及时发现合作中的问题，协调我公司、厂家、代工厂间的关系。

表B-2 开拓岗位销售人员能力评估表

姓名：_____ 评估时间：_____

能力		自我评估 (0、1~4)	考评组评估 (0、1~4)	
个人素质/基本能力	1. 积极的心态，愿意承担有挑战性的工作	3	3	
	2. 尊重他人，积极参与团队合作	4	3	
	3. 对企业文化的认同，对完成任务有紧迫感	1	1	13 / 11
	4. 语言表达，与人沟通和自我学习能力	2	2	
	5. 基本办公工具应用和数据分析能力	3	2	
专业知识	1. 从应用的角度理解和掌握专业知识的能力（行业、产品）	2	2	
	2. 确定解决方案并准确呈现给决策者的能力	2	2	
	3. 具备利用公司专家资源与客户建立合作关系的能力	1	2	9 / 9
	4. 从技术角度追踪项目进程的能力	2	2	
	5. 运用专业知识挖掘客户已知需求和潜在需求的能力	2	1	
客户关系	1. 与客户建立整体工作联系，并进行有效沟通的能力	2	3	
	2. 与客户采购流程决策链中关键人建立工作关系的能力	3	2	
	3. 推动公司业务部门与目标客户相应部门准确对接的能力	3	2	11 / 10
	4. 了解并推进客户采购流程的能力	1	2	
	5. 关键客户管理能力（管理并增加大客户数量）	2	1	

评估说明：

1. 评估分为五级：
 0分不适用于本人或被评估人，不予评判。
 1~4分分别代表能力由低到高，1分最低，4分最高。
2. 个人先评估，每个人知道自己的努力方向。
3. 个人评估完成后，考评组评估，并与被考评人进行一次交流，指出差距和努力方向。
4. 评估结果以考评组评估为准。
5. 年终再次做评估，对比看变化。

续表

说明：表中评估数据是模拟填写的，以验证雷达图

	能 力	自我评估 （0、1~4）	考评组评估 （0、1~4）
商务技能	1. 运用市场分析数据发掘新客户（或项目）的能力	3	3
	2. 准确定义、全面分析及合理规划业务机会的能力	2	2
	3. 市场竞争分析及制定产品定位策略的能力	4	2
	4. 撰写项目书和工作简报的能力	2	2
	5. 公司内部资源的协调与利用的能力	2	2
		13	11
执行力	1. 制订项目营销计划和客户营销计划的能力	3	2
	2. 使用销售漏斗工具管理业务的能力	2	2
	3. 时间有效性管理的能力	3	3
	4. 对销售趋势进行预测、分析的能力	2	2
	5. 营销渠道管理和与伙伴合作的能力	1	1
		11	10

图例：◆ 自我评估　■ 考评组评估

表 B-3　开拓型销售工程师岗位职责／任职条件

岗位基本信息与职责 开拓型销售工程师				
岗位名称	开拓型销售工程师		所在部门与组别	销售部门
职位类别	管理类		薪资等级	B 或 C 级
直属上级	部门经理／销售副总／总监		直属下级	无
职责与工作任务				
职责一：主动寻找公司确定守信用的目标行业品牌客户。			占用时间和精力的比例	20%
工作任务	1. 搜集分析行业信息； 2. 选择、确定要开拓的目标客户； 3. 全方位了解和准确收集所确定的目标客户信息（包括：管理层、组织架构、产品技术、供应链、竞争对手……）。			
职责二：拓展与客户执行层的关键人员的联系，增加客户黏度			占用时间和精力的比例	35%
工作任务	1. 与团队一起对所收集信息进行分析，确定工作策略、方案，制订工作计划； 2. 按计划协调各方面的资源展开工作、推进计划执行； 3. 及时发现、防控和化解风险； 4. 配合主管副总对目标客户高层展开工作。			
职责三：推进具体方案和项目的落实。			占用时间和精力的比例	35%
工作任务	1. 运用产品知识，提供与客户需求相匹配的方案，并不断修正工作计划、方案，使工作有效推进，取得预期成果； 2. 挖掘符合各子公司产品定位的终端产品项目； 3. 协调客户项目与子公司产能的匹配，并应保有利润空间； 4. 选择维护型销售人员配合工作，并在客户处于"稳定、磨合期"时，将客户平稳过渡到维护型销售人员管理。			
职责四：日常工作管理。			占用时间和精力的比例	10%
工作任务	1. 定期（季度或月）做开拓目标客户的分析报告，向有关部门和人员通报项目进展情况和下一步工作意见； 2. 制订月工作计划（包括：出差、审厂、样品分析……），合理高效管理时间；			

续表

3. 对目标客户的架构、人员结构情况不断更新、充实，为管理层（主管副总）提供有价值的决策信息；
4. 各子公司相关部门需求事务的协调处理；
5. 按项目类别或时间段，做好项目总结或工作总结；
6. 参与公司体系运作与改善。

	任职资格	
岗位资格要求	教育水平	本科或硕士
	专业	理学、工学、语言类等
	语言要求（英文）	□读　□写　■读写并能进行口头交流
	计算机水平	□复杂操作并使用软件：（office project 等）
	特别注册或证件要求	同等条件，如具有 PMP（项目管理）优先选用
任职选拔要求	外部引进： 一、外部引入的销售人员必须为开拓型销售工程师，具有一线电池行业三年以上销售工作经验，且拥有我司目标行业客户的人脉资源（两年内需达到 3,000 万以上销售业绩）。 内部培养： 一、产品部工作满两年者可调入销售部门并申请开拓型销售工程师的任职资格； 二、语言类应届毕业生入职销售部门，满两年后方可申请开拓型销售工程师的任职资格。	
重点支持	一、对于开拓型销售工程师，在整体的开拓费用上，公司每年都将进行重点支持； 二、公司每年到国内、国外参展、组织观展将重点考虑开拓型销售工程师； 三、公司鼓励开拓型销售工程师开发目标品牌客户，鼓励开拓型销售工程师出差拜访事项； 四、对于开拓型销售工程师拜访客户中的交通费用（飞机、火车、出租车）将进行重点支持； 五、对开拓型销售工程师安排导师指导培养，公司将不定期组织针对性的能力提高培训； 六、开拓型销售工程师允许配备维护型销售人员跟进、开发目标品牌客户； 七、具体支持政策逐年完善……	

续表

	考核要求：
考核	一、开拓型销售工程师，首年考核目标为承担部门年度新开发品牌客户项目； 二、开拓型销售工程师，第二年起年度考核目标为销售收入的25%来自上一年度新成交的品牌客户； 三、任职年限与业绩考核标准：（注：X_1……X_5为具体任职销售额指标） | 在公司销售部门工作年限（Y）	上一年度业绩收入×（万元） | |---|---| | $2 \leqslant Y < 3$ | $X \geqslant X_1$ | | $3 \leqslant Y < 4$ | $X \geqslant X_2$ | | $4 \leqslant Y < 6$ | $X \geqslant X_3$ | | $5 \leqslant Y < 8$ | $X \geqslant X_4$ | | $Y \geqslant 8$ | $X \geqslant X_5$ |

	素质/能力	需求程度		
岗位能力要求	正直诚实	○中等	○高	●非常高
	分析能力	○中等	○高	●非常高
	工作激情	○中等	○高	●非常高
	计划能力	○中等	○高	●非常高
	学习能力	○中等	●高	○非常高
	沟通能力	○中等	○高	●非常高
	合作精神	○中等	○高	●非常高
	组织与协调能力	○中等	○高	●非常高
	谈判能力	○中等	●高	○非常高
	仔细和耐心	○中等	●高	○非常高

编制：　　　　　审核：　　　　　审批：
日期：　　　　　日期：　　　　　日期：

表 B-4　维护型销售工程师岗位职责/任职条件

岗位基本信息与职责				
维护型销售工程师				
职位名称	维护型销售工程师		所在部门与组别	销售部门
职位类别	管理类		薪资等级	B、C 或 D 级别
直属上级	部门经理/销售副总/总监		直属下级	无
职责与工作任务				
职责一：对外协助开拓型销售工程师、部门经理或销售副总维护守信用的公司目标行业品牌客户。			占用时间和精力的比例	35%
工作任务	1. 掌握所维护客户的行业信息； 2. 全方位掌握所维护客户的信息（包括：管理层、组织架构、产品技术、供应链、竞争对手……）； 3. 配合主管副总，维护对客户高层的沟通工作； 4. 与所维护客户的对口主管建立和保持有效、畅通的联络； 5. 及时发现、防控和化解风险。			
职责二：对内沟通协调服务客户。			占用时间和精力的比例	35%
工作任务	1. 协调公司各部门工作，保质、保量跟进客户已有订单的执行； 2. 协调公司各方面资源，为客户提供专业的服务体验。			
职责三：挖掘已成交品牌客户新订单、新项目，拓展合作业务。			占用时间和精力的比例	20%
工作任务	1. 适时推动客户选择我方成熟产品，扩大订单； 2. 及时发现客户新产品、新应用计划，争取我方早期介入，提高供货份额。			
职责四：日常工作管理。			占用时间和精力的比例	10%
工作任务	1. 定期（季度）做所维护目标客户的分析报告，向有关部门和人员通报所管理项目发货、质量、回款等情况，对下一步工作意见； 2. 制订月工作计划（包括：处理客诉、审厂、样品分析、出差……），合理高效管理时间； 3. 建立客户信息表，对所维护客户的架构、人员结构情况不断更新、充实，为管理层提供有价值的决策信息； 4. 各子公司相关部门需求事务的协调处理； 5. 按项目类别或时间段，做好项目总结或工作总结； 6. 参与公司体系运作与改善。			

续表

任职资格		
岗位资格要求	教育水平	本科或大专
^	专业	理学、工学、语言类等
^	语言要求（英文）	□读　□写　■读写并能进行口头交流
^	计算机水平	□复杂操作并使用软件：(office project 等)
^	特别注册或证件要求	同等条件，如具有 PMP（项目管理）优先选用；
任职选拔要求	内部培养： 一、语言类应届毕业生入职销售部门，必须任职维护型销售工程师； 二、理工类应届毕业生必须到产品部进行培养，满一年合格者可在产品部兼做维护型销售工程师； 三、营销系统每年将对各子公司订单管理部门提供 2 名跟单员的定向培养费用支持，各子公司优秀跟单人员可申请调入营销中心任维护型销售工程师。	
重点支持	一、维护型销售人员可配合和参与开拓型销售工程师跟进、开发目标品牌客户，参与该客户的维护型销售人员将得到公司提供的该项目额外 30% 的销售业绩提成； 二、对维护型销售工程师安排专项培养，公司将不定期组织针对性的能力提高培训； 三、具体支持政策逐年完善……	
考核	任职年限与业绩考核标准：（注：X_1……X_5 为具体任职销售额指标）	
^	在公司销售部门工作年限（Y）	上一年度业绩收入 x（万元）
^	$2 \leq Y < 3$	$X \geq X_1$
^	$3 \leq Y < 4$	$X \geq X_2$
^	$4 \leq Y < 6$	$X \geq X_3$
^	$5 \leq Y < 8$	$X \geq X_4$
^	$Y \geq 8$	$X \geq X_5$
岗位能力要求	素质/能力	需求程度
^	正直诚实	○中等　○高　●非常高
^	分析能力	○中等　●高　○非常高

续表

岗位能力要求	工作激情	○中等	●高	○非常高
	计划能力	○中等	○高	●非常高
	学习能力	○中等	●高	○非常高
	沟通能力	○中等	○高	●非常高
	合作精神	○中等	○高	●非常高
	组织与协调能力	○中等	●高	○非常高
	谈判能力	○中等	●高	○非常高
	仔细和耐心	○中等	○高	●非常高
编制： 日期：	审核： 日期：		审批： 日期：	

附录 C

表 C-1 年度业绩总结与能力/素质考评表

<table>
<tr><td colspan="6" align="center">20×× 年度业绩总结与能力/素质考评表</td></tr>
<tr><td>职工姓名：</td><td colspan="2">主管人姓名：</td><td colspan="3">任当前职务的时间： 年 个月</td></tr>
<tr><td rowspan="2">职务：</td><td colspan="2">总结日期：</td><td rowspan="2" colspan="3">考评周期从： 年 月到 年 月</td></tr>
<tr><td colspan="2">总考评分：</td></tr>
<tr><td colspan="6" align="center">（一）20×× 年度工作总结</td></tr>
<tr><td colspan="6">对考评周期内应达成目标和已取得的成绩进行小结，并根据此前确定的各项目标的权重进行评分。</td></tr>
<tr><td>目标1：</td><td colspan="2">执行结果1：</td><td>达成率1：</td><td>目标1权重：</td><td>目标1得分：</td></tr>
<tr><td>目标2：</td><td colspan="2">执行结果2：</td><td>达成率2：</td><td>目标2权重：</td><td>目标2得分：</td></tr>
<tr><td>目标3：</td><td colspan="2">执行结果3：</td><td>达成率3：</td><td>目标3权重：</td><td>目标3得分：</td></tr>
<tr><td>目标4：</td><td colspan="2">执行结果4：</td><td>达成率4：</td><td>目标4权重：</td><td>目标4得分：</td></tr>
<tr><td>目标5：</td><td colspan="2">执行结果5：</td><td>达成率5：</td><td>目标5权重：</td><td>目标5得分：</td></tr>
<tr><td colspan="4" align="center">年度业绩综合考评分：（占总考评权重40%，满分40分）</td><td>40</td><td>业绩总分：</td></tr>
<tr><td colspan="6" align="center">（二）员工基本能力/素质的年度考评</td></tr>
<tr><td colspan="4">若评定为1.9以下或4以上，请给出实例，评定者可根据自己的判断举例。
如果该项目不适合该员工，请标上"不适用"，"不适用"项目数不可多于五项。</td><td>员工评定</td><td>主管评定</td></tr>
<tr><td colspan="4">1. 质量第一：计划性强，能准确、全面、按时、可靠地执行，能把诚信放在首位。
举例：</td><td></td><td></td></tr>
</table>

续表

2. 影响力：通过工作努力，积极参与公司的各项活动，并影响他人。 举例：		
3. 尊重他人：能友好地与各种不同的人接触、交往。理解尊重不同经验、不同级别、不同教育程度、不同背景、不同性别及持不同意见的人。从行为上是否表现出，他/她意识到员工是公司最有价值的资源。 举例：		
4. 以事实为依据地处理问题：为得到合理的，以事实为依据的结论，要事先搜集，分析总结数据。 举例：		
5. 团队配合：为达到双赢，能与所有级别的同事、公司的客户、供应商/经销商合作。保持和睦的工作氛围，着眼于解决问题而不是争辩谁是谁非。 举例：		
6. 紧迫感：能及时发现问题或机会，并采取相应的行动。 举例：		
7. 以客户为中心：（不论外部还是内部）以发现和满足客户需求为动力而开展工作。 举例：		
8. 以结果为导向：有动力和能力达到所承担的短期和长期目标，取得工作成绩。 举例：		
9. 适应变化的能力：能够在变动中的、有不确定因素的以及不明朗的环境中迅速适应，开展工作。 举例：		
10. 技术优秀：在工作专业深度和广度方面，善于运用和发挥自己技术方面的知识。 举例：		
11. 沟通：能在公司中有效地与他人广泛沟通。 举例：		

续表

12. 为企业大目标努力：作为公司整体组织的一部分，愿意为公司的需要、重点和目标而努力。 举例：				
13. 职业精神：对现状提出问题，愿意并且能够主动地接受新的、困难的挑战；能够承担挑战有可能出现的风险。 举例：				
14. 远见卓识：能够为了公司远景主动、积极地进行沟通及寻求支持。 举例：				
15. 为公司培养和发掘人才：致力于员工长期的培养与人才开发，特别注重员工才能的使用，以满足公司目前和长远的业务需求。 举例：				
16. 战略实施能力：针对发展策略，做出切合实际的工作计划，落实计划并最终达到战略目标。 举例：				
17. 积极参与公司的多样性：积极支持实行员工机会平等和公司组织的多样性。〔多样性指的是企业的人员构成多样化，在个人特质（如性别、年龄、种族、性取向、宗教信仰等）以及职业特征（如擅长技能、语言水平、教育背景、工作经验、思维模式等）上的差异程度。〕 举例：				
18. 其他： 举例：				
员工基本能力/素质年度综合评定分：（占总考评权重40%，满分40分）			40	
	评定项目总数	17	不适用项目数	4	综合能力/素质分：	

（三）若被考评人还有下属员工，请继续做以下6项评定：	员工评定	主管评定
1. 采用公开的和一致的态度，与员工定期交流，可以是一对一的或其他形式。		
2. 准确且诚实地评价员工及其工作。		
3. 对公司具有重要价值，并一贯表现很好。		
4. 能够承担责任，培养领导者的素质。		
5. 愿为其他员工花费大量时间。		
6. 鼓励员工进入新领域，向新的工作挑战。		
管理工作年度综合评定分：（占总考评权重20%，满分20分）	20	
	管理能力分：	

（四）主管列出该员工的优点/长处与需要改进的方面	
优点/长处 列出该员工主要优点/长处（至少三点）	需要改进的方面 列出该员工最需要改进的三个方面
*	*
*	*
…	…

（五）下一年度（20××年）工作目标			
目标1：	目标1描述：	目标1权重：	
目标2：	目标2描述：	目标2权重：	
目标3：	目标3描述：	目标3权重：	
…	…	…	

（六）主管总评与员工意见		
主管总评		员工意见
			总评	
员工签字：	主管签字：	上级经理意见/签字：	人事经理意见/签字：
日期：	日期：	日期：	日期：

评定说明:(* 所有评定仅适用于评定当年)
4.6~5.0 = 卓越的: 这一级是很少的。仅适于在本职工作中某方面的表现得到大家公认的、出类拔萃的员工。总评得到这一级的员工,应是全面或几乎所有方面都表现卓越的员工,是极少的。
3.6~4.5 = 优秀的: 表现超过一般要求。这一级适用在本职工作中表现超出一般标准的员工。
2.6~3.5 = 符合要求的: 完全符合工作要求。这一级别适于那些通常能完成定额目标并能取得到高标准结果的员工。
2.0~2.5 = 基本达标的: 能满足最低工作要求。这一级别适于接近期望值但需要改进的员工。
1.0~1.9 = 不能接受的: 员工业绩明显不能达到期望值。该员工要有重大改进,否则短期内调离现工作岗位。改进的实施计划应马上执行。

表 C-2 《年度业绩总结与能力/素质考评表》模拟填写表

20×× 年度业绩总结与能力/素质考评表					
职工姓名：		主管人姓名：		任当前职务的时间： 年 个月	
职务：		总结日期：		考评周期从： 年 月到 年 月	
		总考评分：	4.00		

（一）20×× 年度工作总结									
对考评周期内应达成目标和已取得的成绩进行小结，并根据此前确定的各项目标的权重进行评分。										
目标1：销售额（万）	81	执行结果1：	77	达成率1：	95%	目标1权重	30%	目标1得分：	11.41
目标2：利润额（万）	20	执行结果2：	20	达成率2：	100%	目标2权重	30%	目标2得分：	12.00
目标3：新客户（个）	24	执行结果3：	21	达成率3：	88%	目标3权重	20%	目标3得分：	7.00
目标4：改善（次）	10	执行结果4：	9	达成率4：	90%	目标4权重	10%	目标4得分：	3.60
目标5：业余时间参加领导力培训		执行结果5：完成、获证书		达成率5：	100%	目标5权重	10%	目标5得分：	4.00
年度业绩综合考评分：（占总考评权重40%，满分40分）						40		业绩总分：	38.01

（二）员工基本能力/素质的年度考评	员工评定	主管评定
若评定为1.9以下或4以上，请给出实例，评定者可根据自己的判断举例。如果该项目不适合该员工，请标上"不适用"，"不适用"项目数不可多于五项。		
1. 质量第一：计划性强，能准确、全面、按时、可靠地执行，能把诚信放在首位。 举例：		3.5
2. 影响力：通过工作努力，积极参与公司的各项活动，并影响他人。 举例：		3.5

续表

3. 尊重他人：能友好地与各种不同的人接触、交往。理解尊重不同经验、不同级别、不同教育程度、不同背景、不同性别及持不同意见的人。从行为上是否表现出，他/她意识到员工是公司最有价值的资源。 举例：	3.5
4. 以事实为依据地处理问题：为得到合理的，以事实为依据的结论，要事先搜集，分析总结数据。 举例：	3.6
5. 团队配合：为达到双赢，能与所有级别的同事、公司的客户、供应商/经销商合作。保持和睦的工作氛围，着眼于解决问题而不是争辩谁是谁非。 举例：	3.3
6. 紧迫感：能及时发现问题或机会，并采取相应的行动。 举例：	3.7
7. 以客户为中心：（不论外部还是内部）以发现和满足客户需求为动力而开展工作。 举例：	3.6
8. 以结果为导向：有动力和能力达到所承担的短期和长期目标，取得工作成绩。 举例：	3.7
9. 适应变化的能力：能够在变动中的、有不确定因素的以及不明朗的环境中迅速适应，开展工作。 举例：	3.8
10. 技术优秀：在工作专业深度和广度方面，善于运用和发挥自己技术方面的知识。 举例：	3.1
11. 沟通：能在公司中有效地与他人广泛沟通。 举例：	3.3
12. 为企业大目标努力：作为公司整体组织的一部分，愿意为公司的需要、重点和目标而努力。 举例：	3.5
13. 职业精神：对现状提出问题，愿意并且能够主动地接受新的、困难的挑战；能够承担挑战有可能出现的风险。 举例：	3.4

续表

14. 远见卓识：能够为了公司远景主动、积极地进行沟通及寻求支持。 举例：			不适用
15. 为公司培养和发掘人才：致力于员工长期的培养与人才开发，特别注重员工才能的使用，以满足公司目前和长远的业务需求。 举例：			3.7
16. 战略实施能力：针对发展策略，做出切合实际的工作计划，落实计划并最终达到战略目标。 举例：			不适用
17. 积极参与公司的多样性：积极支持实行员工机会平等和公司组织的多样性。[多样性指的是企业的人员构成多样化，在个人特质（如性别、年龄、种族、性取向、宗教信仰等）以及职业特征（如擅长技能、语言水平、教育背景、工作经验、思维模式等）上的差异程度。] 举例：			不适用
18. 其他： 举例：			
员工基本能力/素质年度综合评定分：（占总考评权重40%，满分40分）	40	0	49.2
评估项目总数	17	不适用项目数	3	综合能力/素质分：	28.11
（三）若被评价人还有下属员工，请继续做以下6项评定：		员工评定	主管评定
1. 采用公开的和一致的态度，与员工定期交流，可以是一对一的或其他形式。			3.5
2. 准确且诚实地评价员工及其工作。			3.3
3. 对公司具有重要价值，并一贯表现很好。			3.8
4. 能够承担责任，培养领导者的素质。			3.3
5. 愿为其他员工花费大量时间。			3.2
6. 鼓励员工进入新领域，向新的工作挑战。			3.6
管理工作年度综合评定分：（占总考评权重20%，满分20分）	20	0	20.7
		管理能力分：	13.80

(四)主管列出该员工的优点/长处与需要改进的方面	
优点/长处 列出该员工主要优点/长处（至少三点）	**需要改进的方面** 列出该员工最需要改进的三个方面
* **有很强的销售意识和能力**：在销售方面有进取精神，能够根据客户的实际情况开展工作。	* 学习管理知识，敢于管理，在实际工作中提高管理的水平，不断积累管理经验。加快从一个销售人员到地区主管的角色转换。
* **与客户，特别是重点客户保持着良好的联系**：能够急客户所急，为客户解决问题，得到客户的信任。	* 提高对工作压力的承受能力，保持稳定的工作情绪和精神状态。
* **工作有责任心，有计划地培养新人**：过去一年培养新人是面临的挑战；新人培训有计划，有落实，分阶段，可考核。	* 提高对公司各项工作和其他同事工作的理解。在与同事沟通时，要注意讲究方式、方法，使主观愿望与客观效果达到一致。
* **有很好的专业基础知识和培训经验**：运用自己的经验，帮助其他办事处同事，为客户提供各种解决方案。	*
*	*

(五)下一年度（20××年）工作目标			
目标1：	目标1描述：	目标1权重：	
目标2：	目标2描述：	目标2权重：	
目标3：	目标3描述：	目标3权重：	
…	…	…	

(六)主管总评与员工意见	
主管总评	**员工意见**
过去一年，面对管理地区业务的新挑战，在培养新人方面，做到有计划，有考核，帮助新人取得了很大的进步，使他们可以承担起相应的工作。 同时，销售工作面临巨大的挑战，销售额和新客户开发没有达标，虽有客观原因，但暴露出市场开发深度不够的问题。 在新的一年里，要在继续培养新人的基础上，建立长远的市场开发计划。有计划、有步骤地开发市场，使销售业务稳步发展。	

总评	79.92

员工签字:	主管签字:	上级经理意见/签字:	人事经理意见/签字:
日期:	日期:	日期:	日期:

评定说明:(* 所有评定仅适用于评定当年)
4.6~5.0 = 卓越的: 这一级是很少的。仅适于在本职工作中某方面的表现得到大家公认的、出类拔萃的员工。总评得到这一级的员工,应是全面或几乎所有方面都表现卓越的员工,是极少的。
3.6~4.5 = 优秀的: 表现超过一般要求。这一级适用在本职工作中表现超出一般标准的员工。
2.6~3.5 = 符合要求的: 完全符合工作要求。这一级别适于那些通常能完成定额目标并能取得到高标准结果的员工。
2.0~2.5 = 基本达标的: 能满足最低工作要求。这一级别适于接近期望值但需要改进的员工。
1.0~1.9 = 不能接受的: 员工业绩明显不能达到期望值。该员工要有重大改进,否则短期内调离现工作岗位。改进的实施计划应马上执行。

附录 D

《项目章程》说明

《项目章程》(参阅表 4-14) 正式承认了项目的存在，它从高层次描述了项目，并解释了项目是业务需求。项目经理带领项目团队通过研究项目业务领域的相关信息、项目约束条件、项目要达成成果、对风险的预判和应对，来完成项目章程；然后，交付给该业务领域的项目发起人和高级经理对《项目章程》进行审批。经过批准的《项目章程》能够授权项目经理带领项目团队利用公司资源来规划项目，同时能够将项目添加到公司预算和项目组合中。《项目章程》由三部分构成：项目参与者，项目描述和项目正式审批。

一、项目参与者

项目发起人，是该项目的关键人。他一般负责解释项目的目的，在项目进行期间对团队进行业务领域的指导，负责为通过审批的项目筹集资金和调配人员；项目团队在实践过程中，始终要保持与项目发起人的沟通，并获得项目发起人的帮助，这是项目执行成败的重要因素。项目发起人有最终授权项目进行和批准项目完成的职责。

项目经理，是本项目的领导者。项目经理一般由该项目所属领域的负责人担任，他应了解本项目涉及领域的基本业务情况，他是本项目的领导，负责业务部门与项目有关的活动，负责项目的计划和管理。

其他项目参与者，包括项目团队成员、本项目临时成员、本项目顾问三部分，其中后两组成员根据项目进展需要而邀请。

项目团队成员是该项目的直接参与者，是根据项目需要，既有由管理层选择指定的人员，也有参加项目培训人员选择参加自己有兴趣项目的人员。也就是说，所有参加项目管理培训的人员应该是企业要培养的人员，是有意愿学习的人员，因为这是一项临时的工作，每个人要在完成自己的日常工作的基础上，参与项目工作，是一次学习和提升自己的机会。

有些项目可能会涉及绩效分配、维修政策、仓储库存等方面，这就需要某些方面的专业知识或数据，需要财务、维修、运营甚至人事等部门的人员协助，此时经过项目发起人和上级经理的同意，可以邀请有关部门的同事参与项目的一些活动，并给出专业意见。这些人就是本项目临时成员。

任何项目都会有不同的干系人，他们要么是客户，要么是合作伙伴，要么是供应商，当项目计划过程中预见到会涉及某些重要的干系人时，可以邀请他们的负责人作为项目的顾问，当然这要经过项目发起人和上级经理的同意。还有一类顾问，就是前面做过类似项目的负责人，被邀请作为顾问参与本项目，可以将他们的经验带到新项目当中，使新项目展开得更顺利，少走弯路。

二、项目描述

项目描述主要有：项目（商业）背景、项目范围、项目目标、项目预计交付成果、项目的约束条件、假设（本项目面临的风险和无法进行的情况）等六个方面内容。

项目（商业）背景：一般是对设立该项目在营销中具有的商务理由进行概述。

项目范围：用专业术语给出项目范围的准确描述，指明哪些内容在本项目的预期范围内，哪些内容不在本项目范围之内。所谓专业术语，比如：某某系统、业务定位、基础架构、某某信息……

项目目标：使用业务术语列出项目具体和预期的业务目标。

项目预计交付成果：列出具体的、项目完成时可预期的交付成果，项目可交付成果尽可能清晰明确，并且可衡量；在有多项交付成果时，要分别列出每项交付成果的权重。

项目的约束条件：明确列出对项目团队的限制因素，包括质量、时间和成本三个方面，以及特别约定。例如：确定的预算范围上的限制、项目范围和人员配置水平等。

假设（本项目面临的风险和无法进行的情况）：在制订项目计划时，明确列出哪些假定的事件或情形会直接影响项目的进展、实现项目目标和交付成果。例如：关键计划内容是否能够如期到位，把这个列为一个假设或者计划的一个影响因素。

三、项目审批

《项目章程》完成后，项目经理要代表项目小组正式签署，并提交给项目发起人和上级经理审批。经过项目发起人和上级经理的最终审批，可以执行，并得到相关部门的支持，比如经费、人员安排等。一般来讲审批过程会反复几次，经过反复，项目范围、目标、交付成果、约束条件和风险判断等会越来越清晰，这有利于后续的执行。

案例：K 公司《ISN 项目章程》

案例背景介绍：

K 公司要上市一款 ISN 新产品，是数字化产品。在此之前 K 公司没有这方面的业务，因此营销团队、技术支持、后勤保障……一切都要探索、从头建立；同时，要求第一年业绩要达到指定的目标。为此，K 公司指定了新业务的负责人，并从其他部门调配了四五位销售人员，初步组建了销售小组（还不能算是完整的营销团队）。但是这个新业务的发展所涉及的技术支持、市场开拓、团队组建、运营保障等问题，不是初建的销售小组所能解决的，因此 K 公司成立了一个 ISN 项目小组，专门研究上述问题，他们承担销售以外的调研、团队组建和营销方案的设计、实施工作，最终协助销售小组实现当年的业绩目标。

案例项目的商业背景：

"数字化矫正"技术具有广阔的市场前景，与传统技术相比，是一项具有全新数字技术理念的业务，需要有懂得数字技术应用的销售团队、全新后台数字技术支持和对医务人员的培训指导。本公司兄弟团队在中国传统技术市场已占据绝对领导地位，但是目前还没有新的数字化产品与竞争对手竞争，ISN 项目推出的产品，是本公司推出的首款数字化产品，具有对数字化产品市场探索的意义，它的成功与否，关系到公司在中国数字化产品领域的发展。

案例项目的范围：

● 中国"数字化矫正"产品营销团队的组建方案与实施，要覆盖 n 个主要城市的高端矫正市场（n 个城市详见本章程附录）。

- 中国"数字化矫正"产品的技术支持和运营保障的方案与实施。

协助"数字化矫正"产品销售小组实现20××年的业绩目标，销售业绩包括中国销售的"数字化矫正"产品及所有相关附件，以及公司内部兄弟团队完成的"数字化矫正"产品销售。

案例项目的目标：

- 为"数字化矫正"产品正式进入中国市场建立起技术支持、运营保障系统，保证业务的正常运转；
- 根据新产品的业务需要提出营销团队组建方案，在获得批准后，协助组建"数字化矫正"产品的营销团队；
- 协助"数字化矫正"产品销售小组实现20××年度的业绩目标。

案例项目预计交付成果：

- 建立"数字化矫正"产品技术支持、运营保障系统，保证业务的正常运转，最终实现产品设计时间为6天，生产和交付时间为8天，占比40%；
- 实现覆盖n个主要城市，有销售、市场、技术支持等由24人组成的"数字化矫正"产品完整的营销团队，占比40%；
- 协助"数字化矫正"产品销售小组实现20××年度的业绩目标：×百万美元销售额，占比20%。

案例项目的约束条件：

- 保证有足够预算支持项目活动：××万元RMB；
- 在20××年12月21日（本公司发货截止日）前完成×百万美元销售额；
- 以总项目数计算，客户投诉不超过5%；
- 本项目组成员（除本项目经理外）不直接参与日常销售工作。

案例项目的假设（本项目面临的风险和无法进行的情况）：

- 产品质量不稳定，如果一年有超过10个项目有质量问题或医生投诉，会影响医生和病人对新产品的信心；
- 中国服务器如果不能在3月份正式启用，会导致医生无法很好递交和审核病例；

- 中国扫描中心如果在3月份启动后运行不稳定，会导致传输到总部的数据无法正常使用；
- 如果由于全球项目增加较快，总部不断延长产品设计时间（超过10天）和生产交付时间（超过15天），会导致失去部分医生和病人；
- 竞争对手出现大幅度的降价促销，降价幅度超过20%，将失去部分医生和病人；
- 如果产品相关软件和网页设计不能满足中国用户的使用习惯，将降低中国用户的使用意愿；
- 如果在六月份产品设计时间无法达到6天以内、产品生产和交付时间无法达成8天以内的内控标准，将直接影响全年业绩目标的实现。